Das

# völkerrechtliche Protektorat.

Dargestellt

von

Dr. Paul Heilborn

Privatdozent des Völkerrechts an der Universität Berlin.

Springer-Verlag Berlin Heidelberg GmbH

1891.

ISBN 978-3-662-38829-7 ISBN 978-3-662-39747-3 (eBook)
DOI 10.1007/978-3-662-39747-3

# Inhaltsverzeichnis.

# Einleitung.

## A. Schutzverhältnisse im allgemeinen.

Ein wesentliches Hilfsmittel zur Förderung ihres Wohlstandes erblicken die europäischen Nationen, insonderheit die seefahrenden, seit langer Zeit in dem Verkehre mit den Ländern fremder Weltteile. Seit der Entdeckung Amerikas und des Seeweges nach Ostindien haben sie diesen Verkehr in großartigem Maßstabe gepflegt. Derselbe mußte bei der Verschiedenheit der Länder und Völkerschaften, welche die Europäer kennen lernten, in den mannigfaltigsten Formen sich ausbilden. Ihr Auftreten war von den Mitteln, über welche sie im konkreten Falle zu verfügen hatten, sowie von der Macht und Kultur der ihnen gegenüberstehenden Eingeborenen abhängig. Der Umfang, den der Verkehr annahm, die Erfolge, zu denen er führte, waren daher gleichfalls sehr verschiedener Natur.

In Amerika, in Australien und Südafrika trafen die Europäer vielfach auf ohnmächtige, kleinere Stämme, welche ihrer überlegenen Macht keinen Widerstand zu leisten vermochten. Mit rücksichtsloser Energie verfuhren sie dort gegen die Eingeborenen, unterjochten sie und ihr Land und schritten nicht selten zu ihrer Verjagung oder Vernichtung vor. Auch da, wo sie, wie z. B. in Mexiko, auf größere, mit bedeutenden Machtmitteln ausgestattete, von einer höheren Zivilisation getragene Reiche stießen, gelang es ihnen doch häufig, durch Benutzung günstiger Umstände, unter geschickter Ausbeutung der Schwächen des Gegners, der Unzufriedenheit unterworfener Völkerschaften, binnen kurzem zu Herren des Landes sich zu machen. Und dann war das Schicksal der Besiegten gleichfalls die schonungsloseste Unterdrückung. Die Europäer betrachteten sich als die geborenen Herren aller so gewonnenen Länder. Tausende von Auswanderern ergriffen deren Besitz und gründeten zahlreiche Gemeinwesen europäischer Kultur. Dem Mutterlande wurde auf diese Weise ein dauerndes Absatzgebiet für seine Produkte geschaffen und ihm gleichzeitig die bequemste und sicherste Ausnutzung der Erzeugnisse der neuen Länder gewährt; seine überschüssige Bevölkerung gründete sich eine neue Heimat, in welcher sie ungehinderter und erfolgreicher als in der alten ihre Kräfte entfalten konnte.

Nicht überall lagen aber die Dinge gleich günstig für die Europäer. Auf den Fahrten, zu welchen ihr nie rastender Unternehmungsgeist sie anlockte, sollten sie auch in Länder kommen, welche mächtig genug waren, ihren Eroberungsgelüsten erfolgreichen Widerstand zu leisten, in denen sie nicht nur nicht gastfreundlich aufgenommen, sondern als unerwünschte Eindringlinge mit mißtrauischen Augen betrachtet wurden. Sofern sie überhaupt in solchen Ländern verweilen durften, mußten sie den Verhältnissen geschickt Rechnung zu tragen. Von der Ausübung eines politischen Einflusses, geschweige denn von Eroberungen war keine Rede. Die Anknüpfung vorteilhafter Handelsbeziehungen mußte vor der Hand das einzige Ziel ihrer Bestrebungen bilden. Um seiner Erreichung willen begnügten sich dieselben Nationen, welche anderwärts fremde Länder schonungslos annektierten, deren Bewohner grausam knechteten, in China, in Japan und der Türkei bis auf die neueste Zeit mit der Stellung aus Gnade Geduldeter, mit der Rolle des verachteten Giaur.

Die ausschließliche Beschränkung auf die Verfolgung merkantiler Interessen einerseits, die Eroberung und vollständige Ausbeutung ganzer Länder andererseits bezeichnen die beiden Extreme, zu welchen der überseeische Verkehr die Europäer führte. Sie erschöpfen aber das weite Gebiet der Möglichkeiten keineswegs.

Häufig sind die Beziehungen über das angedeutete mindeste Maß hinausgegangen, ohne zu dem entgegengesetzten Ende zu führen. In Ländern, in denen sie anfänglich dem Handel allein nachgehen konnten, gewannen die Europäer im Laufe der Zeit vermöge ihrer höheren Gesittung, Geschäftskenntnis und Erfahrung nicht selten einen dominierenden Einfluß. Selbst einzelnen Abenteurern gelang es, zu allmächtigen Günstlingen und Ministern asiatischer Fürsten sich aufzuwerfen. Auf der anderen Seite wurde nicht immer den Eingeborenen der ererbte Boden so systematisch entrissen wie in dem größten Teile Amerikas, sondern die Eroberer begnügten sich zuweilen mit der Herrschaft allein, den Besitz der Landesbewohner aber ließen sie im wesentlichen unangetastet. Als Beispiel hierfür diene das Vorgehen der britischen Handelskompagnie in den von ihr annektierten Teilen Ostindiens.

Die bedeutenden Kosten der Eroberungen, die Schwierigkeit der Beherrschung der Unterworfenen, die zahllosen Aufstände veranlaßten jedoch die eben erwähnte sowie die niederländisch-ostindische Handelsgesellschaft dazu, mit dem Prinzipe des Ländererwerbs zu brechen[1]). Ihre Zwecke waren ja vornehmlich merkantiler Natur und konnten auch in anderer Weise erreicht werden. Wenn sie aber auf Annektion verzichteten, so mochten sie sich doch des Einflusses auf die eingeborenen Herrscher nicht begeben. Es war ein natürliches Bestreben, die politischen Beziehungen derselben im Interesse ihres eigenen Handels leiten zu wollen. Es ist das eine Erscheinung, die überall da wiederkehrt, wo Europäer halbzivilisierten oder wilden Völkern gegenüber in die Lage kommen, eine maßgebende Stellung einnehmen zu können. Auf die Ausnutzung einer solchen hat noch niemand freiwillig verzichtet, am wenigsten die Staaten selbst, welche dadurch nicht nur in kommerzieller Hinsicht gewinnen, sondern auch ihre politische Machtstellung im allgemeinen vermehren. Indem die Handelskompagnieen den indischen Fürsten die selbständige Regierung ihrer Länder überließen, nahmen sie für sich die Überwachung oder Leitung aller auswärtigen Angelegenheiten in Anspruch und sicherten jenen dafür die ungeschmälerte Erhaltung ihres Gebietes zu[2]).

Die Handelskompagnien schlossen also Bündnisse mit den indischen Fürsten, doch beruhten dieselben nicht auf dem Prinzip

---

[1]) Vgl. Creasy: The imperial and colonial constitutions of the Britannic Empire. London 1872 S. 231 ff. — de Louter: Handleiding tot de kennis van het staats- en administratief-recht van Nederlandsch-Jndië, dritte Ausgabe, 1884, § 38 S. 129 ff.

[2]) Als Beispiele seien hier folgende bei Aitchison (A collection of treaties and engagements and sunnuds, relating to India and neighbouring countries, Kalkutta 1863/64) abgedruckte Verträge der englisch-ostindischen Handelsgesellschaft angeführt: Vertrag mit dem Nizam von Hyderabad vom 12. Oktober 1800 (Bd. V S. 69/77), Vertrag mit dem Rajah von Travancore vom 2. Mai 1805, ibid. S. 310/15, Vertrag mit dem Rajah von Cochin vom 17. Oktober 1809, ib. S. 322/7.

der Gleichberechtigung, sondern auf dem der Unterordnung des Schwächeren unter den Stärkeren. Wird eine Allianz nicht zu einem vorübergehenden Zweck, sondern zur Schaffung eines dauernden Zustandes eingegangen, so wird der mächtigere von den Bundesgenossen immer einen maßgebenden Einfluß auf den schwächeren ausüben. Der nach dem Grundsatze der Rechtsgleichheit aller Mitglieder gegründete Delische Bund führte z. B. sehr bald zur Vorherrschaft des übermächtigen Athen[3]). In der Regel aber läßt bei einem solchen Bündnis der Stärkere das ihm naturgemäß zukommende Übergewicht sich auch ausdrücklich zusichern. Schon die Römer waren hierauf eifrigst bedacht; ihrer Oberleitung mußten viele Bundesgenossen vertragsmäßig sich unterwerfen. Es lag dann ein foedus non aequum vor[4]). Im Mittelalter gewannen sodann die auf dem Prinzip der Unterordnung des Schwächeren unter den Stärkeren beruhenden Bündnisse eine besonders große Ausdehnung in den Formen des Lehenrechts, in welchen sie sich bis in die neueste Zeit erhielten.

Das Prinzip der vasallitischen Unterordnung unter die Oberherrlichkeit des Souveräns war nicht nur im Abendlande durchgedrungen, sondern hatte auch allgemeine Anwendung im gesamten Orient gefunden. Man nennt letzteren nicht mit Unrecht die klassische Heimat dieser Art von Staatenverbindungen[5]). Es lag daher einerseits sehr nahe, daß die englisch-ostindische Handelskompagnie ihre Bündnisverträge mit den indischen Fürsten nach den Regeln der Suzeränität und Vasallität abschloß. Andererseits waren aber diese Regeln zu Ende des achtzehnten Jahrhunderts, als unter Lord Cornwallis die Periode der Bündnisverträge begann[6]), nur noch Formen ohne inneres Leben. Man legte, in Europa wenigstens, kein Gewicht mehr auf die Entrichtung einzelner bestimmter Leistungen oder gar auf eine gehalt-

---

[3]) v. Ranke, Weltgeschichte I, 2. Aufl. S. 265/7. — Curtius, griechische Geschichte II, 6. Aufl. 1888 S. 160 ff. — Hermann, Lehrbuch der griechischen Staatsaltertümer I, 5. Aufl. 1875 §§ 156/7 S. 597 ff.

[4]) v. Holtzendorff, Handbuch des Völkerrechts I § 63 S. 276. — Karlowa, Römische Rechtsgeschichte I S. 289/90. — Mommsen, Römisches Staatsrecht III, 1 S. 660 ff.

[5]) v. Martitz in der Zeitschrift für die gesamte Staatswissenschaft Bd. 32 S. 563. — Vgl. auch Bodinus: De re publica libri sex Frankfurt 1641, Buch I Kap. 9. S. 168.

[6]) Vgl. Creasy a. a. O.

lose Ehrerbietung, sondern nur noch auf die reale Macht, auf die wirkliche Ausübung politischen Einflusses. Es konnte nicht fehlen, daß diese veränderte Anschauungsweise auch in den Verträgen zum Ausdruck kam. So erklärt es sich, daß in den von der englisch-ostindischen Handelskompagnie mit den indischen Fürsten abgeschlossenen Verträgen die Bestimmungen über die vasallitische Pflicht an Bedeutung zurücktraten hinter denjenigen über die rein politische Unterordnung. Wohl müssen die indischen Fürsten der Kompagnie in ihren Kriegen Heeresfolge leisten, der Schwerpunkt des Verhältnisses liegt aber nicht mehr hierin, sondern in dem Rechte der Kompagnie, nach ihrem Gutdünken die Beziehungen der Fürsten zu einander und zu anderen Mächten zu gestalten; die politische Selbständigkeit der Fürsten war damit untergraben. Ihre beständige Unterwürfigkeit sicherten die von der Kompagnie an ihre Höfe entsendeten Vertreter durch fortdauernde Überwachung. Die Bündnisse zwischen der englisch-ostindischen Handelskompagnie und den indischen Fürsten sind somit ein Gemisch veralteter und neuer Prinzipien.

Das einmal begründete Verhältnis blieb unverändert bestehen, als Großbritannien an die Stelle der Handelskompagnie trat[7]). Bei ähnlichen Verbindungen außerhalb Indiens fielen aber seit Anfang dieses Jahrhunderts die lehenrechtlichen Formen häufig hinweg und es kamen vorwiegend die der modernen Anschauung entsprechenden Bestimmungen in Anwendung. Seinem inneren Kern nach blieb das foedus non aequum immer dasselbe: ein Bündnis zwischen einem Mächtigeren und einem Schwächeren mit dominierendem Einfluß des ersteren über den letzteren. Dieser Einfluß erstreckt sich jetzt auf die Leitung der gesamten auswärtigen Beziehungen des schwächeren Staates; der stärkere ist damit für die ihm obliegende Schutzpflicht vollauf entschädigt und kann auf die Heeresfolge des schwächeren Verzicht leisten. Aus dem Bündnis ist also ein Schutzverhältnis geworden; man nennt dasselbe ein Protektorat. Ihm soll die nachfolgende Untersuchung gewidmet sein.

Das Protektorat hat seine erste Ausbildung auf unserem Kon-

---

[7]) Britische Parlamentsakte vom 2. August 1858 bei Hertslet: A complete collection of the treaties and conventions and reciprocal regulations at present subsisting between Great Britain and Foreign Powers Bd. X S. 1092/96.

tinent erhalten. Im vergangenen Jahrhundert übte bereits Rußland eine kurze Zeit hindurch ein solches über Polen aus[8]). Vom Jahre 1815—1846 bestand das Kollektivprotektorat Rußlands, Preußens und Österreichs über Krakau, von 1815—1863 das Protektorat Großbritanniens über die ionischen Inseln. Und auch die kleinen Gemeinwesen Andorra, San Marino und Monaco sind aus Vasallenstaaten protegierte Staaten geworden[9]). Dennoch hat das Protektorat vorwiegend in den Beziehungen der europäischen Staaten zu den außereuropäischen Anwendung gefunden. Deshalb muß eine Untersuchung über das Wesen des Protektorats in erster Linie an die überseeischen Verhältnisse anknüpfen. Daneben werden aber auch die europäischen Protektorate Berücksichtigung finden.

Protektorate jener Art gründete England über die südafrikanische Republik, Afghanistan und die drei Borneostaaten: Nordborneo, Brunei und Serawak, Frankreich über die Gesellschaftsinseln, Kambodscha, Annam, Tunis und Madagaskar, Italien über Abessinien, Deutschland, England und die Vereinigten Staaten von Nordamerika in Gemeinschaft über Samoa.

Diese Aufzählung erschöpft die Zahl der als Protektorate bezeichneten Schutzverhältnisse keineswegs. Alle Kolonialmächte haben außerdem mit einer großen Menge unzivilisierter Stämme sogenannte Protektoratsverträge geschlossen. Nichts wäre aber verfehlter als eine Gleichstellung aller den Namen des Protektorats tragenden Verbindungen. Die Wissenschaft hat auch bereits eine Trennung zwischen dem völkerrechtlichen und kolonialen oder staatsrechtlichen Protektorate durchzuführen versucht; die Aufstellung fester Unterscheidungsnormen ist ihr aber bisher trotz vielfacher Versuche nicht gelungen. Der Grund hierfür scheint in einer Verkennung des Wesens des völkerrechtlichen Protektorats zu liegen. Ist dieses einmal klar dargelegt, so wird die Unmöglichkeit eines kolonialen oder staatsrechtlichen Protektorats sich von selbst herausstellen. Dasselbe verdankt sein scheinbares Dasein überhaupt nur einem fehlerhaften diplomatischen Sprachgebrauche.

---

[8]) Vertrag zu Grodno vom 5./16. Oktober 1793 bei Martens: Recueil des principaux traités V S. 222 ff.

[9]) Dareste: Les constitutions modernes II. Paris 1883 S. 56/58.

Das typische Vorbild des überseeischen Protektorats in politischer Hinsicht ist das Schutzverhältnis der englisch-ostindischen Handelskompagnie zu den eingeborenen Fürsten Vorderindiens. Dennoch kann von demselben in dieser Arbeit nicht viel die Rede sein, weil die Formen andere geworden sind; den Formen aber kommt für eine streng juristische Betrachtung die größte Bedeutung zu. Es fehlt allerdings nicht an Schriftstellern, welche die überseeischen Protektorate nicht mit juristischem Maßstabe messen wollen, sondern sie einfach in das Gebiet der Kolonialpolitik verweisen[10]). Die Politik spielt jedoch bei allen Beziehungen zwischen Staaten, sowohl innerhalb, wie außerhalb Europas, eine so hervorragende Rolle, daß man das Vorhandensein von Rechtsbeziehungen nicht um deswillen leugnen darf, weil der Politik hier ein größeres Feld als gewöhnlich eingeräumt ist. Nur dann kann man dem überseeischen Protektorat den völkerrechtlichen Charakter absprechen, wenn man überhaupt die Existenz völkerrechtlicher Beziehungen zwischen europäischen und asiatischen, bezw. afrikanischen Staaten verneint. Hierüber muß man sich Klarheit verschaffen, ehe man die Natur der überseeischen Protektorate feststellt. Es wird also zunächst zu untersuchen sein, ob die Beziehungen zwischen europäischen und außereuropäischen Mächten dem europäischen Völkerrecht oder überhaupt völkerrechtlichen Normen irgend welcher Art unterliegen.

## B. Die Rechtsbeziehungen zwischen europäischen Staaten und außereuropäischen Mächten.

Das die Normen für das gegenseitige Verhalten der Staaten festsetzende Völkerrecht unterscheidet sich von anderen Rechtsgebieten wesentlich dadurch, daß seine Anwendbarkeit durch keine Staatsgewalt gesichert ist. Es giebt kein Tribunal, welches über den seinen völkerrechtlichen Pflichten nicht nachkommenden Staat zu Gericht sitzen könnte. Der verletzte mag sich im Wege der Selbsthilfe Ge-

---

[10]) Bulmerincq: Völkerrecht § 17 S. 199. Vgl. v. Stengel: die deutschen Schutzgebiete, ihre rechtliche Stellung, Verfassung und Verwaltung. München und Leipzig 1889 S. 12 (auch in den Annalen des Deutschen Reichs 1889).

nugthuung verschaffen und sein Recht zur Anerkennung bringen. Ist er aber hierzu zu schwach, so bleibt der Rechtsbruch ungeahndet. Trotz dieses Mangels besteht das Völkerrecht und zwar nicht als philosophisches, sondern als positives, praktisch geltendes Recht.

Es leuchtet ein, daß die Geltung eines solchen Rechts von Bedingungen abhängig ist, welche für die Wirksamkeit des Rechts auf anderen Gebieten nicht bestehen. Ein Staat kann Zivil- und Strafgesetze, ja selbst Verfassungsgesetze erlassen, welche mit dem Volksgeiste, mit der Kultur, den sozialen und ökonomischen Zuständen, mit den Sitten und dem Rechtsgefühl der Nation in schroffstem Widerspruche stehen. Dennoch vermag der Staat die Anwendung solcher Gesetze zu erzwingen. Auf dem Gebiete des Völkerrechts dagegen können wohl einzelne Rechtsverletzungen begangen werden, ein Rechtssatz dagegen kann sich nie im Widerspruch mit der allgemeinen Rechtsüberzeugung bilden. Es mag sein, daß ein Staat einen neuen Rechtssatz als einen völkerrechtlichen proklamiert im Gegensatz zu den übrigen Staaten, daß letztere allmählich zu der Erkenntnis gelangen, der von jenem aufgestellte Satz entspreche dem Bedürfnis, und daß sie ihn demzufolge annehmen. Alsdann wird der Satz aber erst durch die nachfolgende allgemeine Anerkennung zu einem völkerrechtlichen Rechtssatze; zuvor, von einem Staate allein ausgesprochen, war er es nicht.

Die Unterwerfung unter das Völkerrecht ist eine freiwillige; sie erfolgt auf Grund der Erkenntnis der Notwendigkeit fester Rechtssätze zur Regelung des gegenseitigen Verhaltens der Staaten[11]). Nur diejenigen Staaten sind Glieder einer Völkerrechtsgemeinschaft, welche ungezwungen der Rechtsordnung sich fügen. Daß dies bei einer Mehrheit von Staaten der Fall sein muß, ist selbstverständlich und hängt mit dem Begriff des Völkerrechts zusammen[12]). Dagegen ist es nicht erforderlich, daß alle Staaten der Erde gleichzeitig von der nämlichen Erkenntnis durchdrungen seien; thatsächlich ist das bisher nicht der Fall gewesen, konnte es auch nicht sein, denn die Staaten befinden sich nicht sämtlich im gleichen Stadium ihres Entwicklungsprozesses. Nur diejenigen, welche bereits eine gewisse Reife

---

[11]) v. Holtzendorff, Bd. I § 21 S. 81.

[12]) ibid. § 1.

erlangt haben, sind befähigt, in völkerrechtliche Beziehungen zu anderen zu treten[13]).

Ein jedes Volk ist sich anfänglich selbst genug oder glaubt es zu sein. Es meidet deshalb den friedlichen Verkehr mit seinen Nachbarn, denn in diesen sieht es seine natürlichen Feinde, gerade so wie der rohe Mensch in seinem Mitmenschen nur einen Gegner erblickt; der naive Egoismus weiß noch nichts davon, daß eine gemeinschaftliche Arbeit, deren notwendige Voraussetzung die Achtung der Persönlichkeit des Nächsten ist, mehr Vorteile bringt als die isolierte, rein selbstsüchtige Thätigkeit. Völkerrechtliche Beziehungen aber sind nur zwischen solchen Gemeinwesen denkbar, welche gemeinschaftlich einen geordneten, dauernden Verkehr unterhalten[14]). Nationen, die mit einander lediglich auf dem Kriegsfuße stehen, sich gegenseitig als Träger von Rechten nicht anerkennen, bedürfen keiner gemeinschaftlichen Rechtsordnung; in Betracht kommt für sie allein die Gewalt. Ohne dauernden friedlichen Verkehr giebt es deshalb kein Völkerrecht.

Eine dauernde Verkehrsgemeinschaft unter einer Mehrheit von Nationen begründet der Handel. Er kann aber allein ein Völkerrecht noch nicht hervorrufen. Er beruht ausschließlich auf dem Verkehr unter Individuen. Ihm geschieht deshalb Genüge, wenn diesen in fremden Ländern Rechtsschutz zu teil wird. Hierzu verstehen die Staaten sich wohl im Laufe der Zeit, erwägend, daß sie ihren eigenen Unterthanen im Auslande dadurch Schutz verschaffen können, daß sie selbst anderen einen solchen gewähren, daß die Ausländer nur dann ihr Gebiet betreten werden, wenn sie wissen, daß sie für Leben, Freiheit und Eigentum daselbst nichts zu befürchten haben. Es ist dies ein bedeutsamer Schritt in der Entwicklung internationaler Beziehungen. Kämen aber nicht noch andere Umstände hinzu, so würde er doch nicht zu weiteren Folgen führen, denn der den Aus-

[13]) Die nachfolgenden Ausführungen stützen sich hauptsächlich auf F. v. Martens, das Konsularwesen und die Konsularjurisdiktion im Orient, deutsche Ausgabe Berlin 1874 S. 5 ff. — Derselbe, Rußland und England in Centralasien, St. Petersburg 1880. — Fallati, die Genesis der Völkergesellschaft in der Tübinger Zeitschrift für die gesamte Staatswissenschaft, Bd. I, 1844 S. 160/189, S. 260/328. S. 558/608. — v. Holtzendorff Bd. I § 1—5.

[14]) v. Holtzendorff § 1.

ländern gewährte Rechtsschutz bliebe immer nur eine widerrufliche Konzession des Staates, obwohl nicht verkannt werden darf, daß auch ihm allmählich die Macht der Gewohnheit zur Seite stehen würde.

Die Ausbildung des Handels bezeichnet einen Fortschritt in der Entwicklung der Völker, denn er beruht auf einer Einschränkung des Egoismus. Er setzt demnach eine gewisse Gesittung voraus. Diese ist ein wichtiges Bindemittel der Nationen. Je zivilisierter ein Volk ist, desto mehr ist es auf den Verkehr mit anderen angewiesen. Denn mit fortschreitender Bildung mehren sich auch die Bedürfnisse; da kein Land seinen Bewohnern alles zu gewähren vermag, was sie bei entwickelter Kultur gebrauchen, wird diese die Ausbreitung des internationalen Handels in hohem Maße fördern. Umgekehrt werden gerade die durch ihn eingeführten Erzeugnisse fremder Länder ein Volk an neue Dinge gewöhnen, früher unbekannte Bedürfnisse großziehen. Durch den Verkehr mit anderen Nationen lernen wir neue Verhältnisse kennen; wir denken über die heimischen mehr als zuvor nach, vergleichen sie mit den fremden und trachten danach, uns die Vorteile der letzteren anzueignen. So geht die Hebung des auswärtigen Verkehrs mit dem Fortschreiten der Gesittung eines Volkes Hand in Hand. Beide üben eine wechselseitige Wirkung auf einander aus und bedingen einander bis zu einem gewissen Grade.

Für die Entwicklung internationaler Rechtsbeziehungen ist die Zivilisation von größter Bedeutung. Nicht nur wirkt sie, wie ausgeführt, auf die Förderung des auswärtigen Verkehrs ein, sondern sie drängt danach, feste Formen für denselben zu schaffen, damit er in geordneter Weise gepflegt werden könne. Gerade die gesitteten Völker empfinden am meisten das Bedürfnis nach einem sicheren Schutze ihrer Interessen. Hierzu kommen nun aber noch ganz andere, durch die Kultur geweckte und genährte Bestrebungen, die geistigen. Auch sie tragen viel bei zur Vereinigung der Nationen. Eine jede wünscht ihren ideellen Gütern allgemeine Verbreitung; eine jede ist bestrebt, die Errungenschaften der anderen sich anzueignen. So wird der andauernde Verkehr zu einem beständigen Austausch nicht nur der materiellen, sondern auch der geistigen Erzeugnisse der Völker führen und diese zu einer vollkommenen Verkehrsgemeinschaft zusammenfassen. Damit aber wird auch eine gewisse Gleichheit in der Zivilisation solcher Nationen sich anbahnen.

Selbstverständlich wird diese Annäherung der Völker immer nur eine relative sein; nie werden zwei Nationen einander vollkommen gleich stehen. Aber die Berührungspunkte können doch zahlreicher sein als die trennenden Merkmale. Unbestreitbar giebt es auf der Erde Völkergruppen, welche trotz der in ihrer Mitte bestehenden kleineren Unterschiede nach außen hin als ein zusammengehöriges Ganzes auftreten. Innerhalb einer derartigen Gruppe wird stets eine gewisse Übereinstimmung der Sitten und Lebensgewohnheiten, der religiösen, moralischen und rechtlichen Begriffe herrschen; die eine solche Gruppe bildenden Völker werden sich leichter mit einander verständigen als mit den einem anderen Kreise angehörigen.

Nur unter den so durch Verkehr und Kultur verbundenen Nationen wird ein Völkerrecht sich bilden können. Ihre Gemeinschaft wird auch äußerlich hervortreten. Feste Formen des Verkehrs werden geschaffen. An die Stelle der anfänglichen Vergünstigungen tritt eine allgemeine Übung, eine Sitte. Ihre Macht und Bedeutung offenbart sich bei einem gegen sie begangenen Verstoß. Dieser wird nicht den Charakter eines den anderen zwar nachteiligen, aber doch erlaubten Gewaltakts, sondern den einer unzulässigen Handlung tragen. Bei den durch eine gemeinsame Sitte Verbundenen wird kein Zweifel darüber obwalten, daß durch deren Verletzung das Fortbestehen ihrer Gemeinschaft in Frage gestellt, im Falle von Wiederholungen sogar unmöglich gemacht werden kann, daß dasselbe aber trotzdem im allgemeinen Interesse aufrecht zu erhalten ist und daß man deshalb solchen Auflehnungen gegen die Sitte entgegentreten muß.

Wo die Herrschaft einer Sitte so anerkannt wird, da muß das Gefühl notwendiger Zusammengehörigkeit mächtig geworden sein. Dann ist auch der Zeitpunkt nicht mehr fern, in welchem die Mißachtung der Sitte bereits als Verletzung einer Pflicht erscheint, d. h. in welchem die Sitte zum Recht geworden ist. Das ist eine notwendige Folge; die Sitte ist an sich noch etwas zu Unsicheres, als daß Menschen und Nationen lange unter ihrer alleinigen Herrschaft leben könnten. Entweder wird die Verbindung sich lockern oder die festen Formen des Rechts annehmen.

Innerhalb des nationalen Verbandes erzwingt die Staatsgewalt der Rechtsordnung den Gehorsam. Im Völkerverkehr aber giebt es eine solche zur Unterwerfung unter das Recht zwingende höhere Macht nicht. Die Unterwerfung ist hier eine freiwillige. Sie wird von Seiten eines jeden Volkes nur dann erfolgen, wenn auch die anderen mit ihm durch Verkehrs- und Kulturgemeinschaft verbundenen Völker das Gleiche thun; ein jedes fordert von dem anderen das, was es selbst zu leisten bereit ist, es darf aber nichts fordern, was es nicht seinerseits auch thäte. Nur unter Verkehr pflegenden, gesitteten Staaten, welche sich als notwendig zusammengehörig fühlen und gegenseitig als gleichberechtigt anerkennen, kann ein Völkerrecht sich bilden und bestehen.

Das europäische Völkerrecht hat sich entwickelt aus dem Verkehr der auf antiker Kultur gegründeten, christlichen Staaten romanischer und germanischer Rasse. Diesem sind dann die slavischen Staaten beigetreten. Hier sind alle diejenigen Elemente vereinigt, deren Vorhandensein als notwendig erwiesen wurde. Seit ihrer Entstehung waren die modernen Staaten Europas in regem Verkehr mit einander gewesen, sie hatten die nämliche Kultur und fühlten sich der übrigen Welt gegenüber als eine Einheit. Der Einfall der Türken in Europa brachte es ihnen klar zum Bewußtsein, wie sehr und wie notwendig sie zusammengehörten. Das Gefühl der Gemeinschaft war so lebendig in ihnen geworden, daß das bekannte Bündnis zwischen Franz I. und Soliman von den Franzosen selbst als eine Schande empfunden wurde[15]). Und auch die religiöse Spaltung vermochte hieran nichts zu ändern, ja sie trug sogar dazu bei, daß der Gedanke der Unabhängigkeit der Staaten und ihrer Gleichheit immer festeren Fuß faßte.

Dieser Völkerrechtsgemeinschaft gehören unbestritten auch die in anderen Weltteilen von den europäischen Nationen gegründeten Reiche an, sei es, daß sie als Kolonieen im staatlichen Verbande mit dem Mutterlande verblieben oder nach Loslösung von demselben als selbständige Gemeinwesen sich konstituierten[16]). Die Bezeichnung unseres Völkerrechts als des europäischen ist demnach nur noch als Hinweis auf seinen Ursprung berechtigt[17]). Jene neuweltlichen Ge-

[15]) Rolin-Jaequemyns, Le droit international et la question d' Orient Gent 1876 S. 17.

[16]) v. Holtzendorff Bd. I § 4 S. 14.

[17]) ibidem § 3 S. 12.

biete bilden seit ihrer Entstehung eine Verkehrs- und Kulturgemeinschaft mit den europäischen Staaten. Ihre Teilnahme an deren Recht ist deshalb durch die natürliche Lage der Dinge gegeben. Wenn hier von europäischen Mächten die Rede ist, so sind damit auch sie, nicht nur die auf unserem Kontinente gelegenen Staaten bezeichnet. Es fragt sich nun aber, ob eine Ausdehnung des einmal entstandenen europäischen Völkerrechts auf die Beziehungen der seiner Herrschaft unterworfenen Staaten zu diese nicht anerkennenden Mächten möglich sei.

Beruht die Geltung des Völkerrechts überhaupt nur auf der freiwilligen Unterwerfung der Staaten, so kann auch ihre weitere Ausbreitung lediglich mit Zustimmung desjenigen erfolgen, auf welchen sie ausgedehnt werden soll. Eine ausdrückliche Aufnahme in die europäische Völkerrechtsgemeinschaft ist der Türkei zu teil geworden. Art. 7 des von der Hohen Pforte mitunterzeichneten Pariser Vertrages vom 30. März 1856 lautet: „Der König von Preußen, der Kaiser von Österreich, der Kaiser der Franzosen, die Königin des Vereinigten Königreichs von Großbritannien und Irland, der Kaiser aller Reussen und der König von Sardinien erklären die Hohe Pforte teilhaftig der Vorteile des öffentlichen europäischen Rechts und des europäischen Konzerts. Ihre Majestäten verpflichten sich, die Unabhängigkeit und den Territorialbestand des Ottomanischen Reiches zu achten, garantieren gemeinschaftlich die genaue Beobachtung dieser Verpflichtung und werden demgemäß jeden Akt, welcher dem entgegen wäre, als eine Frage des allgemeinen Interesses ansehen[18].“ Trotz dieser Erklärung will F. von Martens[19]) die Türkei von der Teilnahme an der europäischen Völkerrechtsgemeinschaft nach wie vor ausgeschlossen wissen, weil sie zur Erfüllung der völkerrechtlichen Pflichten, insbesondere zum wirksamen Schutze der in ihrem Gebiete befindlichen Ausländer nicht fähig sei, und er erblickt ein offizielles Anerkenntnis dieser Schwäche, sowie eine absichtliche Paralysierung jener Erklärung in der Weigerung der europäischen Großmächte, der ottomanischen Pforte die

---

18) Gesetz-Sammlung für die Kgl. Preußischen Staaten 1856 S. 564.

19) F. v. Martens, Konsularwesen S. 500/507. — derselbe, Völkerrecht, das internationale Recht der zivilisierten Staaten, deutsche Ausgabe von Bergbohm, Bd. I. Berlin 1883 § 41 S. 183.

Aufhebung der Kapitulationen zuzugestehen. Nun ist zwar einzuräumen, daß diese letzteren nur in Staaten außereuropäischer Kultur und nichtchristlichen Bekenntnisses bestehen und zu dem Zwecke eingeführt sind, das daselbst nicht hinlänglich geschützte Leben und Eigentum der Europäer sicher zu stellen, daß sie dagegen in den christlichen Staaten europäischer Gesittung unbekannt sind. Aus dieser Thatsache ist aber nicht mit Notwendigkeit zu folgern, daß ein außereuropäischer Staat allein unter der Bedingung ihrer Aufhebung in die europäische Völkerrechtsgemeinschaft eintreten könne. Inhaltlich stellen sich die Kapitulationen dar als Verzichte eines Staats auf einen Teil seiner richtenden Gewalt, also auf die Ausübung einer seiner Grundfunktionen. Aber soll ein Staat in beschränktem Umfange dem nicht ebensogut entsagen können wie der Ausübung eines Staatshoheitsrechtes? Letzteres ist hinsichtlich der Staatsdienstbarkeiten unbedingt zulässig. Deshalb kann das Fortbestehen der Konsulargerichtsbarkeit in der Türkei die ausdrückliche Aufnahme dieser in das europäische Konzert nicht entkräften. Anders wäre die Sachlage, wenn jene Erklärung in Art. 7 des Pariser Vertrages nicht abgegeben wäre. Alsdann würde die Fortdauer der Kapitulationen allerdings von Bedeutung sein. Es ist dies jedoch ein Punkt, welcher hier nicht in Betracht kommen kann, auf den aber später einzugehen Gelegenheit sich bieten wird.

Erwähnung verdient hier noch die Thatsache, daß seit dem Jahre 1856 die Türkei zur Teilnahme an vielen völkerrechtlichen Kongressen berufen wurde, und zwar insbesondere auch an solchen, bei denen ihre Mitwirkung nicht unerläßlich war. So wurde sie zu den Beratungen der Brüsseler Konferenz über das Kriegsrecht, zu den Post- und Telegraphenkongressen, zu der Berliner Kongokonferenz zugezogen. Sie hat also an den bedeutsamsten völkerrechtlichen Handlungen der Neuzeit sich beteiligt und zwar, was besondere Hervorhebung verdient, nicht nur ausnahmsweise, sondern dauernd. Ihr Eintritt in die europäische Völkerrechtsgemeinschaft scheint deshalb außer Zweifel zu stehen.

Es handelt sich hier freilich nicht um eine Präzisierung der Rechtsstellung der Hohen Pforte, sondern nur um eine Klarlegung der Bedingungen für die Ausbreitung der Geltung des europäischen Völkerrechts auf außereuropäische Staaten. Dennoch mußte die

Türkei Erwähnung finden, weil durch ihr Beispiel die Möglichkeit dieser Ausbreitung praktisch bewiesen und insbesondere auch die Behauptung widerlegt ist, daß das europäische Völkerrecht seiner Natur nach auf muhammedanische Staaten keine Anwendung finden könne.

Diese Ansicht wird stets auf die Intoleranz der Vorschriften des Korans gestützt[20]). Nach seiner Lehre gäbe es zwischen Gläubigen und Ungläubigen keine Rechtsgemeinschaft; er predige den ewigen Krieg gegen alle, welche dem Islam nicht anhängen und mache dem Moslem die Vernichtung der Götzendiener zur Pflicht[21]). Die Muhammedaner sollen deshalb Rechte Andersgläubiger nicht anerkennen und selbst an Verträge sich nicht gebunden achten. Abgesehen davon, daß die Hohe Pforte das Gegenteil hiervon in der Londoner Konferenz im Jahre 1871 ausdrücklich anerkannt hat[22]), ist es überhaupt unrichtig, aus den Vorschriften einer Religion allein Schlüsse auf die Rechtsbegriffe eines Volkes zu machen. Denn es kommt nicht auf den Buchstaben der religiösen Vorschrift, sondern auf den Geist an, welcher sie interpretiert. Die praktische Religion ist stets ein Spiegelbild des Zeit- und Volksgeistes. Mit Recht ist schon darauf aufmerksam gemacht worden[23]), daß trotz desselben Bekenntnisses zwischen Osmanen und Arabern in ihren Beziehungen zu Andersgläubigen ein großer Unterschied obwaltet. In Spanien haben die Araber es bewiesen, daß Toleranz mit dem Koran nicht unverträglich ist[24]). „Allerdings“, sagt ein Kenner der arabischen

---

[20]) Martens a. a. O. — Lorimer, The institutes of the law of nations, Edinburg u. London Bd. I 1883 S. 123/4.

[21]) Rolin-Jaequemyns a. a. O. S. 9/10.

[22]) Erklärung der Großmächte in der Londoner Konferenz vom 17. Januar 1871, nebst dem Protokoll abgedruckt bei Pasquale Fiore, Trattato di diritto internazionale pubblico. 3. Ausgabe Bd. II Turin 1888, Anhang S. 616/620. Vgl. Sir Travers Twiß, The law of nations considered as independent political communities Bd. I 2. Aufl. Oxford 1884. Einleitung zur 2. Auflage S. 37/38.

[23]) Peschel, Abhandlungen zur Erd- und Völkerkunde Bd. III Leipzig 1879 S. 26/35.

[24]) Prescott, History of the reign of Ferdinand and Isabella I cap. 8, II cap. 7. v. Schack, Geschichte der dramatischen Litteratur und Kunst in Spanien Bd. I. Berlin 1845 S. 76.

Geschichte, „ist der Islam seinem Prinzip nach unduldsam; seine erste Ausbreitung ward, dem Befehle des Propheten gemäß, durch Waffengewalt bewirkt; aber die Besiegten behandelte er mit schonender Milde, wie denn die Juden, als sie im ganzen christlichen Europa gemordet und verbrannt wurden, im moslemischen Andalusien eine Freistatt fanden. Mit dem Christentum verhält es sich umgekehrt. Liebe und Milde ist der ausgesprochene Grundsatz seines Stifters, aber seine Bekenner haben überall nur so lange nach demselben gehandelt, als sie schwach waren, und man muß allen Konfessionen den Vorwurf machen, daß sie, sobald sie die Macht besaßen, durch Unduldsamkeit gegen Andersdenkende den Geist dessen verleugnet haben, auf den sie sich alle berufen“ [25]). Die Bekennung einer Nation zum Islam kann deshalb keineswegs ihre Ausschließung von der europäischen Völkerrechtsgemeinschaft bedingen. Und ebensowenig ist die Teilnahme an derselben den Anhängern irgend welcher anderen Religion um ihres Glaubens willen zu versagen. Wohl aber dürfte als erste Bedingung der Anwendung des europäischen Völkerrechts auf die Beziehungen mit solchen Völkern das Postulat aufzustellen sein, daß sie die grundsätzliche, jeden regelmäßigen Verkehr ausschließende Feindschaft gegen das Christentum aufgeben. Unbillig kann diese Forderung nicht erscheinen, denn sie enthält keine Bedingung, die wir unsererseits heute nicht selbst erfüllten.

Ist in der Verschiedenheit des religiösen Bekenntnisses der Völker ein absoluter Ausschließungsgrund ihrer Unterwerfung unter das europäische Völkerrecht nicht zu erblicken, so unterliegt doch andererseits die Unmöglichkeit seiner universellen Anwendung zur Zeit keinem Zweifel. Seine Umwandlung in ein allgemeines Weltrecht ist zwar ein hohes Ideal, dasselbe kann aber, wenn überhaupt, erst nach Jahrhunderten verwirklicht werden. Der Grund hierfür liegt in der Verschiedenheit der Kulturen, in dem ungeheueren Abstand zwischen der europäischen Gesittung und der der Asiaten, Afrikaner und Australier. Zwar giebt es auch außerhalb Europas und Amerikas zivilisierte Nationen, welche mit barbarischen Stämmen nicht auf eine Linie gestellt werden dürfen. Aber selbst sie stehen

---

[25]) v. Schack, Poesie und Kunst der Araber in Spanien und Sicilien. Bd. II, 2. Aufl. S. 311. Vgl. auch S. 310 A. 1.

noch so weit unter uns, daß eine unmittelbare Aufnahme ihrer Staaten in unsere Völkerrechtsgemeinschaft unzulässig erscheint. Fast die gesamte chinesische Nation und selbst ein bedeutender Teil der Bevölkerung Japans erblickt in der Absperrung von jeglichem europäischen Verkehr die wesentliche Bedingung ihres Gedeihens, und zwar nicht allein aus religiösem Vorurteil. Die Verschiedenheit der Gesittungen ist eben noch zu groß, um die Grundlage einer Rechtsgemeinschaft, einen geordneten Verkehr zu ermöglichen. So lange dieses Hindernis nicht überwunden ist, so lange jene Nationen sich mit uns nicht auf den Standpunkt der Gleichberechtigung stellen, die Grundsätze des europäischen Völkerrechts nicht als sie bindend erachten, so lange sie den Verkehr mit den Völkern Europas nur widerwillig und ausnahmsweise hinnehmen, sich unserer Gemeinschaft nicht prinzipiell anschließen, kann von unbedingter Anwendung unseres Völkerrechts auf sie keine Rede sein. Und Japan und China sind wohl die zivilisiertesten aller Länder außereuropäischer Kultur. Aber selbst der Schutz der Ausländer ist von ihnen, namentlich von China, noch nicht verbürgt. China und Japan können also zur Zeit als Mitglieder der europäischen Völkerrechtsgenossenschaft nicht angesehen werden[26]).

Diese Ansicht ist übrigens sehr bestritten[27]). Es soll hier deshalb nicht verschwiegen werden, daß von verschiedenen Seiten bereits zahlreiche Ansätze zur Teilnahme Japans und Chinas am europäischen Völkerrecht gemacht wurden. Wir erinnern an die während des deutsch-französischen Krieges von der japanischen Regierung veröffentlichte Neutralitätserklärung[28]), ferner an die vor Beginn des Krieges gegen China im Jahre 1860 von den Londoner und Pariser Kabinetten erlassenen Erklärungen betr. die Anwendung der Grundsätze der Pariser Seerechtsdeklaration während der Dauer der Feindseligkeiten[29]). Das einzige Motiv hierfür soll allerdings die

---

[26]) Brie, Zur Lehre von den Staatenverbindungen in Grünhuts Zeitschrift Bd. 11 S. 112.

[27]) v. Stengel S. 30/31.

[28]) Rolin-Jaequemyns, Second essai sur la guerre franco-allemande dans ses rapports avec le droit international 1871 S. 84/5.

[29]) Die englische Erklärung vom 7. März 1860 bei Hertslet Bd. XI (1864) S. 110/12, die französische vom 28. März 1860 bei de Clercq, Recueil des traités de la France, Bd. VIII S. 35/36.

Erwägung gewesen sein, daß der europäische Handel mit China streng einseitiger Natur sei, daß also nur die Europäer, nicht aber die Chinesen durch die rigorose Anwendung der Rechte der Kriegführenden benachteiligt worden wären[30]). Das Motiv einer Handlung ist aber für deren Wirkung allein nicht entscheidend. Die chinesische Regierung selbst beruft sich in diplomatischen Korrespondenzen häufig auf die Grundsätze des Völkerrechts. Nicht das aber ist von Wichtigkeit, daß sie dieselben zu ihren Gunsten auszubeuten sucht, sondern nur wenn sie sich auch zu den entsprechenden Pflichten bekennen wollte, wäre hieraus ein Argument zu gewinnen[31]). Wie schwer ihr das wird, zeigte sich, als der britische Resident die Forderung stellte, daß seine Regierung in den Schriftstücken der chinesischen als mit dieser gleichberechtigt zu behandeln sei[32]). Aus solchen vereinzelten Ansätzen zur Anwendung des europäischen Völkerrechts ist aber dessen unbedingte Geltung noch nicht zu folgern. Aus welchem Grunde ein regelmäßiger diplomatischer Verkehr ein Kennzeichen für die Aufnahme eines Staates in die europäische Völkerfamilie sein soll[33]), ist nicht einzusehen.

Wann China und Japan Mitglieder unserer Völkerrechtsgemeinschaft sein werden, das läßt sich natürlich vorher nicht bestimmen. Nur das sei hier hervorgehoben, daß eine förmliche Aufnahme, wie bei der Türkei, nicht erforderlich erscheint[34]). Man wird die Unterwerfung unter das europäische Völkerrecht vielmehr auch aus Handlungen der beiderseits in Betracht kommenden Faktoren schließen können. Ein Anerkenntnis des Eintritts in die europäische Rechtsgemeinschaft muß jedoch sowohl von Seiten dieser, wie von der

[30]) W. Beach Lawrence, Commentaire sur les éléments du droit international et l'histoire du progrès du droit des gens de Henry Wheaton. Bd. I S. 142.

[31]) Martin, La Chine et le droit international in der Revue de droit international. Bd. 17 (1885) S. 505. Daselbst noch ein interessanter Fall aus dem dänischen Kriege im Jahre 1864.

[32]) Vgl. das Schreiben des Mr. Wade an Lord Derby vom 21. Oktober 1875 und besonders das in der „Peking Gazette" veröffentlichte, äußerst merkwürdige Memorial des Tsong-li-Yamen an den chinesischen Kaiser (British & Foreign State Papers. Bd. 71 S. 1047 ff. S. 1050 ff.

[33]) Bornhak: Die Anfänge des deutschen Kolonialstaatsrechts im Archiv für öffentliches Recht. Bd. II S. 5. — v. Stengel S. 30.

[34]) Hall § 6 S. 34. (International Law, Oxford 1880.)

des betreffenden außereuropäischen Staates vorliegen; es braucht aber kein ausdrückliches zu sein. Hier würde der Verzicht der europäischen Staaten auf selbständige Beschützung ihrer Unterthanen Bedeutung gewinnen, denn er enthielte das Anerkenntnis, daß die betreffende fremde Regierung gewillt und fähig sei zur völkerrechtlichen Pflicht, den in ihrem Lande weilenden Fremden gesicherten Rechtsschutz angedeihen zu lassen. Zu einer derartigen Entsagung vertragsmäßig erworbener Rechte versteht sich ein Staat nicht leicht. Deshalb ist ein solcher Schritt von besonderer Wichtigkeit. Einer Zeitungsnachricht zufolge hat das Deutsche Reich der japanischen Regierung die Aufhebung der Konsulargerichtsbarkeit nach Ablauf einiger Jahre zugestanden. Falls diese Notiz der Wahrheit entsprechen und andere Staaten dem deutschen Beispiele folgen sollten, würde Japan wohl bald in allen Beziehungen als gleichstehend mit den europäischen Mächten anerkannt werden.

Wie dem auch sei, augenblicklich kann von allen nichtchristlichen Staaten nur die Türkei als Mitglied der europäischen Völkerrechtsgemeinschaft gelten. Es entsteht deshalb die Frage, nach welchem anderen Rechte die Beziehungen zu außereuropäischen Staaten und Stämmen zu beurteilen seien. Giebt es neben dem europäischen Völkerrecht ein allgemeines Weltrecht? Dieses könnte jenem zwar nicht ebenbürtig, müßte noch weniger vollkommen sein, aber es ließe sich doch denken. In der That hat es nicht an Männern gefehlt, welche die Geltung eines, die ganze Menschheit umfassenden Rechts annahmen. Noch in neuerer Zeit wurde die Behauptung aufgestellt, daß ewige, unverrückbare Regeln für den Verkehr der Menschen bestehen, ein natürliches Recht, dessen Grundsätze aus der Natur der Sache, d. h. aus den besonderen Beziehungen sich ergeben, die zwischen den Völkern von verschiedener Kulturstufe existieren. Diese unverrückbaren Regeln seien die, welche unser Gewissen uns vorschreibe. Das hauptsächlich auf der Idee der Gerechtigkeit beruhende natürliche Recht verlange gleichfalls, daß das gegebene Versprechen gewissenhaft ausgeführt, daß Leben und Eigentum als heilig und unverletzlich anerkannt würden, und daß die bösen Triebe und Leidenschaften den gerechten, ehrlichen und großmütigen Eingebungen wichen[35]).

[35]) Martens, Rußland und England in Centralasien S. 17/18. Vgl. Phillimore Bd. I Kap. 3 §§ 22 u. 28.

Diese Theorie beruht auf der Annahme eines, die ganze Menschheit verbindenden, subsidiär geltenden Naturrechts. Worauf beruht aber dessen verbindliche Kraft? Auf der Natur? auf einer göttlichen Weltordnung? Man könnte sie doch höchstens wieder aus der gemeinsamen Rechtsüberzeugung, aus der universellen Übung und Anerkennung dieses Naturrechts selbst herleiten. Es müßte also nicht nur auf unserer Seite, sondern auch auf der der unzivilisierten Völkerschaften in gewissem Grade das Gefühl der Rechtsgemeinschaft entwickelt sein. Dies bestreitet F. v. Martens, der Verfechter jener Theorie, allerdings. Er bleibt uns aber den Nachweis der Quelle jener ewigen, unverrückbaren Regeln schuldig. Ein praktisch geltendes, natürliches Recht giebt es überhaupt nicht. Das, was Martens so nennt, ist die Quintessenz unseres Rechtsgefühls oder vielmehr unserer Moral. Daß jene Ideen ewige, unverrückbare Regeln seien, ist auch höchstens in philosophischem Sinne zuzugeben. Die Vorstellung z. B., daß Leben, Freiheit und Eigentum der Menschen nicht angetastet werden dürfen, ist erst in moderner Zeit aufgetaucht, wenn man von Theorieen einzelner Männer absieht. Nicht nur haben Griechen und Römer Person und Güter des Fremdlings als Gegenstände des Okkupationsrechts betrachtet[36]), sondern auch die christlichen Nationen haben bekanntlich erst seit kurzem begonnen, in der Sklaverei ein mit der natürlichen Freiheit der Menschen unverträgliches Institut zu erblicken. Noch jetzt ist dieselbe in einem großen Teile der Welt praktisch geltendes Recht; ein entgegenstehendes, allgemein anwendbares, natürliches Recht kann es also nicht geben. Damit soll über die von Martens aufgestellten Prinzipien nicht der Stab gebrochen werden. Ihre Anwendung ist im Gegenteil sehr zu wünschen. Sie können den Maßstab für den sittlichen Gehalt der bestehenden Rechtsregeln abgeben[37]), nur darf man sie nicht als solche bezeichnen.

Aus den vorstehenden Ausführungen geht hervor, daß es ein den Verkehr der europäischen Staaten mit den halbzivilisierten Völkern

---

[36]) L. 5 § 2 D de captivis et de postliminio. Vgl. Schmidt, Zum internationalen Rechtsverkehr der Römer, Zeitschrift der Savigny-Stiftung für Rechtsgeschichte. 9. Bd. 2. Heft, romanistische Abteilung, 1. Heft S. 122.

[37]) Vgl. Halleck International law, ed. Sir Sherston Baker Bd. I London 1878 Kap. II § 13 S. 48.

und rohen Stämmen Asiens und Afrikas allgemein regelndes Recht nicht giebt. Der Grund hierfür ist sowohl in der Verschiedenheit der Kulturen, bezw. in dem Mangel der Gesittung auf einer Seite, wie auch in dem Umstande zu erblicken, daß der Verkehr trotz des neuerdings gewordenen Umfangs eine hinreichende Festigkeit und Regelmäßigkeit doch noch nicht gewonnen hat. Nun bestehen aber andererseits mannigfache Beziehungen zwischen den beiden Teilen, welche nach einer rechtlichen Regelung drängen. Nach was für Normen sind dieselben zu beurteilen?

Die europäischen Staaten begegnen in Asien und Afrika Mächten sehr verschiedenen Charakters, nämlich Staaten und unorganisierten Stämmen jeglicher Art. Nicht immer ist es mit voller Sicherheit zu entscheiden, ob ein bestimmtes asiatisches, afrikanisches oder australisches Volk einen Staat bilde oder nicht. Zwar wissen wir, daß bestimmte Grundlagen: ein Volk, ein von diesem bewohntes Gebiet und eine beide beherrschende, organisierte, oberste Gewalt für jeden Staat unentbehrlich sind, daß dieser nur da besteht, wo jene drei Faktoren gegeben sind. Die Schwierigkeit liegt aber in der Feststellung der thatsächlichen Existenz der letzteren im einzelnen Falle. Daß China, Japan, Persien, Korea, Annam, Serawak, Tunis, Marokko und Zanzibar Staaten sind, ist allerdings nicht in Zweifel zu ziehen. Auch wird wohl niemand behaupten wollen, daß der erste beste Negerhäuptling über ein Staatsvolk herrsche. Nichtsdestoweniger giebt es viele Völker, bei denen es ungewiß ist, ob der Übergang vom Stamme zum Staate sich vollzogen habe oder nicht. Man nimmt in solchen Fällen gern seine Zuflucht zu vermittelnden Ausdrücken und spricht z. B. von staatenähnlichen Gebilden[38]). Die wissenschaftliche Erkenntnis aber wird durch solche Notbehelfe in der Regel nicht gefördert, sondern gehemmt. Es soll zwar nicht in Abrede gestellt werden, daß Übergangszustände zwischen den Stammesformationen und Staatsbildungen thatsächlich bestehen — im Gegenteil, sie beruhen mit Notwendigkeit auf dem ewigen Naturgesetze des allmählichen Wachstums. Nur zu leicht wird man aber dazu verleitet, die einmal als staatenähnlich bezeichneten Gebilde dieser Ähnlichkeit wegen ohne weiteres wie Staaten zu behandeln. Es liegt

---

[38]) v. Stengel S. 14/15.

diese Gefahr für den nach klaren, einfachen Begriffen suchenden Juristen um so näher, als er mit Zwitterbildungen schwer operieren kann.

Für die juristische Betrachtung sind die Übergangsformationen zwischen Stamm und Staat unerheblich, weil vom Rechtsstandpunkte aus der Unterschied zwischen den beiden letzteren darin besteht, daß dem Staat Persönlichkeit zukommt, dem Stamm jedoch nicht. Zwischen Persönlichkeit und Unpersönlichkeit besteht aber kein Mittelding, denn es sind kontradiktorische und nicht konträre Gegensätze; eine quasi rechtliche Persönlichkeit[39]) giebt es nicht. Wo die Rechtsverhältnisse eines Volkes erörtert werden sollen, ist deshalb stets die Vorfrage aufzuwerfen: haben wir es mit einem Staate zu thun oder nicht. Je nachdem sie zu beantworten ist, wird dann das weitere sich ergeben.

I. Staaten. Daß einem jeden Staate Persönlichkeit zukommt, d. h. daß er Subjekt von Rechten und Pflichten ist, bedarf nicht des Beweises, denn dieses ist das begriffliche Merkmal, durch welches der Staat von der Gesamtheit seiner Bürger sich unterscheidet. Ob ein Staat Mitglied einer Völkerrechtsgemeinschaft, Mitglied der europäischen Völkerrechtsgemeinschaft ist oder nicht, ist für seinen Charakter als Staat unerheblich. Um Staat zu sein, bedarf er auch nicht der Anerkennung der übrigen Staaten. Sie wird nur dann erforderlich, wenn Staaten mit einander in Verkehr treten wollen. Ohne sich gegenseitig als Staaten anzuerkennen, können sie als Staaten nicht Verkehr mit einander pflegen. Ein Staat, der für seine Person auf solche Anerkennung verzichtet, begeht einen Selbstmord. Wollen europäische Mächte mit außereuropäischen Staaten in Verkehr treten, so müssen sie diese als solche anerkennen und behandeln.

Wohl ist der Organismus jener Staaten eigenartig, nach unseren Begriffen mangelhaft. Es darf aber nicht übersehen werden, daß die gegenwärtig in Europa und Amerika bestehenden Staatsformen eben nur Formen sind, welche man als der Sache selbst, der Verwirklichung der Staatsidee wesentlich nicht zu erachten hat. Die Verschiedenheit der Staatsform rechtfertigt nie die Aberkennung des Staatscharakters.

---

[39]) v. Holtzendorff II § 1 S. 5 spricht von einer solchen.

Den außereuropäischen Staaten stehen demgemäß alle Rechte zu, welche aus der Natur des Staates, aus dem Staatszwecke als solchem abzuleiten sind. Umgekehrt müssen sie die entsprechenden Pflichten auch für sich anerkennen. Die Anwendung spezieller Rechtssätze des europäischen Völkerrechts ist dagegen ausgeschlossen. Insbesondere haben jene also Anspruch auf die sogenannten Staatsgrundrechte: Unabhängigkeit, Selbsterhaltungsrecht, Recht auf Achtung und auf Verkehr. Ihr Kriegführungsrecht, ihr Vertragschließungsrecht, die Giltigkeit der mit ihnen geschlossenen Verträge, deren Charakter als Staatsverträge ist nicht anzuzweifeln. Die Gerichtsbarkeit der europäischen Konsuln im Orient beruht stets auf einer Konzession des betreffenden Staates, in welchem sie geübt wird. Die europäischen Mächte können sie ohne Vertrag als ein Recht nicht fordern.

Es fragt sich nun, welcher Natur die Rechtsbeziehungen der europäischen zu außereuropäischen Staaten seien. Daß sie nicht nach dem europäischen Völkerrecht zu beurteilen sind, daß es ein die ganze Menschheit oder alle Staaten umfassendes allgemeines Völkerrecht nicht giebt, wurde ausgeführt. Sobald Staaten in Verkehr mit einander treten, wird aber eine rechtliche Ordnung des letzteren erforderlich. Sie reicht jedoch nie weiter als der Verkehr selbst. Ist dieser wenig entwickelt, so wird auch ein allgemeines Rechtssystem sich nicht bilden, sondern nur einzelne, meist in den Staatsverträgen ausgesprochene Rechtssätze. Daß dieselben völkerrechtlicher Natur sind, ist nicht zu bezweifeln, denn sie regeln das Verhalten von Staaten zu einander. Sie machen aber kein Völkerrecht aus, sondern sind nur die Ansätze zu einem solchen. Sie bleiben immer vereinzelte, auf den konkreten Fall beschränkte, partikularrechtliche Normen. Das Protektorat eines europäischen Staates über einen außereuropäischen ist mithin völkerrechtlicher Natur, obschon es den Grundsätzen des europäischen Völkerrechts ohne weiteres nicht unterworfen ist.

II. Stämme. Beziehungen zwischen Staaten und Stämmen sind nie völkerrechtlicher Natur. Es ist anerkannter Grundsatz, daß nur Staaten Subjekte des Völkerrechtes sind. Stämme können es nicht sein, weil ihnen eine Persönlichkeit nicht zukommt. Ein völkerrechtliches Protektorat eines Staates über einen Stamm kann deshalb nicht bestehen.

Ein Stamm ist ein durch gemeinsame Abstammung verbundener

und zusammengehaltener Personenverein, eine große Familie; das seine Mitglieder verknüpfende Band ist rein persönlich, ebenso die von den Häuptlingen über diese ausgeübte Herrschaft; es fehlt ihnen die organische Zugehörigkeit zu einem bestimmten Gebiet. Zwar giebt es viele Stämme, welche feste Wohnsitze haben; ihre Verbindung mit denselben ist aber lediglich privatrechtlicher Natur. Zur Veranschaulichung dieses Verhältnisses sei auf den nicht seltenen Fall hingewiesen, daß ein Stamm seine bisherigen Wohnsitze verläßt und neue aufsucht. Während des hier notwendig eintretenden Zwischenstadiums büßt der Stamm nicht etwa seinen früheren Charakter ein; er bleibt stets derselbe, welcher er war, weil er auf ausschließlich persönlicher Verbindung beruht. Ganz anders wäre die Sachlage, wenn ein Staatsvolk als Ganzes sein bisheriges Gebiet verlassen und ein neues in Besitz nehmen wollte. Hier würde es stets einen Moment geben, in welchem der alte Staat nicht mehr, der neue noch nicht existierte, in welchem aus dem Staatsvolk ein Stamm geworden wäre. Durch die notwendige Verbindung von Volk, oberster Gewalt und Gebiet, unterscheidet sich der Staat von der Gesamtheit seiner Bürger, erlangt er Persönlichkeit. Da jene dem Stamme abgeht, kann ihm diese nicht zugeschrieben werden. Hat aber der Stamm als solcher keine Persönlichkeit, ist er nicht Subjekt von Rechten und Pflichten, so müssen die Beziehungen, welche er mit Staaten anknüpft, anderer Natur sein, als die zwischen Staaten bestehenden. Dieselben sind ebenso geartet, als die sonst zwischen einem Staate und einer Privatperson oder einer Mehrheit von Privatpersonen bestehenden Beziehungen. Deshalb sind auch die von einem Staate mit einem Stamme bezw. mit einem Häuptlinge geschlossenen Verträge keine Staatsverträge. Die Häuptlinge sind nicht Repräsentanten eines Staates, sondern Bevollmächtigte eines unabhängigen Personenvereins; für ihre Legitimation wird ein Nachweis nicht erfordert, weil sie notorisch ist. Häufig hat man indessen die Verträge nicht nur mit dem Stammesoberhaupte, sondern zugleich auch mit sämtlichen ihm untergebenen Unterhäuptlingen abgeschlossen[40]).

---

[40]) Vgl. statt vieler den von Frankreich mit dem König Amar Moktar und den Fürsten der Tzarzas geschlossenen Friedens- und Freundschaftsvertrag vom 7. Juni 1821 bei de Clercq Bd. III S. 271; ebendaselbst Bd. IX S. 476/478 die Verträge Frankreichs mit dem Könige der Landumas d. d. Boke

Daß nicht nur Staaten, sondern auch Stämme ein Recht auf Unabhängigkeit haben, ist jetzt wohl allgemein anerkannt. Trotzdem gestehen die Staaten den Stämmen durchaus nicht die Rechte von Staaten zu. Diplomatischer Verkehr z. B. wird mit Stämmen nicht unterhalten. Da die Stammeshäuptlinge nur eine Personalhoheit über ihre Stammesgenossen, keine Gebietshoheit ausüben, besitzen sie auch keine Jurisdiktion über die innerhalb ihrer Stammessitze sich aufhaltenden Europäer. Während dieselbe den außereuropäischen Staaten, wie bereits erwähnt, grundsätzlich zusteht, unterstehen die in staatenlosem Gebiet befindlichen Angehörigen eines Staates nach wie vor allein der Gerichtsbarkeit des letzteren[41]).

Die Rechtsbeziehungen der europäischen zu außereuropäischen Staaten sind somit grundverschieden von denjenigen zu Stämmen. Nur in negativer Hinsicht läßt sich ein gemeinsamer Gesichtspunkt aufstellen: der den Verkehr der europäischen Mächte untereinander beherrschende Grundsatz, daß kein Staat von einem anderen etwas fordern dürfe, was er diesem nicht selbst zugestehe, gilt weder den unzivilisierten Stämmen noch den außereuropäischen Staaten gegenüber. Teils nehmen wir für uns weitergehende Rechte als im innereuropäischen Verkehr in Anspruch, teils aber fordern wir von jenen auch nicht die Erfüllung aller den europäischen Staaten obliegenden Verpflichtungen. In ersterer Hinsicht verlangen letztere namentlich, ihre eigenen Unterthanen auch in der Fremde beschützen, sowie dort die Gerichtsbarkeit über sie ausüben zu dürfen, gestehen aber in ihrem eigenen Lande den außereuropäischen Mächten ein gleiches Vorrecht nicht zu. Auf der anderen Seite wird diesen gegenüber, wie gesagt, in vielen Beziehungen Nachsicht geübt. Zum Beweise dessen seien hier einige Entscheidungen englischer Gerichtshöfe angeführt.

Lange Zeit vor der Aufnahme der Hohen Pforte in das euro-

---

d. 21. Januar 1866 und von Rio Pongo d. d. Bofa den 15. Februar 1866; beide Verträge sind geschlossen von dem Könige der Landumas, bezw. von Pongo „unter Assistenz der Oberhäuptlinge des Landes".

[41]) Nach englischem Recht ist dies unzweifelhaft. Vgl. die Note des großbritannischen Geschäftsträgers in Berlin vom 22. September 1884 im Weißbuch über Angra Pequena Nr. 49 S. 47/48. — Act of the British Parliament for extending and amending the Foreign Jurisdiction Acts vom 16. August 1878, bes. Art 5 (British and Foreign State Papers. Bd. 69 (1877/78) S. 198 ff.

päische Konzert, als dieselbe mithin auf demselben Standpunkte sich befand, wie die hier in Betracht kommenden Mächte, sagte Lord Stowell[42]): „Die Bewohner des türkischen Reiches sind nicht demselben Völkerrecht wie wir unterworfen. In Anbetracht der Eigentümlichkeit ihrer Lage und ihres Charakters hat das Gericht wiederholt die Ansicht ausgesprochen, sie seien nicht an die Prinzipien des öffentlichen Rechts in ihrer ganzen Strenge gebunden, welche die europäischen Staaten seit so langer Zeit ihrem Verkehr zu Grunde legten". In einer anderen Entscheidung[43]) drückt derselbe Richter sich so aus: „Man würde sehr hart gegen die Einwohner Marokkos verfahren, wollte man sie für gebunden erachten an alle Regeln des Völkerrechts, so wie dasselbe bei den europäischen Staaten in Übung ist. Unbestreitbar stehen sie in vielen Hinsichten nicht auf demselben Standpunkte wie europäische Kaufleute; in manchen Materien des Völkerrechts sind sie wohl berechtigt zu einer sehr milden Anwendung der Prinzipien, welche für die in beständigem und nahem Verkehre stehenden europäischen Staaten durch lange Praxis festgestellt sind. Obwohl von sehr einfachen Regeln hergeleitet, beruht dieses Recht doch zum beträchtlichen Teile auf sehr verwickelten Deduktionen und bildet ein recht künstliches System, welches den Kenntnissen und Gewohnheiten jener fremd ist. Aus diesen Erwägungen hat der Gerichtshof bereits mehrfach ausgesprochen, daß das europäische Völkerrecht nicht seinem gesamten Umfange nach auf die Angelegenheiten solcher Personen wie die Provokanten, auf die Bewohner solcher Länder Anwendung finden könne. Trotzdem ist eine derartige Nachsicht im vorliegenden Falle unzulässig, in welchem es sich um einen Blockadebruch handelt, d. h. um eine der einfachsten und allgemein, in allen Ländern und zu allen Zeiten üblichen Kriegsmaßregeln. Wenn eine europäische Armee oder Flotte eine Stadt oder einen Hafen blockiert, ist es jenen nicht gestattet, mit einem solchen Hafen Handel zu treiben. Wollte man das für zulässig erachten, so würde die Blockade ganz unverbindlich sein. Sie ist keine neue Kriegsmaßregel, sondern so alt und allgemein wie der Krieg selbst. Die Unterthanen

---

[42]) In Sachen der Madonna del Burso, angeführt von Twiß Bd. I § 61 S. 89.

[43]) In Sachen „The Hurtige Hane" — angeführt bei Phillimore Bd. I § 29 S. 23 Anm. g und ausführlicher bei Twiß Bd. I § 96 S. 162.

der Barbareskenstaaten konnten nicht in Ungewißheit sein über die allgemeinen Regeln in Betreff der Blockierung eines Hafens, soweit sie auf die Interessen und Verpflichtungen der Neutralen sich beziehen."

In diesem Falle nahm also der englische Richter an, daß ein Blockadebruch auch einem marokkanischen Schiffe nicht erlaubt sei, obwohl er die Regeln des europäischen Völkerrechts für Marokko nicht ohne weiteres als bindend erachtete. Zur Gegenüberstellung diene folgender Fall[44]):

Die „Helena" war von einem algerischen Kaperschiff aufgebracht und demnächst bona fide an einen christlichen Kaufmann veräußert worden. Trotzdem nicht festgestellt werden konnte, ob die „Helena" von einem Prisengericht in rechtsgiltiger Form als gute Prise erklärt worden sei, wurde der Verkauf dennoch als rechtsbeständig erachtet und zwar aus folgenden Gründen. „Obwohl die Begriffe der muhammedanischen Regierungen über das im Völkerrecht zu beobachtende Recht von den unsrigen abweichen, dürfen wir dennoch die Rechtsbeständigkeit ihrer Staatsakte nicht in Zweifel stellen. Deshalb müssen wir, was die stattgehabte Art und Weise der Konfiskation des Schiffes betrifft, annehmen, daß sie in der bei jenen üblichen Weise und dem in jenen Ländern feststehenden Gebrauch entsprechend erfolgt sei, mag sie durch rechtsbeständiges Urteil angeordnet sein oder nicht. Vielleicht war nach den Rechtsbegriffen jener die Aufbringung gerechtfertigt durch die Verletzung irgend welcher Vertragsbestimmung, wie ja jene Nationen nur durch ein Vertragsrecht sich gebunden erachten, indem sie davon ausgehen (wie einige Menschen thörichter Weise sich einbilden), daß es kein anderes Völkerrecht gäbe als das aus festen Verträgen und Bündnissen abgeleitete."

Sir Travers Twiß stimmt dem Richter in beiden Fällen unbedingt bei; er erblickt die Verschiedenheit derselben darin, daß es in letzterem[45]) nur um eine Formvorschrift, d. h. um eine Frage von untergeordneter Bedeutung sich handele, während der erstere[46]) ein wichtiges Prinzip des Völkerrechts betreffe. Deshalb hält er hier die Unterwerfung der Muhammedaner unter das europäische Recht für gerechtfertigt. Doch dürfte er so dem Lord Stowell fremde Motive

---

[44]) Mitgeteilt von Twiß Bd. I § 61 S. 89, § 96 S. 163.

[45]) ibid. S. 163.

[46]) ibid. S. 161/2.

unterschieben. Derselbe hat wohl nicht Prinzipien und Formfragen auseinanderhalten wollen, sondern spezifische Rechtssätze des europäischen Völkerrechts und universelle Gepflogenheiten. Daß der Krieg eine solche ist, kann nicht bezweifelt werden. Die Art seiner Führung aber ist verschieden, je nach der Kulturstufe der einzelnen Völker. Lord Stowell nimmt deshalb für die europäischen Staaten die Befugnis in Anspruch, auf ihre Weise Krieg führen zu dürfen, jede Störung ihrer Kriegführung ebenso zu untersagen, wie andererseits muhammedanische Staaten das Recht hätten, sich eine solche von europäischer Seite zu verbitten. Auf ganz dem nämlichen Prinzipe beruht die zweite Entscheidung; auch hier wird jeder Teil für berechtigt erklärt, nach seinen Grundsätzen zu verfahren, der andere Teil aber angehalten, die Rechtsbeständigkeit derartiger Handlungen anzuerkennen.

Können wir so im einzelnen Falle auch einen richtigen Maßstab für die Beurteilung gewinnen, so ist es doch unmöglich, eine allgemeine Richtschnur des Handelns aufzufinden. Eine solche giebt es nicht, kann es auch nicht geben, solange eine dauernde Rechtsgemeinschaft nicht besteht. Soweit durch Verträge oder Gewohnheit ein Rechtsboden nicht geschaffen ist, hat hier also die Diplomatie freies Feld vor sich[47]).

## C. Übersicht über die wichtigsten Protektoratsverträge.

Die Republiken Andorra und San Marino, sowie das Fürstentum Monaco stehen zwar unter dem Protektorat einiger Großmächte, verdienen aber ihrer Geringfügigkeit halber keine besondere Berücksichtigung[48]). Die Protektorate der drei Ostmächte über Krakau und Großbritanniens über die ionischen Inseln sind von vorwiegend historischem Interesse; dennoch muß ihrer gedacht werden, da sie wichtige Präzedenzfälle für die Entscheidung zweifelhafter Fragen darbieten. Österreich, Preußen und Rußland schlossen am 3. Mai 1815 zu Wien einen Vertrag[49]), in welchem sie die Stadt Krakau

[47]) F. v. Martens, Rußland und England in Centralasien S. 18.

[48]) Vgl. v. Holtzendorff Bd. II § 27 S. 111/12.

[49]) Martens, Nouveau Recueil Bd. II S. 251 ff. Vgl. auch die beiden Separatverträge vom gleichen Tage zwischen Österreich und Rußland Art. 4 (ibid. S. 227) und zwischen Preußen und Rußland Art 2 (ibid. S. 238).

mit ihrem Gebiet für frei, unabhängig und neutral erklärten, sie auch unter ihren Schutz stellten. Am nämlichen Tage unterzeichneten die Mächte eine von ihnen für das neue Staatswesen ausgearbeitete Verfassung[50]). Die wichtigsten Bestimmungen des Vertrages vom 3. Mai 1815 fanden sodann noch Aufnahme in die Generalakte des Wiener Kongresses vom 9. Juni 1815 Art. 6—10[51]). Das Protektorat über Krakau bestand bis zum 6. November 1846. An diesem Tage widerriefen die drei Ostmächte die am 3. Mai 1815 abgegebenen Erklärungen und beschlossen die Vereinigung Krakaus mit der habsburgischen Monarchie[52]). — Das Protektorat Großbritanniens über die ionischen Inseln wurde durch einen von England, Österreich, Preußen und Rußland am 5. November 1815 zu Paris abgeschlossenen Vertrag begründet[53]). Die Hohe Pforte erklärte ihr Einverständnis mit demselben am 24. April 1819[54]), nachdem eine neu entworfene Verfassung für die ionischen Inseln vom König von England am 26. August 1817 ratifiziert war[55]). Das Protektorat bestand bis zum Jahre 1863. Auf Grund der vom ionischen Parlamente beschlossenen Vereinigung der Inseln mit Griechenland entsagte Großbritannien unter Zustimmung der übrigen Großmächte seinen Rechten, und wurden die ionischen Inseln dem hellenischen Reiche einverleibt[56]).

### Die überseeischen Protektorate Frankreichs.

1. Die Beherrscherin der Gesellschaftsinseln, Königin Pomare, richtete am 9. September 1842 an den französischen Admiral Dupetit Thouars die Bitte um Unterstellung ihres Reiches unter fran-

---

50) ibid. S. 257 ff.

51) ibid. S. 385/6. Vgl. auch Art. 118.

52) Konvention vom 6. November 1846 bei Martens, Nouveau Recueil général. Bd. 9 S. 374/380. Die diplomatische Korrespondenz ist abgedruckt Bd. 10 S. 3/148.

53) Martens, Nouveau Recueil. Bd. II S. 663 ff. Frankreich trat diesem Vertrage am 27. September 1816 bei (De Clercq Bd. III S. 43).

54) ibid. Bd. V S. 387 ff.

55) British and Foreign State Papers. Bd. 4 (1816/17) S. 647/725.

56) Vertrag zwischen Österreich, Frankreich, Großbritannien, Preußen und Rußland vom 14. November 1863 bei Geffcken, Recueil manuel et pratique I S. 278 ff. — Vertrag zwischen Frankreich, Großbritannien, Griechenland und Rußland vom 29. März 1864 ibidem S. 296 ff.

zösischen Schutz[57]). Daraufhin wurde noch am selben Tage ein erster Protektoratsvertrag geschlossen[58]). Derselbe wurde jedoch später durch die am 5. August 1847 zu Papeete geschlossene Konvention ersetzt[59]). Die in dieser niedergelegten Bestimmungen blieben in Kraft, bis König Pomare V am 29. Juni 1880 sein Land an Frankreich abtrat[60]). Durch Gesetz der französischen Republik vom 30. Dezember 1880 wurden dann die Gesellschaftsinseln zur französischen Kolonie erklärt[61]).

2. Das Protektorat Frankreichs über Kambodscha wurde durch den am 11. August 1863 zu Udong abgeschlossenen Vertrag begründet[62]). Bedeutend erweitert wurden später die Rechte Frankreichs durch die am 17. Juni 1884 zu Pnom-Penh abgeschlossene Konvention[63]); der Vertrag vom 11. August 1863 wurde durch sie aber nicht aufgehoben, sondern nur abgeändert[64]).

3. Ein Vertragsverhältnis zwischen Frankreich und Annam besteht seit dem 28. November 1787; das Protektorat wurde aber erst durch den Vertrag vom 15. März 1874 begründet[65]); ihm schloß sich ein Handelsvertrag vom 31. August 1874 an[66]). Eine durchgreifende Umgestaltung erfuhren jedoch die Beziehungen zwischen Frankreich und Annam bereits durch den am 6. Juni 1884 zu Hue abgeschlossenen neuen Protektoratsvertrag[67]). Die Organisation des

[57]) De Clercq Bd. 4 S. 645/646.

[58]) ibid. S. 649/652.

[59]) ibid. Bd. 5 S. 525/28.

[60]) British and Foreign State Papers. Bd. 71 S. 217/18; ebenda auch die Annahmeerklärung des französischen Kommissars.

[61]) ibid. S. 220.

[62]) De Clercq Bd. 8 S. 608/12.

[63]) ibid. Bd. 14 S. 382/4; daselbst auch die den französischen Kammern von der Regierung am 6. November 1884 vorgelegte Begründung des Vertragsentwurfes. Vgl. de Lanessan, L'Indo-Chine française. Paris 1889 S. 727/45.

[64]) Konvention von Pnom-Penh Art. 11.

[65]) Geffcken a. a. O. Bd. 2 S. 338 ff. Über die Vorgeschichte ist zu vergleichen der Bericht des Vizeadmirals Jaurès an die Nationalversammlung vom 1. August 1874 bei De Clercq Bd. 11 S. 150 ff.

[66]) Geffcken, ibid. S. 396 ff.

[67]) De Clercq Bd. 14 S. 374 ff.; über die Vorgeschichte ist zu vergleichen „L'affaire du Tonkin“ Histoire diplomatique de l' établissement de notre protectorat sur l' Annam et de notre conflit avec la Chine 1882/85 par un diplomate. Paris (Hetzel).

Protektorats erfolgte zunächst durch ein Dekret des Präsidenten der französischen Republik vom 27. Januar 1886[68]). Infolge der ausgebrochenen Unruhen[69]) erschien jedoch bald eine Abänderung der erlassenen Bestimmungen erforderlich. Durch Dekret des Präsidenten der französischen Republik vom 17. Oktober 1887 wurden einheitliche Vorschriften für Kambodscha, Annam und das von diesem administrativ getrennte Tonkin gegeben[70]).

4. Durch den am 12. Mai 1881 zu Kasr Said abgeschlossenen Vertrag[71]) begründete Frankreich sein Protektorat über die Regentschaft Tunis. Ähnliche Befugnisse wie in Kambodscha erlangte es sodann durch die zu Marsa am 8. Juni 1883 vereinbarte Konvention[72]).

5. Das Protektorat über Madagaskar begründete Frankreich durch den Friedensvertrag vom 17. Dezember 1885[73]). Die Organisation erfolgte durch zwei Dekrete des Präsidenten der französischen Republik vom 7. und 8. März 1886[74]).

## Die überseeischen Protektorate Englands.

1. Auf der malaiischen Halbinsel hat England Protektoratsverträge mit den der Kolonie Straits-Settlements benachbarten Staaten abgeschlossen: mit Perak am 20. Januar 1874, mit Salangor und Sungai-Ujong gleichfalls im Jahre 1874, mit Pahang im Jahre 1888[75]). Von Bedeutung sind diese Schutzverhältnisse nicht, da die kleinen Staaten von jeglicher Berührung mit anderen Mächten ausgeschlossen sind.

---

68) Staatsarchiv Bd. 46 (1886) Nr. 8844.

69) Vgl. hierüber de Lanessan a. a. O. S. 686 ff.

70) Journal officiel de la République française vom 18. Oktober 1887.

71) Geffcken a. a. O. Bd. 3 S. 262 ff. Vgl. das Dekret des Bey vom 11. Redjeb 1298 (8. Juni 1881) im Staatsarchiv Bd. 39 (1881) No. 7492 Beilage 3.

72) De Clercq Bd. 14 S. 244. Dazu die den französischen Kammern vorgelegten Berichte ibid. S. 245/70. Vgl. daselbst die Dekrete des Präsidenten der französischen Republik vom 4. Oktober 1884 (S. 422), vom 10. November 1884 (S. 427), vom 23. Juni 1885 (S. 504/6).

73) Staatsarchiv Bd. 46 (1886) Nr. 8846.

74) ibid. Nr. 8847.

75) Trendell, The colonial year book for the year 1890. London 1890 S. 583 ff. — Blaubuch C 5884. (Further correspondence respecting the protected Malay States).

2. Ein Protektorat über Afghanistan wurde durch den von dem Emir dieses Landes mit der britischen Regierung am 26. Mai 1879 abgeschlossenen Vertrag[76]) begründet.

3. Die im Jahre 1877 der Kapkolonie einverleibte Boerenrepublik Transvaal erlangte durch einen glücklichen Aufstand im Jahre 1881 die Anerkennung ihrer Autonomie und untersteht dem englischen Protektorate. Der ihre Freiheit noch sehr einschränkende Vertrag vom 3. August 1881[77]) wurde durch einen neueren Vertrag vom 27. Februar 1884[78]) ersetzt. Das recht unabhängige Land heißt seitdem die südafrikanische Republik.

4. Ferner übt England noch ein Protektorat über drei Staaten auf der Insel Borneo aus. Von denselben wird nur der unbedeutendste, Brunei, von einem einheimischen Sultan beherrscht[79]). Serawak regierte seit dem Jahre 1841 der Engländer Sir James Brooke, im Jahre 1868 folgte ihm sein Enkel Sir Charles Brooke als Rajah von Serawak in der Herrschaft nach[80]). Der Staat Nordborneo endlich wurde von der britischen Nordborneogesellschaft auf einem von dem österreichischen Baron Overbeck und dem Engländer Dent von den einheimischen Sultanen erworbenen und ihr abgetretenen Territorium gegründet[81]). Nachdem[82]) dies geschehen war, erhielt die Gesellschaft im Jahre 1881 einen Schutzbrief von der englischen Regierung. Letztere hat den Staat Nordborneo formell anerkannt in dem am 12. Mai 1888 zu London abgeschlossenen Protektoratsvertrage. Mit diesem fast gleichlautende Verträge wurden mit Serawak am $\frac{\text{14. Juni}}{\text{5. September}}$ und mit Brunei am 17. September 1888 vereinbart[83]).

---

[76]) British and Foreign State Papers. Bd. 70 (1878/79) S. 49/52.

[77]) Staatsarchiv Bd. 40 (1882) Nr. 7672.

[78]) ibid. Bd. 44 (1885) Nr. 8556.

[79]) Piton, Un voyage à Bornéo in der Revue maritime et coloniale Bd. 97. Paris 1888 S. 310/14.

[80]) Piton a. a. O. S. 71/86. — Heimburger, Der Erwerb der Gebietshoheit. Karlsruhe 1888 S. 62 A. 2.

[81]) Piton S. 314/325. — Heimburger S. 55/56.

[82]) Heimburger a. a. O.

[83]) Alle drei Verträge sind veröffentlicht in dem Blaubuch: Borneo Nr. 1 (1888) C. 5617.

5. Am 7. November 1890 wurde das Sultanat Zanzibar dem Protektorate Englands unterstellt. Der zwischen beiden Mächten abgeschlossene Vertrag liegt aber noch nicht vor.

Diesen britischen Protektoraten reiht sich das von England in Gemeinschaft mit Deutschland und den Vereinigten Staaten von Nordamerika am 14. Juni 1889 beschlossene Kollektivprotektorat über die Samoainseln an. Der König der letzteren hat dasselbe am 19. April 1890 anerkannt[84]).

Italien hat, wie schon erwähnt, einen Protektoratsvertrag mit Abessinien abgeschlossen, nämlich am 2. Mai 1889[85]). Derselbe wurde am 29. September 1889 vom Könige von Italien ratifiziert.

Schließlich sei hier noch der beiden Protektorate Rußlands über Chiwa und Buchara gedacht; mit ersterem datiert der Vertrag vom 12. August 1873[86]). Mit Buchara scheinen besondere Bestimmungen über das Protektorat nicht vereinbart zu sein, obwohl dasselbe zweifellos besteht. Zwei Handelsverträge zwischen Rußland und Buchara wurden am 30. Juni 1868 und am 10. Oktober 1873 abgeschlossen[87]).

---

[84]) Generalakte der Samoakonferenz in Berlin vom 14. Juni 1889 im Weißbuch über Samoa (Drucksachen des Reichstages Nr. 64, 8. Legislaturperiode, 1. Session. Nr. 8 S. 6 ff.). — Beitrittserklärung der Samoanischen Regierung vom 19. April 1890 (ibid. Nr. 15 Anlage 1 S. 43).

[85]) Grünbuch Etiopia, Rom 1890. S. 434 ff.

[86]) British and Foreign State Papers. Bd. 65 (1873/74) S. 84 ff.

[87]) Martens, Nouveau recueil général. Bd. 20 S. 91/95.

# I. Begriff des Protektorats.

## 1. Der Inhalt der Protektoratsverträge.

In der überwiegenden Mehrzahl aller Protektoratsverträge finden wir folgende Bestimmungen: der schützende Staat verpflichtet sich zu dauerndem Schutze des zu schützenden Staates, wofür ihm ein mehr oder minder weitgehender Einfluß auf die Leitung der auswärtigen Angelegenheiten desselben eingeräumt wird; die innere Autonomie des zu schützenden Staates bleibt dagegen prinzipiell unangetastet.

Es ist leicht zu erweisen, daß diese Bestimmungen unter sich in einem notwendigen Zusammenhange stehen und deshalb von typischer Bedeutung sind. Hierbei sei der Einfachheit halber immer nur an die gewöhnliche Art der Begründung eines Protektoratsverhältnisses gedacht: durch Vertrag zwischen dem schützenden und dem zu schützenden Staate.

Wie sein Name andeutet, ist das Protektorat ein Schutzverhältnis; einem solchen ist wesentlich einmal ein Schutzbedürfnis, eine gewisse Schwäche auf Seiten eines Staates, dann aber das Bestreben desselben, seine Sonderexistenz fortzuführen, und schließlich das Dasein einer Macht, welche im stande ist, Schutz zu gewähren. Ist die Schwäche nicht vorhanden, so fehlt dem Protektorat jegliche Berechtigung. Will aber der schwache Staat auf sein ferneres Dasein verzichten, willigt er in seine Einverleibung in einen größeren Staatsverband, so ist für ein besonderes Schutzverhältnis offenbar auch kein Raum mehr gegeben. Und daß ein solches ohne einen mächtigen, zur Erteilung des Schutzes bereiten Staat nicht zu stande kommen kann, das bedarf nicht der Ausführung.

Nun wird aber kein Staat einem anderen aus Nächstenliebe allein seinen Schutz gewähren. Handelt es sich nur um Abwendung einer einzelnen, vorübergehend den Schwachen bedrohenden Gefahr, so kann dem Beschützer die ihm für seinen Beistand gebührende Entschädigung auf verschiedene Weisen zu teil werden. Er mag auch in der Erhaltung des Schwächeren eine notwendige Bedingung seiner eigenen Sicherheit erblicken und deshalb im alleinigen Interesse dieser für jenen eintreten. Dann wird jedoch nur ein Bündnis geschlossen, aber kein Schutzverhältnis eingegangen. Letzteres ist seiner Natur nach auf die Dauer berechnet, es ist eben ein Verhältnis. Kein Protektoratsvertrag enthält eine Zeitbestimmung oder einen Hinweis auf einen vorübergehenden Zweck. Wo die dauernde Schwäche eines Staats einen dauernden Schutz desselben erforderlich macht, kann derselbe von einem stärkeren aber nur unter einer Bedingung gewährt werden: er muß bestimmenden Einfluß auf die Politik seines Schützlings ausüben. Die Gestattung eines solchen bildet die notwendige Gegenleistung des letzteren.

Will ein Staat einen anderen ein für alle Mal, gegen wen es auch sei, beschützen, so übernimmt er damit die Verantwortung für dessen Handlungen; er kann es demselben deshalb nicht gestatten, ihn durch eigenmächtiges, vielleicht unbedachtes Vorgehen in Händel zu verwickeln. Bliebe der Schützling vollkommen unbehindert in seinem auswärtigen Verkehr, so wäre er in der Lage, seinem Beschützer mannigfache Verlegenheiten zu bereiten, ihn in gefährliche Kriege zu stürzen[1]). Er wäre dann der eigentliche Herr, sein Schirmherr sein Sklave. Eine solche Stellung würde ihn sogar dazu anreizen, im Vertrauen auf die hinter ihm stehende, zu seinem Schutze verpflichtete Macht dreister aufzutreten, Ansprüche zu erheben, welche er sonst nicht geltend machen könnte.

Eine so weitgehende Verantwortung für einen anderen zu übernehmen, ist kein Staat im stande. Ein dahin zielender Vertrag trüge von Anfang an den Keim des Todes in sich; er wäre bald gekündigt oder gebrochen. Bliebe der zu schützende Staat vollkommen selbständig, so könnte er aber auch der Politik seines Protektors Opposition machen. Diese Gefahr liegt um so näher, als der natürliche Selbständigkeitstrieb den Schützling mit Notwendigkeit in Antagonismus zu jenem setzt. Unter so bewandten Umständen wäre

---

[1]) Geffcken in v. Holtzendorffs Handbuch des Völkerrechts III § 150 S. 620.

keinem Staate der Schutz eines anderen zuzumuten[2]). Ein Protektorat kann deshalb nur dann bestehen, wenn dem Beschützer ein Einfluß auf die Leitung der auswärtigen Angelegenheiten des Schützlings zugestanden wird.

Daß der letztere durch den dem ersteren einzuräumenden Einfluß in eine abhängige Stellung gerät, ist nicht zu bestreiten. Das ist aber unvermeidlich und für den des Schutzes Bedürftigen nur naturgemäß. Mit Rücksicht auf diese Unterordnung bezeichnet man ihn als Unter-, jenen als Oberstaat[3]).

Bisher wurde versucht, den Nachweis dafür zu erbringen, daß der Staat, welcher den Schutz eines anderen übernimmt, auch einen gewissen Einfluß auf die auswärtigen Angelegenheiten desselben beanspruchen dürfe und müsse. Um den engen Zusammenhang dieses Rechts mit jener Last zu veranschaulichen, sei nun aber noch darauf hingewiesen, daß nicht nur letztere mit ersterem, sondern auch ersteres mit letzterer untrennbar verbunden ist. Der Vorwurf, durch diese Art des Vorgehens die Sachen auf den Kopf zu stellen, ist hierbei wohl nicht zu befürchten. Derselbe dürfte um so weniger gerechtfertigt sein, als gerade so nur dasjenige zum Ausgangspunkte der Betrachtung gewählt wird, was bei der Begründung überseeischer Protektorate im Vordergrunde steht. Es dürfte schwierig sein, ein Beispiel dafür anzuführen, daß ein europäischer Staat die Schutzherrschaft über ein asiatisches oder afrikanisches Reich nur deshalb übernommen habe, um dasselbe zu beschirmen. In der überwiegenden Mehrzahl der Fälle war der einzige Beweggrund des ersteren der Wunsch nach Ausdehnung seiner Machtsphäre. Von jeher wurde der überseeische Verkehr von den Europäern zur Gewinnung politischen Einflusses in den außereuropäischen Ländern benutzt, sowohl der Sache selbst wie auch der kommerziellen Interessen halber. Hand in Hand mit dem Streben nach Ausbreitung der eigenen Autorität geht aber das Bemühen nach Ausschluß jeglicher Beeinflussung von dritter

[2]) Vgl. auch Heffter, Das europäische Völkerrecht der Gegenwart. 8. Ausgabe 1888 (ed. Geffcken) § 22 S. 55.

[3]) Ober- und Unterstaat nennt man meist alle in einem Verhältnis der Über- bezw. Unterordnung, insbesondere auch die in einem Suzeränitäts- und Vasallitätsverhältnisse zu einander stehenden Staaten. Um Mißverständnissen vorzubeugen, werden in dieser Arbeit nur die durch ein Protektorat verbundenen Staaten so bezeichnet werden.

Seite her. Deshalb ist den europäischen Staaten so viel daran gelegen, die auswärtige Politik gewisser asiatischer und afrikanischer Mächte leiten oder doch kontrollieren zu können. Wird ihnen das zugestanden, so vermögen sie die Beziehungen solcher Reiche zu anderen Staaten nach ihrem Belieben zu gestalten, die Hilfsquellen jener Länder ihren eigenen Interessen dienstbar zu machen.

Steht dem Oberstaate die oberste Leitung oder auch nur die Kontrollierung der auswärtigen Beziehungen des Unterstaates zu, so hat er in letzter Linie über die Übernahme von Rechten, die Eingehung von Verbindlichkeiten von Seiten dieses zu entscheiden. Ihm gebührt deshalb auch die Verantwortung für die Handlungen und Unterlassungen desselben; auf seinen Willen sind sie zurückzuführen; die Vertretung seiner Maßnahmen kann dem Unterstaate nicht aufgebürdet werden. Durch den Verzicht auf eine selbständige äußere Politik hat dieser des Rechtes sich begeben, nach Gutdünken Ansprüche an dritte Staaten zu stellen, deren Anforderungen Genüge zu leisten oder ihnen entgegenzutreten. Seine fernere Existenz ist deshalb davon abhängig, daß derjenige, zu dessen Gunsten er auf eigene Politik verzichtete, die Verantwortung für ihn übernimmt, d. h. für ihn eintritt. Wollte der Oberstaat dem sich entziehen, so wäre die Lage des Unterstaates die: von der einen Seite schriebe man ihm vor, was er zu thun und was er zu unterlassen habe, und von der anderen Seite nähme man ihn aus der Befolgung jener Befehle in Anspruch. Eine solche Stellung vermag kein Staat zu ertragen, am wenigsten ein schwacher Staat. Er wird deshalb einem anderen einen Einfluß auf die Leitung seiner auswärtigen Angelegenheiten nur dann einräumen, wenn dieser für die Folgen seiner Einmischung voll und ganz einstehen will. Die Schutzpflicht des Oberstaates ist demnach eine unabweisliche Folge der Unterordnung des Unterstaates unter seine Politik.

Von welcher Seite aus man das Verhältnis auch betrachtet, man gelangt immer zu der Erkenntnis der Untrennbarkeit der Schutzpflicht des Oberstaates von dem Rechte desselben zur Beeinflussung der auswärtigen Angelegenheiten des Unterstaates. Diese beiden Faktoren sind die Grundmauern, auf denen das ganze Protektoratsgebäude ruht; es bedarf deshalb einer näheren Präzisierung der bisher nur unbestimmt gebrauchten Ausdrücke „Schutzpflicht“ und

„Einfluß auf die Leitung der auswärtigen Angelegenheiten des Unterstaates“.

A. **Umfang der Schutzpflicht.** Über den Umfang der Schutzpflicht des Oberstaates besagen die von Frankreich abgeschlossenen Protektoratsverträge folgendes: Die Regierung der Republik hat der Königin von Madagaskar gegenüber sich verpflichtet, ihr bei der Verteidigung ihrer Staaten Beistand zu leisten[4]. Dem Bey von Tunis läßt sie beständige Unterstützung angedeihen gegen jegliche Gefahr, welche die Person oder Dynastie des Bey oder die Ruhe seiner Staaten bedrohen könnte[5]; die Könige von Kambodscha und Annam hat sie gegen innere Aufstände wie gegen Angriffe von außen her zu verteidigen[6]. Außerdem hat Frankreich die Unverletzlichkeit der Staaten des Königs von Annam, sowie die Erfüllung aller am 12. Mai 1881 zwischen der Regentschaft Tunis und den verschiedenen europäischen Mächten in Kraft befindlichen Verträge garantiert[7].

In den von Großbritannien mit dem Staate Nordborneo, mit Serawak und mit Brunei geschlossenen Verträgen ist nur gesagt, daß diese Staaten fortan unter englischem Schutze stehen sollen[8]. Eine gleiche Bestimmung enthielten die Verträge der Großmächte, welche über das Schicksal Krakaus und der ionischen Inseln statuierten[9]. Hinsichtlich der letzteren haben die vertragschließenden Mächte mit Ausnahme Großbritanniens auf jeden Sonderanspruch verzichtet und für alle Dispositionen des Pariser Vertrages Garantie geleistet.

In sämtlichen hier aufgeführten Fällen hat der Oberstaat den Schutz des Unterstaats schlechthin in vollem Umfange übernommen oder ihn ausdrücklich gegen innere wie äußere Angriffe zugesagt. Es entspricht dies dem ausgesprochenen Zwecke des Protektorates:

---

[4] Vertrag vom 17. Dezember 1885 Art. 11.

[5] Vertrag von Kasr Said vom 12. Mai 1881 Art. 3.

[6] Vertrag von Udong vom 11. August 1863 Art. 7. — Vertrag von Huë vom 6. Juni 1884 Art. 15.

[7] Vertrag von Huë vom 6. Juni 1884 Art. 15. — Vertrag von Kasr Said vom 12. Mai 1881 Art. 4.

[8] Art. 2 der Verträge vom 12. Mai, 14. Juni / 5. September und 17. September 1888.

[9] Vertrag von Wien vom 3. Mai 1815 Art. 1, Pariser Vertrag vom 5. November 1815 Art. 2.

Erhaltung des Unterstaates in seinem Bestande, in seiner Territorial- und Personalhoheit, in allen seinen Rechten. Die Schutzpflicht besteht einer jeden Bedrohung gegenüber, von wem sie auch ausgehen möge, von rebellischen Unterthanen oder von anderen Mächten. Eine Begrenzung der Schutzpflicht, etwa auf die Gestellung einer Heeresmacht von bestimmter Größe, würde aus dem Schutze eine Unterstützung, aus dem Protektorat ein Bündnis machen. Natürlicherweise ist aber die Verpflichtung zur Beschirmung des Unterstaates nicht ganz unbegrenzt, sondern von dem Vermögen des Oberstaates abhängig. Die Verteidigung jenes ist diesem offenbar dann nicht zuzumuten, wenn seine eigene Existenz bedroht ist. Wenn z. B. Frankreich in einen schweren europäischen Krieg verwickelt ist, können Annam und Kambodscha nicht erwarten, von ihm gegen etwaige chinesische oder siamesische Einfälle mit seiner ganzen Macht geschützt zu werden. Die Schutzpflicht geht also niemals über die im einzelnen Falle verfügbaren Machtmittel hinaus. Diese aber muß der Oberstaat voll und ganz einsetzen; eine illoyale Vorschützung nicht vorhandener Hinderungsgründe stände der Nichterfüllung des Vertrages gleich.

So selbstverständlich wie diese Begrenzung der Schutzpflicht ist auch die Bedingung der Vertragserfüllung von der Gegenseite. Der Unterstaat muß das Protektorat anerkennen, den Bestimmungen des Schutzvertrages nachkommen; vor allen Dingen darf er keine selbständige auswärtige Politik treiben. Stürzte er sich durch eine solche in Gefahr, so wäre der Oberstaat nicht verpflichtet ihn vor den Folgen seiner Handlungsweise zu bewahren, sondern er wäre für seine Person zum Rücktritt vom Vertrage befugt[10]).

Um die ganze Tragweite dieser Schutzpflicht zu ermessen, muß man sich vergegenwärtigen, daß das Wort „Schutz" nicht nur eine Verteidigung gegen Angriffe, sondern auch Beistand bei der Verfolgung von Rechtsansprüchen bedeutet; auch auf letzteren erstreckt sich die Schutzpflicht des Oberstaates. Es ergiebt sich dies aus der Unbeschränktheit derselben. Sehr mangelhaft wäre in der That der Schutz, welcher nur auf Verteidigung beschränkt bliebe, aber da versagt würde, wo rechtmäßige Forderungen geltend gemacht werden sollen. Wenn der Oberstaat solche zu unterstützen und nötigenfalls

---

[10]) Bulmerincq, Völkerrecht § 63 S. 310. — Heffter-Geffcken § 98 S. 215/16.

mit kriegerischer Gewalt durchzusetzen hat, so muß ihm aber andererseits auch die Möglichkeit gewährt sein, der Aufstellung unbegründeter oder der unzweckmäßigen Vorbringung begründeter Ansprüche vorzubeugen; denn hierdurch kann er Verwickelungen vermeiden, welche er infolge seiner Schutzpflicht lösen mußte. Auch hier zeigt sich wieder der enge Zusammenhang zwischen der Schutzpflicht und dem Rechte des Oberstaates auf politischen Einfluß.

B. Der Einfluß des Oberstaates auf die Leitung der auswärtigen Angelegenheiten des Unterstaates wird bald in Form einer Kontrolle, bald in Form direkter und ausschließlicher Vertretung desselben verwirklicht. Frankreich beansprucht stets die letztere[11]). Im Vertrage von Kasr Said[12]) hat der Bey von Tunis zwar nur die Verpflichtung übernommen, keine Vereinbarung internationalen Charakters einzugehen, ehe er nicht die französische Regierung davon in Kenntnis gesetzt und ihres Einverständnisses sich versichert habe. Da aber die Folge dessen eine beständige Intervention des französischen Residenten in Tunis in die Beziehungen des tunesischen Ministeriums der auswärtigen Angelegenheiten zu den Agenten der fremden Mächte gewesen wäre, ernannte der Bey, zur Vermeidung von Verwickelungen und zur Vereinfachung der Geschäftsführung, am 8. Juni 1881 den französischen Residenten zu seinem einzigen und offiziellen Vertreter den Repräsentanten der fremden Mächte gegenüber[13]).

Bei so klaren und präzisen Bestimmungen kann es nicht zweifelhaft sein, wie weit der Einfluß des Oberstaats auf die Politik des Unterstaats reiche. Die unter französischem Protektorat stehenden Staaten haben auf jede Selbständigkeit nach außen hin verzichtet. Frankreich handelt, von Tunis abgesehen, an ihrer Stelle. Ebenso ist das Verhältnis Italiens zu Äthiopien[14]). Eine so allgemeine

---

[11]) Konvention von Papeete vom 7. August 1847 Art. 35. — Vertrag von Huë vom 6. Juni 1884 Art. 1. — Vertrag mit Madagaskar vom 17. Dezember 1885 Art. 1.

[12]) Vertrag von Kasr Said vom 12. Mai 1881 Art. 6.

[13]) Dekret des Bey vom 8. Juni 1881 (11. Redjeb 1298) im Staatsarchiv Bd. 39 (1881) Nr. 7492 Beilage 3. Vgl. das Schreiben Lord Granvilles an den englischen Generalkonsul in Tunis vom 15. Juni 1881, ibid. Nr. 7496.

[14]) Vertrag vom 2. Mai 1889 Art. 17.

Vertretung ist jedenfalls das höchste Maß von Rechten, welches der Unterstaat dem Oberstaate zugestehen kann.

In dem zwischen England und Nordborneo abgeschlossenen Schutzvertrage ist gesagt: Die Verbindungen zwischen dem Staat Nordborneo und allen fremden Staaten einschließlich Bruneis und Serawaks sollen durch die britische Regierung oder ihren Weisungen gemäß gepflogen werden; für den Fall, daß irgend eine Streitigkeit zwischen der Regierung von Nordborneo und der eines anderen Staats entstehen sollte, verpflichtet sich die Gesellschaft, als Vertreterin des Staats Nordborneo, an die Entscheidung der englischen Regierung sich zu halten und alle erforderlichen Maßregeln zu ihrer Durchführung zu ergreifen[15]). Identisch hiermit sind die Bestimmungen in den von Großbritannien mit Serawak und Brunei abgeschlossenen Verträgen. In diesen Fällen ist zwar der dem Oberstaate eingeräumte Einfluß nicht geringer wie in den zuvor besprochenen; immerhin ist die Stellung der Unterstaaten doch insofern eine selbständigere, als ihnen die Möglichkeit direkten Verkehrs mit anderen Mächten nicht entzogen ist; nur sind sie zur Befolgung der Weisungen ihres Protektors verpflichtet.

In den das Protektorat über Krakau und die ionischen Inseln regelnden Verträgen ist von einer politischen Unterordnung dieser Staaten unter die betreffenden Oberstaaten nicht die Rede. Daß jenen thatsächlich nicht die geringste Selbständigkeit nach außen hin verstattet wurde, darf wohl als bekannt vorausgesetzt werden. Die Protektoren erachteten es als eine Folge der Schutzherrschaft, daß die beschützten Staaten in allen auswärtigen Beziehungen von ihnen vertreten wurden. Das sprach schon der erste englische Lord Oberkommissar auf den ionischen Inseln aus[16]). Ebenso erklärte die Königin von England den ionischen Inseln im Jahre 1859, daß sie durch den Pariser Vertrag mit der ausschließlichen Protektion des ionischen Staates betraut, demgemäß das einzige Organ dieses Staates den europäischen Kabinetten gegenüber sei und in keiner Weise darin

---

[15]) Vertrag mit Nordborneo Art. 3. Vgl. Art. 3 der Verträge mit Serawak und Brunei.

[16]) Vgl. die überaus charakteristische und denkwürdige Rede bei Eröffnung der vorberatenden Versammlung zu Corfu am 3. Februar 1817 in den British and Foreign State Papers. Bd. IV. (1816/17) S. 629.

willigen könne, ein Begehren solcher Art (d. h. eine Vereinigung der Inseln mit Griechenland) an eine andere Macht zu adressieren und noch weniger adressieren zu lassen. Unter Hinweis hierauf untersagte der englische Lord Oberkommissar dem ionischen Parlamente am 26. Mai 1862 die Absendung einer Adresse an die Großmächte[17]).

Das allgemeine Bestreben der Oberstaaten, die gesamten auswärtigen Angelegenheiten ihrer Unterstaaten selbst zu leiten, ist zwar begreiflich und charakteristisch. Es kann jedoch nicht behauptet werden, daß ein so beschaffener Zustand für das Protektorat der allein normale sei. Das Recht des Oberstaates auf Einfluß findet seine Rechtfertigung in der Erwägung, daß derjenige, welcher für eine Handlung verantwortlich ist, auch befugt sein müsse, auf die Art der Vornahme dieser Handlung einzuwirken. Eine Verantwortung aber trägt der Oberstaat nur hinsichtlich der Handlungen des Unterstaats, hinsichtlich welcher ein jeder Staat für seine Person verantwortlich wäre, wenn er sie selbst vorgenommen hätte. So weit also eine Verantwortung in Frage stehen kann, so weit erstreckt sich naturgemäß die Befugnis des Oberstaates auf Bestimmung der Handlungsweise des Unterstaates.

Die Interessen des Oberstaates erscheinen aber hinreichend gewahrt, wenn die beabsichtigte Vornahme einer jeden seiner Zustimmung bedürftigen Handlung ihm rechtzeitig mitgeteilt wird, damit er seine Billigung oder Mißbilligung ausspreche. Nicht erforderlich ist es dagegen, daß er selbsthandelnd anstatt des Unterstaates auftrete. So war, wie bereits erwähnt, der französischen Regierung in dem Vertrage von Kasr Said nur ein Veto eingeräumt. Ebenso war ihre Stellung zu Annam nach dem früheren, im Jahre 1884 aufgehobenen Vertrage[18]). Auf ein Veto beschränkt sich jetzt das Aufsichtsrecht Großbritanniens über die südafrikanische Republik. Letztere ist sogar befugt, mit dem Oranje-Freistaat selbständig Vereinbarungen zu treffen. Nur die mit anderen Staaten und den eingeborenen Stämmen geschlossenen Verträge sind der britischen Regierung zur Erklärung darüber vorzulegen, ob sie die britischen Interessen verletzen. Wird diese Erklärung nicht binnen eines Zeitraums

[17]) Europäischer Geschichtskalender 1862: Jonische Inseln zum 23. und 26. Mai 1862.

[18]) Vertrag von Saigon vom 15. März 1874 Art. 2.

von sechs Monaten abgegeben, so gelten die Verträge als genehmigt[19]).

Zum Schlusse sei hier noch eine besondere Art von Protektoratsverträgen hervorgehoben, welche sich von den übrigen dadurch unterscheiden, daß in ihnen mehrere Staaten gemeinschaftlich das Protektorat über den Unterstaat übernehmen. Ein Kollektivprotektorat der Art war das der drei Ostmächte über Krakau und ist das Spaniens und Frankreichs über Andorra[20]), sowie das Deutschlands, Großbritanniens und der Vereinigten Staaten von Nordamerika über die Samoainseln. Ein typischer Unterschied zwischen demselben und dem gewöhnlichen Protektorat besteht nicht. Rechte und Pflichten sind in beiden Fällen die nämlichen; nur die Ausübung derselben durch die drei Oberstaaten ist hier näher zu betrachten.

Durch die gemeinschaftliche Übernahme des Protektorats erlangen dieselben den Unterstaaten gegenüber eine gleichartige Stellung; keiner von ihnen hat mehr Rechte oder größere Pflichten als die anderen, es sei denn das Gegenteil ausdrücklich vereinbart worden. Es liegt aber auf der Hand, daß die Oberstaaten die Kontrolle über die auswärtigen Angelegenheiten des Unterstaats auch nur gemeinschaftlich ausüben können, denn sonst würde letzterer von den verschiedenen Seiten bald die allerverschiedensten Weisungen erhalten. Er wäre gar nicht berechtigt, den von einem der Oberstaaten ihm erteilten Vorschriften Folge zu leisten; denn da diese gemeinschaftlich das Protektorat übernommen haben, kann er auch nur ihre gemeinschaftlichen Willensäußerungen als maßgebend anerkennen. In Art. 1 der Generalakte der Samoakonferenz ist deshalb bestimmt: Keine der Mächte soll irgend eine gesonderte Kontrolle über die Inseln oder deren Regierung ausüben. Frankreich und Spanien ernennen allerdings abwechselnd den obersten Richter Andorras. Sollte aber diese Republik einmal in Beziehungen zu anderen Mächten treten, so würde deren Kontrolle den beiden Oberstaaten nur gemeinschaftlich zustehen.

Nicht zu bezweifeln ist es ferner, daß bei einem Kollektivprotektorat die sämtlichen Oberstaaten auch zum Schutze des Unterstaats

---

19) Vertrag vom 27. Februar 1884 Art. 4.

20) v. Holtzendorff Bd. II § 26 S. 108 — Pradier-Fodéré, Traité de droit international public européen et américain. Bd. I Paris 1885 § 94 S. 182/3.

verpflichtet sind. Fraglich kann es nur erscheinen, ob die Schutzpflicht gleichfalls nur gemeinschaftlich ausgeübt werden könne. Ein Kollektivprotektorat verdankt seine Entstehung in der Regel der Nebenbuhlerschaft mehrerer Großmächte, von denen jede die Alleinherrschaft über ein kleines Gemeinwesen anstrebt, von den anderen aber an der Erreichung dieses Zieles verhindert wird; im Wege des Vergleichs wird dann der Gegenstand des Streits ihrem gemeinsamen Schutze unterstellt, so daß zwar keiner von ihnen ein ausschließliches Vorrecht erwirbt, aber auch von keiner anderen Macht benachteiligt wird. Die Sicherheit des Unterstaats ist daher meistenteils nur von den Oberstaaten selbst bedroht; bei Krakau war, bei Andorra ist ein Angriff von einer anderen Seite her schon durch die geographische Lage dieser Republiken ausgeschlossen. Wollte man nun den Oberstaaten das Recht absprechen, einzeln den Unterstaat zu verteidigen, so wäre die Schutzpflicht ein Wort ohne Inhalt; denn sie würde gerade in dem wichtigsten und am häufigsten eintretenden Falle versagen[21]). Selbst wenn der Unterstaat von einer dritten Macht angegriffen wird, — was bei den Samoainseln nicht außerhalb des Bereichs der Möglichkeit liegt, — muß jeder einzelne Oberstaat auch allein zu seiner Verteidigung befugt sein, denn jeder von ihnen haftet solidarisch für dessen Sicherheit. Die Oberstaaten stehen in dieser Hinsicht, wie noch auszuführen sein wird, den Garanten gleich. Ein Einvernehmen über die Erfüllung der Schutzpflicht ist zwar nach Möglichkeit herbeizuführen, event. hat aber jeder einzelne das von ihm für notwendig Erachtete auszuführen. Wohin würde es führen, wenn ein Oberstaat den Eintritt des Schutzfalles konstatiert, der andere ihn verneint und alsdann jede Hilfsleistung zu unterbleiben hätte?

## 2. Die völkerrechtliche Stellung des Unterstaates.

Das Wesen des Protektorats wurde in der Pflicht des Oberstaates zur Erhaltung des Unterstaates in seinem Bestande und dem damit verbundenen Rechte desselben gefunden, einen Einfluß auf die Leitung der auswärtigen Angelegenheiten des letzteren auszuüben. Und zwar zeigte es sich, daß diese Beeinflussung bald die Form

[21]) Vgl. die Bemerkungen Geffckens über die Kollektivgarantie in v. Holtzendorffs Handbuch Bd. III § 29 S. 101/2.

einer direkten Vertretung, bald die einer Kontrolle in Form der Zustimmung zu den Rechtshandlungen des Unterstaates annimmt. Unverkennbar ist die Stellung des Oberstaates der eines Vormundes sehr ähnlich[22]). Der diesem obliegenden Fürsorge für die Person des Mündels entspricht die Schutzpflicht jenes, wobei wohl daran erinnert werden darf, daß im älteren deutschen Recht die Verteidigung des Wehrlosen für das wichtigste Amt des Vormundes galt[23]). Wie dem Mündel die Vornahme von Rechtsgeschäften entweder ganz untersagt und dem Vormunde übertragen oder die Rechtsbeständigkeit derselben von der Genehmigung durch letzteren abhängig gemacht ist, so ist auch in gleicher Weise die Handlungsfähigkeit des Unterstaates eingeschränkt[24]): der Oberstaat handelt an seiner Statt oder verleiht seinen Handlungen durch seine Zustimmung die Giltigkeit.

Analogieen zwischen verschiedenen Rechtsgebieten sind stets gefährlich und jedenfalls nur zur Erklärung des Wesens einer Materie zulässig; es wäre aber verfehlt, die für den einen Fall geltenden Rechtsregeln der Ähnlichkeit wegen auch auf den anderen ohne weiteres anwenden zu wollen. Die Ähnlichkeit besteht hier nicht etwa nur in der Beschränkung der Handlungsfähigkeit, sondern — und das ist die Hauptsache — in dem Zustande der beschränkten Personen: eines Vormundes bedürftig sind die Schwachen, d. h. diejenigen, welche die volle Reife noch nicht erlangt oder sie bereits wieder verloren haben. Unter einem Protektorat stehen gleichfalls nur die schwachen Staaten, und zwar sowohl die jugendlich-schwachen, z. B. die ionischen Inseln, als auch die altersschwachen, z. B. Tunis und Annam. Das Protektorat ist demnach als völkerrechtliche Vormundschaft zu bezeichnen. Aus dieser Auffassung ergeben sich unschwer die Gesichtspunkte zur Ermessung der Selbständigkeit des Unterstaates, sowie zur Unterscheidung des Protektorats von anderen Staatenverbindungen.

Forscht man nach der Selbständigkeit des Unterstaats, so drängt sich sofort die Frage auf: ist derselbe souverän oder nur

[22]) Pasquale Fiore, Trattato di diritto internazionale pubblico 3. Aufl. Bd. I 1887 § 310 S. 206.

[23]) v. Gerber, Deutsches Privatrecht § 243.

[24]) v. Holtzendorff Bd. II § 28 S. 118.

halbsouverän oder hat er seine völkerrechtliche Persönlichkeit überhaupt verloren?

Angesichts des Wortlautes der Protektoratsverträge mag ein Zweifel an dem ungeschmälerten Fortbestehen nicht nur der Unterstaaten als solcher, sondern sogar als souveräner Staaten auffallend erscheinen. Denn in vielen Verträgen wird die Unabhängigkeit der unter Schutz gestellten Staaten besonders hervorgehoben, so bezüglich Krakaus und der ionischen Inseln[25]). In dem älteren Vertrage mit Annam hat Frankreich die Souveränität des Königs von Annam und seine völlige Unabhängigkeit von jeglicher fremden Macht ausdrücklich anerkannt[26]); ja selbst in dem späteren, seine Rechte bedeutend schmälernden Vertrage wird der König von Annam als Souverän bezeichnet[27]). Auch in den neuerdings von England mit den drei Borneostaaten abgeschlossenen Verträgen heißt es von jedem der letzteren, daß er fortfahren solle, als ein unabhängiger Staat unter dem Schutze Großbritanniens regiert zu werden[28]). Gerade der Wortlaut dieser Verträge scheint klar auszusprechen, daß die Unterstellung der Staaten unter ein Protektorat ihre Souveränität in keiner Weise beeinträchtige.

Es hat auch nicht an Schriftstellern gefehlt, welche für die unbedingte Souveränität der protegierten Staaten oder doch für die Möglichkeit ihrer Fortdauer eintraten. Allen voran Vattel[29]), welcher aber von den Schutzverhältnissen nicht viel zu sagen weiß. G. F. v. Martens[30]) und Klüber[31]) erachteten Krakau für souverän, die ionischen Inseln für halbsouverän. Sir Travers Twiß[32]) unter-

[25]) Vertrag vom 3. Mai 1815 Art. 1, Vertrag vom 5. November 1815 Art. 1.

[26]) Vertrag vom 15. März 1874 Art. 2.

[27]) Vertrag von Huë vom 6. Juni 1884 Art. 15.

[28]) Vertrag mit Nordborneo vom 12. Mai 1888 Art. 2. — Vertrag mit Serawak vom $\frac{\text{14. Juni}}{\text{5. September}}$ 1888 Art. 1. — Vertrag mit Brunei vom 17. September 1888 Art. 1.

[29]) Vattel, Le droit des gens. London 1758. Buch I Kap. I § 6; Kap. XVI §§ 192/199.

[30]) Georg Friedrich v. Martens, Précis du droit des gens moderne de l'Europe. 3. Aufl. Göttingen 1821. § 20 S. 57 N. a.

[31]) Klüber, Europäisches Völkerrecht, 2. Aufl. ed. Morstadt. Schaffhausen 1851, § 22 S. 25 N. d und § 33 S. 42 N. e.

[32]) Sir Travers Twiß, The law of nations Bd. I 2. Aufl. Oxford 1884 §§ 25/35 S. 25 ff.

scheidet unabhängige und abhängige beschützte Staaten; die ionischen Inseln zählt er zu den ersteren. Calvo[33]) und Pradier-Fodéré[34]) halten die protegierten von den halbsouveränen Staaten streng auseinander, so daß auch ihrer Ansicht nach die ersteren souverän oder halbsouverän sein können. Die ionischen Inseln rechnen sie zu den letzteren, Tunis dagegen nennt Pradier-Fodéré einen protegierten souveränen Staat. Auch Sir Robert Phillimore[35]) und Ferguson[36]) erachten es für möglich, daß ein unter einem Protektorat stehender Staat souverän sei, machen jedoch einen solchen nicht namhaft. Schließlich sei hier noch Jellinek[37]) erwähnt, welcher jedem protegierten Staate die Souveränität vindiziert.

Unter Souveränität wird gewöhnlich „die Eigenschaft des Staates als höchstes herrschendes Gemeinwesen" verstanden; sie äußert sich demnach

a) in der Unabhängigkeit des Staates von der Herrschaft anderer Gemeinwesen;

b) in der Überordnung desselben über alle auf seinem Gebiete befindlichen Personen und Korporationen[38]).

Ist es auch verfehlt, eine staatsrechtliche und eine völkerrechtliche Souveränität zu unterscheiden, so ist doch unleugbar, daß, wie

---

[33]) Calvo, Le droit international théorique et pratique. 3. Aufl. 1880 (Paris) Bd. I §§ 41 ff. S. 146 ff. §§ 61/63 S. 173 ff.

[34]) Pradier-Fodéré, Bd. I § 94 S. 176 ff. §§ 99 ff. S. 185 ff. § 107 S. 192.

[35]) Sir Robert Phillimore, Commentaries upon international law. Bd. I 3. Aufl. London 1879 § 75 S. 98.

[36]) Ferguson, Manual of international law. London 1884 Bd. I § 24 S. 84. Vgl. auch Halleck I Kap. 3 §§ 6 u. 9 S. 60/61, § 17 S. 65.

[37]) Jellinek, Die Lehre von den Staatenverbindungen. Wien 1882 S. 126 ff., bes. S. 133.

[38]) So Georg Meyer, Lehrbuch des deutschen Staatsrechts 2. Aufl. Leipzig 1885 § 6 S. 15. Vgl. Laband, Das Staatsrecht des Deutschen Reichs Bd. I 2. Aufl. Freiburg i. B. 1888 § 7 S. 54. Bluntschli, Das moderne Völkerrecht der zivilisierten Staaten 3. Aufl. Nördlingen 1878 § 64 S. 88. — v. Holtzendorff Bd. II § 2 S. 8/9. Bulmerincq Völkerrecht § 23 S. 203. — Pradier-Fodéré Bd. I §§ 133 u. 135 S. 232, 234/5. Auf die unzähligen Streitfragen über den Souveränitätsbegriff einzugehen, ist hier nicht der Ort. Eine Übersicht über die verschiedenen Theorieen giebt Preuß, Gemeinde, Staat, Reich als Gebietskörperschaften. Berlin 1889 S. 11/86.

der Staat selbst einer doppelten Betrachtung, als Einzelperson und als Mitglied der Staatenfamilie, unterliegt, so auch die Souveränität von zwei Seiten aus in Augenschein genommen werden kann. Die Souveränität hat also eine innere, staatsrechtliche und eine äußere, völkerrechtliche Seite[39]). Spricht man von der „Überordnung des Staates über alle auf seinem Gebiete befindlichen Personen und Korporationen", so hebt man nur die staatsrechtliche Seite der Souveränität hervor, denn auf der völkerrechtlichen ist von Überordnung keine Rede; hier steht der Staat anderen gleichberechtigten Subjekten gegenüber; aus der höchsten Herrschaft wird deshalb hier die höchste Freiheit, die Unabhängigkeit. Dieselbe zeigt sich positiv als die Befugnis des Staats „seinen Willen selbst zu bestimmen, nach seinem eigenen Ermessen zu äußern und zu bethätigen und jede fremde Staatshandlung auf seinem Gebiete abzulehnen"[40]). Demgemäß müssen dem souveränen Staate alle Rechte zustehen, deren ein Staat überhaupt fähig ist; er muß auch zur selbständigen Ausübung derselben befugt sein.

So oft man den Staat als völkerrechtliche Person betrachtet, so oft drängt sich die schon von vielen Schriftstellern gezogene Parallele zwischen ihm und dem Menschen auf. Nicht nur der Staat kann seinen Willen selbst bestimmen und bethätigen, sondern auch das Individuum. Nicht nur ist der Staat von jedem anderen Staate unabhängig und darf jede fremde Staatshandlung auf seinem Gebiete ablehnen, sondern auch jeder Mensch ist von seinen Mitmenschen unabhängig und darf jeden Eingriff derselben in seine Rechtssphäre ablehnen. Ein Mensch, der seinen Willen selbst bestimmen und jeden fremden Eingriff in seine Rechtssphäre ablehnen darf, ist vollkommen rechts- und handlungsfähig; das Gleiche gilt vom Staate, d. h. von ihm als völkerrechtlicher Person; kann er seinen Willen selbst bestimmen, ist er von anderen Staaten völlig unabhängig, so steht ihm auch völlige völkerrechtliche Rechts- und Handlungsfähigkeit zu. Nur ein solcher Staat ist souverän. Ein Staat dagegen, welcher nicht unbeschränkt rechtsfähig oder nicht oder nicht völlig handlungsfähig ist, kann auf Souveränität keinen Anspruch erheben; er ist halbsouverän.

---

39) Georg Meyer a. a. O. Vgl. v. Holtzendorff a. a. O.

40) Bluntschli a. a. O.

Nichtsouverän wäre hiernach ein Staat, welcher der völkerrechtlichen Rechts- und Handlungsfähigkeit gänzlich entbehrte, denn er wäre kein Subjekt völkerrechtlicher Rechte und Pflichten. Mit Recht hebt deshalb v. Holtzendorff[41]) hervor, daß die schweizerischen Kantone und die einzelnen Staaten der nordamerikanischen Union für das Völkerrecht nicht vorhanden sind. Dasselbe kennt keine nichtsouveränen Staaten. Wohl aber ist ein nur handlungsunfähiger Staat ein völkerrechtliches Subjekt, denn er ist rechtsfähig.

Die Halbsouveränität ist das Stiefkind vieler Völkerrechtslehrer. Friedrich v. Martens nennt sie vom staatswissenschaftlichen Standpunkt aus geradezu einen Nonsens[42]); nur als ein Stadium des Überganges aus voller politischer Abhängigkeit in volle internationale Souveränität oder umgekehrt, nur als interimistische, temporäre Form habe sie eine raison d'être. Ob es gerade ein Triumph der Wissenschaft ist, einen thatsächlich vorhandenen Zustand, welchem sie selbst eine raison d'être nicht abzusprechen vermag, für einen Nonsens zu erklären, dürfte mindestens fraglich erscheinen. Wenn die Wissenschaft an der Erklärung gewisser, zu allen Zeiten und unter den verschiedensten Völkern aufgetauchter Gestaltungen staatlichen Lebens verzweifelt, so will uns bedünken, als ob die Schuld hieran auf Seite der Wissenschaft, nicht aber auf der der thatsächlichen Erscheinungen liege.

Betrachtet man den Staat lediglich als juristische Person, als eine logische Fiktion, so wird man allerdings über eine schematische Auffassung seines Wesens nicht hinauskommen; eine solche aber hat für die dem gewöhnlichen Schema widerstrebende Halbsouveränität keinen Raum, denn die juristische Person kann zwar entstehen und untergehen, ihr Umfang kann wachsen und schwinden, ihr inneres Wesen aber bleibt stets unverändert, oder richtiger: ein inneres Wesen geht ihr ab. Für den Staat gilt ein Gleiches nicht, denn er ist ein organisches Wesen.

Der Jurist hat eine unüberwindliche Abneigung gegen eine nicht rein verstandesmäßige Auffassung des Staates. Dabei übersieht er aber leicht die Individualität der einzelnen und gerät in Konflikt

---

[41]) v. Holtzendorff II § 33 S. 137.

[42]) F. v. Martens Völkerrecht Bd. I § 60 S. 250; ihm schließt v. Stengel, a. a. O. S. 10 sich an.

mit den Thatsachen. Daß die Staaten ihrer physischen Natur nach sehr verschieden sind, ist unleugbar. Je mehr die Wissenschaft dies ignoriert, desto mehr entfremdet sie sich dem Leben und verfällt in tote Abstraktion. Die Staaten zeigen eine unverkennbare Ähnlichkeit mit den Menschen; bei beiden sind die Perioden voller geistiger und körperlicher Reife von denen der Unreife zu unterscheiden. Es wird niemandem einfallen, einem Kinde, einem Blödsinnigen die Persönlichkeit abzusprechen; aber niemand wird solchen Menschen Handlungsfähigkeit vindizieren. Warum soll es mit den Staaten sich anders verhalten? Weil sie nur eine gedachte Persönlichkeit sind? Es gab Staaten, ehe es Juristen gab, welche ihre Natur zu ergründen suchten; die Staaten sind keine Fiktion unseres Verstandes, sondern natürliche Erscheinungen; als solche sind sie deshalb auch zu behandeln. Die halbsouveränen Staaten haben also eine selbständige raison d'être. Daß sie nicht nur als Übergangsformationen auftreten, beweist die Geschichte von Andorra und San Marino. Es sind Staaten von beschränkter Rechts- oder Handlungsfähigkeit.

Nach den voraufgegangenen Erörterungen bedarf es weiter keines Beweises dafür, daß den Unterstaaten die Souveränität nicht zukommt. Denn entweder werden sie völkerrechtlich vom Oberstaate vertreten und sind dann handlungsunfähig, oder aber ihre Handlungen erlangen völkerrechtliche Giltigkeit nur durch die hinzutretende Genehmigung des Oberstaates. Sie sind in diesem Falle beschränkt handlungsfähig. Mithin müssen sie als halbsouveräne Staaten bezeichnet werden.

Den Einwand, die Unterstaaten seien überhaupt keine völkerrechtlichen Personen, dürfte wohl niemand ernsthaft erheben. Alsdann könnten sie überhaupt nicht mehr handelnd auftreten; es wäre aber auch eine Vertretung durch den Oberstaat unmöglich, denn nur ein Rechtssubjekt kann vertreten werden. Daß die Unterstaaten außer ihrer Handlungsfähigkeit auch die Rechtsfähigkeit einbüßen, ist durch nichts erweisbar.

Die Oberstaaten haben während der Dauer der Protektorate die völkerrechtliche Persönlichkeit jener stets anerkannt, insbesondere wurde die fortdauernde Geltung der früher von den Unterstaaten mit fremden Mächten geschlossenen Verträge wiederholt hervorgehoben[43]).

[43]) Schreiben des französischen Ministers der auswärtigen Angelegenheiten

Obwohl der König von England in der ionischen Verfassung stets als sovrano protettore bezeichnet wurde, betonte das Londoner Kabinet nachdrücklich, daß die ionischen Inseln keine Besitzung der britischen Krone seien[44]). In den von Großbritannien am 17. und 29. April 1816 mit Tunis und Tripolis abgeschlossenen Verträgen[45]) verpflichteten sich diese Staaten allerdings dazu, die Unterthanen des Siebeninselstaates als britische Unterthanen anzuerkennen und zu behandeln. Offenbar kam es hierbei aber nicht auf die Feststellung der Unterthanenqualität der Jonier an, sondern England war lediglich bestrebt, ihnen in den Barbareskenstaaten eine möglichst vorteilhafte und gesicherte Stellung zu verschaffen; es erfüllte damit nur seine Schutzpflicht und zeigte, daß es dieselbe richtig auffaßte.

Das Pariser Kabinet erkannte u. a. die völkerrechtliche Persönlichkeit der Regentschaft Tunis an, indem es ein an sämtliche diplomatische Vertreter Frankreichs bei fremden Regierungen gerichtetes Rundschreiben vom 31. August 1884 über die neusten Verhandlungen mit China und die Operationen des Admirals Courbet auch dem französischen Ministerresidenten in Tunis zusendete[46]). Der Präsident der Republik übertrug ferner seinem Residenten und Vizeresidenten in Madagaskar das seinen Konsuln in nichtchristlichen Staaten zustehende Recht der höheren Polizei über die französischen Staatsangehörigen daselbst. Infolgedessen sind dieselben zur Ausweisung der letzteren befugt, falls sie sich schlecht aufführen sollten und die Ausweisung im Interesse der Politik oder der Sicherheit des Handels erforderlich erscheinen sollte[47]).

---

an die französischen Legationen vom 13. Mai 1881 im Staatsarchiv Bd. 39 (1881) Nr. 7483 und vom 27. Dezember 1885 im Gelbbuch: Affaires de Madagascar 1884/86 (Paris 1886) Nr. 54.

[44]) Rundschreiben des Lord Russel an die englischen Botschafter in Berlin, Wien, Paris und St. Petersburg vom 10. Juni 1863 bei Hertslet Bd. 11 S. 1026/9.

[45]) British and Foreign State Papers. Bd. 3 (1815/16) S. 511/15.

[46]) Gelbbuch: Affaires de Chine et du Tonkin 1884/85 Nr. 74 S. 89 ff.

[47]) Dekret des Präsidenten der Republik vom 8. März 1886 Art. 13/14 im Staatsarchiv Bd. 46 (1886) Nr. 8847 II. Vgl. Féraud-Giraud, Du droit d' expulsion attribué aux consuls sur leurs nationaux dans les pays hors chrétienté in der Revue de droit international. Bd. 19 (1887) S. 1/16. — v. Stengel S. 72 A. 1.

Auch fremde Mächte betrachten die Unterstaaten als völkerrechtliche Personen und schließen demzufolge Staatsverträge mit ihnen. Die in Madagaskar, Tunis und der südafrikanischen Republik vom Deutschen Reiche unterhaltenen Konsuln sind nicht etwa Konsuln für französisches oder britisches Gebiet, sondern Konsuln für jene Staaten. Der deutsche Konsul in Papeete war bis zum Jahre 1880 Konsul für das Königreich der Gesellschaftsinseln, seit dessen Einverleibung in Frankreich aber ist er Konsul für die französische Kolonie der Gesellschaftsinseln[48]).

Aus der Definition der halbsouveränen Staaten als Staaten von beschränkter Rechts- oder Handlungsfähigkeit bezw. als handlungsunfähige Staaten geht hervor, daß es verschiedene Arten halbsouveräner Staaten geben müsse, je nachdem dieselben in dieser oder in jener oder in beiden Hinsichten beschränkt sind. Die Beschränkungen der Rechtsfähigkeit sowohl wie die der Handlungsfähigkeit können wieder sehr mannigfaltig sein, so daß auf eine erschöpfende Aufzählung aller Arten der Halbsouveränität verzichtet werden muß. Ein durchgreifender Unterschied zeigt sich nur bei einer Gegenüberstellung der Staaten beschränkter Rechtsfähigkeit mit denen beschränkter Handlungsfähigkeit. Durch das Protektorat werden, wie oben gezeigt wurde, die Staaten in letzterer Hinsicht beschränkt oder es wird ihre Handlungsfähigkeit geradezu aufgehoben. Des besseren Verständnisses halber seien nun die protegierten Staaten mit denen von beschränkter Rechtsfähigkeit verglichen.

Von der Existenz solcher Staaten zu sprechen, erscheint vielleicht paradox; steht doch an der Spitze des Völkerrechts der Grundsatz von der Rechtsgleichheit aller Staaten. Derselbe gilt aber nur für die souveränen, d. h. vollkommen rechts- und handlungsfähigen Staaten[49]). Neben ihnen giebt es auch Staaten minderen Rechts. Auch hier drängt sich wieder eine Parallele zwischen Staaten und Individuen auf. Das Prinzip der Gleichberechtigung aller Staatsbürger ist bekanntlich neuen Datums; dem Mittelalter war es fremd. Das ältere deutsche Recht war reich an Abstufungen der Rechtsfähigkeit; es sei hier nur der Liten gedacht, welche zwischen den Knechten

---

[48]) Vgl. die vom auswärtigen Amte herausgegebenen Verzeichnisse der kaiserlich deutschen Konsulate.

[49]) v. Holtzendorff Bd. II § 3 S. 11.

und den Freien standen, der „Freiheit darbten, aber die Rechtsfähigkeit genossen“[50]). Ähnliche Abstufungen der Rechtsfähigkeit kennt auch das Völkerrecht.

Als Staaten minderen Rechts verdienen vor allen genannt zu werden die früheren Donaufürstentümer, Serbien und Montenegro bis zum Jahre 1878, Ägypten und Bulgarien[51]). Vergleichen wir die Stellung dieser Länder mit der der protegierten Staaten, so fällt sofort ein wichtiger Unterschied in die Augen. Mit Ausnahme der südafrikanischen Republik standen diese letzteren ursprünglich in keiner Verbindung mit dem betreffenden Oberstaate. Jene dagegen lösten sich allmählich aus dem Staatsverbande der Türkei los, deren integrierender Bestandteil sie ursprünglich waren, obschon die Donaufürstentümer und Serbien fast stets ihre Sonderverfassung hatten[52]). Ihnen standen daher im Zweifelsfalle immer nur diejenigen Rechte zu, welche ihnen ausdrücklich eingeräumt waren, während den protegierten Staaten alle Rechte verbleiben, auf die sie nicht speziell Verzicht leisteten[53]).

Alle hier in Frage stehenden Länder betrachtete bezw. betrachtet die Hohe ottomanische Pforte als Provinzen des türkischen Reiches, eine Auffassung, welcher auch Rußland früher sich anschloß, indem es ihr die Moldau und Walachei in den Verträgen von Kutschuk-Kainardschi und Jassy zurückgab[54]). In dem letzteren derselben werden sie geradezu als Provinzen, im ersteren dagegen als Fürstentümer bezeichnet. Im Laufe der Zeit sind nun aber jene Länder

---

[50]) Brunner, Deutsche Rechtsgeschichte Bd. I Leipzig 1887 §§ 14 u. 31.

[51]) In den meisten ausführlichen Handbüchern des Völkerrechts werden die Rechtsverhältnisse der türkischen Vasallenstaaten behandelt. Für die Donaufürstentümer, Serbien und Montenegro ist besonders zu vergleichen Beach Lawrence. Bd. I S. 232 ff. Jellinek S. 141, 147 ff. Über Bulgarien v. Holtzendorff Bd. II § 26 S. 109/110, über Ägypten ibidem § 27 S. 112/114. Pradier-Fodéré. Bd. I § 94 S. 179/182. Die Ägyptens Stellung regelnden Fermans bei Th. E. Holland, The European Concert in the Eastern Question. Oxford 1885 S. 90/128.

[52]) Vgl. Beach Lawrence a. a. O.

[53]) v. Holtzendorff Bd. II § 25 S. 104. Anderer Ansicht ist Tkalac zitiert von Jellinek S. 141 N. 3.

[54]) Friedensvertrag vom 21. Juli 1774 Art. 16 bei Martens, Recueil I. S. 514. — Friedensvertrag vom 9. Januar 1792 Art. 4 ibidem Bd. V S. 70.

wirkliche Staaten geworden[55]). Mit Ausnahme Ägyptens ist ihre Stellung durch internationale Verträge gesichert, unter die Garantie der Großmächte gestellt worden. Immerhin darf nicht außer Acht gelassen werden, daß die Donaufürstentümer, Serbien, Ägypten und Bulgarien ursprünglich in der That nur türkische Provinzen waren und daß ihnen später wohl die innere Autonomie zugestanden wurde, daß aber die Übertragung einer äußeren Repräsentativgewalt in keiner Weise oder doch höchstens hinsichtlich einzelner, genau bezeichneter Befugnisse stattgefunden hat[56]). Eine Ausübung nicht übertragener Befugnisse steht bezw. stand ihnen aber nie zu[57]). Behält man diese

---

[55]) In dieser dem Protektorat gewidmeten Untersuchung kann die Rechtsstellung der unter türkischer Oberhoheit stehenden Staaten nicht eingehend dargelegt werden. Es sei hier deshalb nur auf die wichtigsten der einschlägigen Urkunden verwiesen: für die Donaufürstentümer sind außer den oben erwähnten Friedensverträgen zu vergleichen: die Nachtragskonvention zum Frieden von Kutschuk-Kainardschi vom 10. März 1779 Art. 7 (Martens, Recueil. Bd. III S. 355). Verträge zwischen Rußland und der Pforte d. d. Bukarest den 28. Mai 1812 Art. 5 (Martens, Nouveau Recueil Bd. III S. 400), d. d. Akkerman den 7. Oktober 1826 nebst Separatakt betr. die Moldau und Walachei (ibid. Bd. VI 2 S. 1053 ff.), d. d. Adrianopel den 14. September 1829 (ibid. Bd. VIII S. 143 ff. S. 152/5), d. d. Balta-Liman den 1. Mai 1849 (Martens-Sammer, Nouveau Recueil général Bd. XIV S. 378/81). Sodann der Pariser Friedensvertrag vom 30. März 1856 Art. 22/27 und dazu die Pariser Konvention der Großmächte vom 19. August 1858 (Nouveau Recueil général Bd. XVI 2 S. 50 ff). — Für Serbien: Vertrag von Bukarest Art. 8, Vertrag von Akkerman Art. 5 nebst Separatakt, Vertrag von Adrianopel Art. 6, Pariser Vertrag Art. 28/9. Für Bulgarien der Berliner Vertrag vom 13. Juli 1878 Art. 1/12. Für Ägypten die Fermane vom 1. Juni 1841 (Th. E. Holland a. a. O. S. 110/13), 27. Mai 1866 (ibid. S. 114/6), 8. Juni 1867 (S. 116/8), 29. November 1869 (S. 118/9), 10. September 1872 (S. 119/20), das kaiserliche Khatt vom 25. September 1872 (S. 120/1), der Ferman vom 8. Juni 1873 (S. 121/5) und vom 2. August 1879 (S. 125/8).

[56]) So darf z. B. der Khedive nach dem Ferman von 1873 Zoll- und Handelsverträge mit fremden Mächten schließen. Nach dem Ferman von 1879 müssen dieselben jedoch der Hohen Pforte vor der Publikation vorgelegt werden. Vgl. hierzu das Schreiben von Sawas Pascha an Sir A. H. Layard vom 29. Juli 1879 bei Holland a. a. O. Auch Bulgarien schließt selbständig Handelsverträge (Art. 7 des Berliner Vertrages).

[57]) Dies Prinzip wird auch anerkannt von Lord Derby in einer Note an den englischen Botschafter in Konstantinopel vom 20. November 1874 (Staatsarchiv Bd. 29 (1876) Nr. 5491.

unleugbare Thatsache im Auge, so kann man nicht umhin den genannten von der Türkei abhängigen Staaten eine nur beschränkte Rechtsfähigkeit zuzusprechen.

Bei oberflächlicher Betrachtung erscheint ihre Stellung der eines protegierten Landes ähnlich; beide sind halbsouverän, beide unterstehen einer anderen Staatsgewalt, welche nach außen hin für sie handelnd auftritt. Dennoch besteht ein tiefgreifender Unterschied, und zwar gerade in diesem Auftreten nach außen hin. Der protegierende Oberstaat ist nur der Vormund, der Vertreter des Unterstaats; er nimmt dessen Rechte wahr; die Türkei dagegen handelt aus eigenem Recht. Ihre Machtfülle über jene Länder ist hinsichtlich der auswärtigen Beziehungen entweder gar nicht oder doch nur in einzelnen bestimmten Richtungen eingeschränkt worden. Ohne eine solche Einschränkung ihrer Befugnisse konnten ihre früheren Provinzen aber Rechtsfähigkeit nicht erlangen.

Die Bedeutung des Unterschiedes zwischen der Beschränkung der Rechtsfähigkeit und dem Mangel der Handlungsfähigkeit tritt klar hervor, sobald das Verhältnis zu dritten Staaten in das Auge gefaßt wird. Da der schützende Oberstaat den von ihm beschützten Unterstaat vertritt, nur dessen Rechte wahrnimmt, so ist offenbar, daß er bei Verhandlungen mit anderen Mächten ausdrücklich aussprechen muß, daß er namens des Unterstaats kontrahiere; tritt er in eigenem Namen auf, so verpflichtet er diesen nicht. England erkärte deshalb immer in den betreffenden Verträgen, daß dieselben für die ionischen Inseln Geltung haben sollten. Allerdings ist es britische Gepflogenheit, in den auf die Kolonieen sich erstreckenden Staatsverträgen dies auch ausdrücklich hervorzuheben. Eine Abweichung von dieser Gewohnheit ist aber jederzeit zulässig, während jene Handlungsweise bezüglich der ionischen Inseln rechtlich vorgeschrieben war.

Dafür, daß der Unterstaat durch den Oberstaat nur gebunden wird, wenn dieser ausdrücklich im Namen jenes auftritt, ließen sich noch zahlreiche Beispiele anführen. Es sei jedoch eine Beschränkung auf zwei aus neuester Zeit gestattet.

Die am 14. März 1884 zu Paris abgeschlossene Konvention zum Schutze unterseeischer Kabel hat Frankreich nur für sich unterzeichnet; folglich erstreckt dieselbe sich nicht auf die unter französischem Protektorat stehenden Länder. Tunis mußte deshalb unter den in

Art. 14 jener Konvention vorgeschriebenen Förmlichkeiten ausdrücklich beitreten. Es geschah dies erst im Jahre 1889.

Die Zeitungen brachten zu Anfang des Jahres 1890 die Nachricht, König Menelik von Abessinien habe die italienische Regierung aufgefordert, ihn auf der in Brüssel tagenden Antisklavereikonferenz zu vertreten. Ob diesem Wunsche Folge gegeben wurde, muß vorläufig dahingestellt bleiben. Jedenfalls konnte aber eine Teilnahme Abessiniens an der Konferenz nur stattfinden, wenn Italien in seinem Namen eine formelle Beitrittserklärung abgab.

Ganz anders ist bezw. war das Verhältnis der Türkei zu Ägypten und den Balkanstaaten. Die Hohe Pforte war stets berechtigt, auch hinsichtlich dieser Länder in eigenem Namen Verträge zu schließen. Eine ausdrückliche Erwähnung derselben war deshalb nicht erforderlich, sondern jene Verträge erstreckten sich auch auf sie, wenn sie nicht speziell ausgenommen waren[58]. Was die Donaufürstentümer anbetrifft, so war dies in der am 19. August 1858 von den Großmächten zu Paris abgeschlossenen Konferenz ausdrücklich anerkannt[59]. Auch hinsichtlich Serbiens übte die Pforte das gleiche Recht aus[60].

Es sei gestattet, hier auf einen rein äußerlichen Umstand hinzuweisen, der aber die Anschauung der deutschen Regierung offen zum Ausdruck bringt. Wie bereits erwähnt wurde, führt das amtliche Verzeichnis der deutschen Konsulate die unter einem Protektorat stehenden Staaten als besondere Mächte auf. Hinsichtlich der Balkanstaaten (d. h. für Serbien und Rumänien bis zum Jahre 1878) und Ägyptens ist dies nicht der Fall. Die in ihnen residierenden deutschen Konsuln werden in dem Verzeichnis als Konsuln in der Türkei namhaft gemacht.

Bisher wurde nur von der beschränkten Rechtsfähigkeit der unter türkischer Oberhoheit stehenden Länder gesprochen und dabei die ihnen gewöhnlich gegebene Bezeichnung als Vasallenstaaten vermieden, weil

[58]) Jellinek S. 149.

[59]) Konvention vom 19. August 1858 Art. 8 bei Martens, Nouveau Recueil général. Bd. 16 Teil 2 S. 52.

[60]) Vgl. z. B. Art. 17 des zwischen Frankreich und der Pforte am 29. April 1861 geschlossenen Handelsvertrages bei Geffcken, Recueil manuel et pratique I. S. 162 ff. Aktenstücke über die Handelsverträge der Donaufürstentümer im Staatsarchiv Bd. 29 (1876) Nr. 5477/5494.

ihre Natur als solche mit der als beschränkt rechtsfähiger Völkerrechtssubjekte in keinem notwendigen Zusammenhange steht. Auch ihrer Tributpflicht wurde deshalb nicht gedacht. Der Vasall schuldet dem Suzerän Treue, Ehrfurcht und Heeresfolge, wogegen dieser ihn zu beschützen und zu verteidigen hat[61]). Leistung und Gegenleistung sind genau bestimmt[62]). Dabei kann der Vasall eine sehr selbständige, aber auch eine sehr untergeordnete Stellung einnehmen; das Rechtsverhältnis zwischen dem suzeränen und dem Vasallenstaate kann rein völkerrechtlich oder rein staatsrechtlich sein[63]). Denkbar, aber nicht notwendig ist sowohl eine Beschränkung der Rechtsfähigkeit wie der Handlungsfähigkeit des Vasallen.

Sonder Zweifel stehen bezw. standen der Türkei Suzeränitätsrechte über die Balkanstaaten und Ägypten zu. Letzteres hat regelmäßig die Heeresfolge geleistet. In den Pariser und Berliner Verträgen von 1856 und 1878 wird die Oberherrlichkeit der Pforte über die Donaufürstentümer und Bulgarien anerkannt. Daß die von Rumänien am 16. April 1877 mit Rußland geschlossene Konvention, in welcher den Truppen der letzteren Macht der Durchzug durch das Gebiet ersterer zugestanden wurde, eine Verletzung der dieser der Türkei gegenüber obliegenden vasallitischen Verpflichtungen war, ist allgemein anerkannt. Auch das Protektorat wurzelt in der Lehensherrlichkeit, hat aber deren charakteristische Merkmale nicht behalten.

Insbesondere ist der Unterstaat nicht zu bestimmten einzelnen Leistungen wie der Vasall, sondern nur negativ zum Verzicht auf eine selbständige Politik verpflichtet[64]). Der dem Verhältnisse gegebene Name kann übrigens über dessen Wesen nicht allein entscheiden. In dem älteren Vertrage Großbritanniens mit Transvaal wird z. B. gesagt, der Boerenstaat solle unter der Oberherrlichkeit Englands stehen. Der ganze Vertrag enthält aber nichts von Suzeränitätsrechten und Vasallenpflichten, sondern begründet ein richtiges Protektorat. Er muß deshalb auch nach den für dieses geltenden Grundsätzen behandelt werden.

---

[61]) Stubbs, Suzerainty or the rights and duties of suzerain and vassal States. London 1882 S. 16/17 u. 45.

[62]) Geffcken zu Heffter § 22 A. 6 S. 56.

[63]) Vgl. hierüber Stubbs S. 21 ff. v. Holtzendorff II § 24 S. 99.

[64]) Geffcken zu Heffter a. a. O.

Es wäre irrtümlich, wollte man annehmen, daß die verschiedenen Arten der Halbsouveränität in der Praxis sich immer so schroff einander gegenüberständen, wie sie in der vorstehenden Vergleichung auseinandergehalten wurden. Eine scharfe Trennung der einzelnen Arten war hier nur deshalb geboten, weil die speziellen Eigentümlichkeiten des Protektorats in helleres Licht gesetzt werden sollten. Krakau und die ionischen Inseln z. B. waren nicht nur handlungsunfähig in völkerrechtlicher Beziehung, sondern auch beschränkt rechtsfähig. Der erstgenannten Republik war bei ihrer Konstituierung als Staat eine Verfassung auferlegt, zu deren selbständiger Abänderung sie nicht befugt war. Den ionischen Inseln war die Führung einer Kriegsflagge sowie die Abänderung ihrer Sonderverfassungen vor Einführung einer allgemeinen Verfassung untersagt[65]). Solche Beschränkungen der Rechtsfähigkeit eines Staates sind zwar mit der Einschränkung seiner Handlungsfähigkeit durch ein Protektorat nicht unverträglich, sie sind aber andererseits von derselben begrifflich zu trennen. Mit dem Wesen des Protektorats haben sie nichts zu thun.

### 3. Der völkerrechtliche Charakter des Protektorats.

Wir sind bisher immer davon ausgegangen, daß das Protektorat eine Verbindung zweier oder mehrerer Staaten sei, und haben dargelegt, daß durch diese Verbindung die Persönlichkeit des Unterstaats nicht aufgehoben werde. Hieraus ergiebt sich der völkerrechtliche Charakter des Protektorats von selbst. Es ist nun die Natur der von Staaten mit Stämmen abgeschlossenen Protektoratsverträge zu untersuchen. Trotzdem die vorliegende Schrift nur mit den völkerrechtlichen Protektoraten sich beschäftigen soll, scheint doch eine Abschweifung vom Thema hier geboten. Einmal wird so das Wesen des völkerrechtlichen Protektorats noch klarer hervortreten. Ferner ist der Sprachgebrauch der Staatspraxis zu berücksichtigen. Derselbe kennt überhaupt nur ein Protektorat, aber kein völkerrechtliches, staatsrechtliches oder koloniales Protektorat. Unter jenem Ausdruck aber begreift er eine Fülle von Verhältnissen, welche mit dem im vorhergehenden Abschnitte erläuterten völkerrechtlichen nicht identifiziert werden dürfen.

---

[65]) Vertrag vom 5. November 1815 Art. 4 u. 7.

Der Aufschwung der Kolonialbewegung in neuerer Zeit führte zu vielfachen Verbindungen der europäischen Staaten mit den Eingeborenen anderer Weltteile, vornehmlich Afrikas. Während man früher bei ähnlichem Vorgehen fast nur von eigenem Rechte zu sprechen pflegte[66]), haben die humaneren Ideen des neunzehnten Jahrhunderts auch eine größere Berücksichtigung des Rechtes der Wilden veranlaßt. Praktische Anerkennung findet dasselbe in den zahlreichen Schutzverträgen, welche Deutschland, Italien und Frankreich mit vielen afrikanischen Negerstämmen abschlossen. Es konnte nicht ermangeln, daß diese Verträge alsbald vom juristischen Standpunkte aus näher untersucht wurden. Besonders scheint dies in Deutschland der Fall gewesen zu sein. Der Eintritt des Reiches in die Kolonialbewegung eröffnete uns ein neues Rechtsgebiet und rief eine Reihe juristischer Abhandlungen über die deutschen Schutzgebiete ins Leben[67]). Die Rechtsverhältnisse der letzteren können in dieser Arbeit eine eingehende Würdigung nicht finden; es kann hier nur darauf ankommen, die mit unzivilisierten Stämmen abgeschlossenen Verträge nach ihrer juristischen Natur hin zu untersuchen und daraus die Folgerungen für den Begriff des Protektorats zu ziehen. Bei einer allgemeinen völkerrechtlichen Betrachtung haben die deutschen Verhältnisse keinen Anspruch auf ausschließliche Berücksichtigung.

Die mit Stämmen abgeschlossenen Schutzverträge sind häufig den zwischen Staaten vereinbarten inhaltlich genau nachgebildet[68]). Der europäische Staat übernimmt den Schutz über einen afrikanischen Stamm und erkennt die Rechte und Freiheiten desselben an, der Stamm dagegen verpflichtet sich, ohne Zustimmung des schützenden Staates weder sein Land an andere abzutreten noch Verträge mit fremden Regierungen abzuschließen. Bei einer so weit gehenden Ähnlichkeit zwischen derartigen und den völkerrechtlichen Protekto-

---

[66]) Vgl. jedoch den interessanten Aufsatz von Nys „Les publicistes espagnols du 15° siècle et les droits des Indiens“ in der Revue de droit international. Bd. 21 (1889) S. 532 ff.

[67]) Vgl. das Litteraturverzeichnis bei v. Stengel a. a. O. S. 24.

[68]) Vgl. die von dem Deutschen Reiche mit Manasse zu Hoachanas, mit den Bastards zu Rehoboth und mit den Hereros abgeschlossenen drei Schutz- und Freundschaftsverträge vom 2., 15. September, 21. Oktober 1885 (Drucksachen des Reichstages 6. Legislaturperiode, 2. Session 1885/86 Nr. 277).

ratsverträgen fühlt man sich unwillkürlich zu einer ebenmäßigen Behandlung der beiden Verhältnisse getrieben. Ihre Verwandtschaft ist aber nur eine scheinbare; die Verschiedenheit besteht nicht nur auf juristischem, sondern auch auf thatsächlichem Gebiete. Annam und Madagaskar, zwei umfangreiche Staatsgebiete, stehen doch nicht auf derselben Stufe wie der kleine Stamm des Hereros. Ihr Verhältnis zu einer europäischen Großmacht nimmt eine ganz andere Gestalt an wie das des letzteren. Duo cum faciunt idem, non est idem. Schließen Annam und Frankreich einen Protektoratsvertrag ab, so sind die Kontrahenten Staaten. Der Vertrag ist ein Staatsvertrag, es wird eine Verbindung zwischen Staaten geschlossen. Eine ganz andere Sachlage zeigt sich aber, wenn ein Vertrag der bezeichneten Art mit einem Stamme eingegangen wird.

Verpflichtende Kraft wohnt auch solchen Verträgen unter allen Umständen bei, denn der Wille der Kontrahenten war beim Abschluß darauf gerichtet; Mentalreservationen sind unerheblich. Sie sind aber keine Staatsverträge, sondern, wie in der Einleitung ausgeführt wurde, Verträge zwischen einem Staate und einem Personenvereine. Zu einem Staatswesen ermangelt diesem die Gebietshoheit.

Der europäische Staat darf sich in die inneren Angelegenheiten des unter seinen Schutz gestellten Stammes nicht einmischen, hat aber das Recht der Zustimmung zu den mit anderen Regierungen abzuschließenden Verträgen. Trotzdem findet eine völkerrechtliche Vertretung des Stammes nicht statt, denn dieser ist kein völkerrechtliches Subjekt. Der wichtigste Unterschied zwischen dem völkerrechtlichen Protektorat und der hier besprochenen Art von Schutzverhältnissen besteht jedoch in dem Umfang der Schutzpflicht und den daraus sich ergebenden Konsequenzen.

Der Oberstaat hat den unter seinem Protektorat stehenden Unterstaat als solchen zu schützen. Die Angehörigen des letzteren und ihr Eigentum kommen für ersteren nur mittelbar, in zweiter Linie in Betracht. Die von ihm zu verteidigende Person ist der von ihm protegierte Staat; er muß denselben in seiner Personal- und Territorialhoheit, ihn und sein Gebiet schützen. Der eine Schutzgewalt über einen afrikanischen Stamm ausübende Staat hat dagegen nur den Stamm, d. h. einen Personenverein, eine Mehrheit von Personen und deren Eigentum, sei dies Gesamt- oder Sondereigentum, zu schützen; auf einen Staat erstreckt seine Schutzpflicht sich nicht. Das von einem Stamm bewohnte Land ist nun aber herrenlos im Sinne des Völkerrechts, da es der Gebietshoheit eines Staats nicht unterworfen ist[69]), es unterliegt also der Okkupation von Seiten einer Staatsgewalt. Diese Okkupationsfähigkeit wird ihm durch die Unterstellung des Stammes unter den Schutz eines Staates nicht entzogen, denn es bleibt herrenlos; demnach kann es von dem schützenden Staate selbst okkupiert werden[70]).

Einer solchen Okkupation steht der vorangegangene Schutzvertrag nicht im Wege; sie ist sogar das wirksamste Mittel zur völligen Gewährung des zugesagten Schutzes. Andererseits ist aber der okkupierende Staat nicht so unumschränkt, wie er es sein würde, wenn ein Schutzvertrag nicht bestände, denn an die Bestimmungen desselben bleibt er auch trotz der Okkupation gebunden. Sie bilden die Schranke seines Rechts.

Die Okkupation des herrenlosen Landes durch einen anderen Staat wird dagegen durch einen solchen Schutzvertrag ausgeschlossen; der schützende Staat darf sie nicht dulden; er würde seine Schutzpflicht über den Stamm auf dem Gebiete eines anderen Staates nicht mehr ausüben können. Die Duldung der Okkupation käme also der grundlosen Entsagung der Schutzpflicht gleich, sie wäre eine Verletzung derselben. In diesem Sinne kann man sagen: durch einen Schutzvertrag erwirbt der schützende Staat das ausschließliche Recht zur Okkupation des von dem zu schützenden Stamme bewohnten Landes[71]).

Bei dem völkerrechtlichen Protektorate kann von einer Okkupation des Gebiets des Unterstaates durch den Oberstaat schon um deswillen nicht die Rede sein, weil das Gebiet des ersteren nicht herrenlos ist. Es müßte also zunächst die Staatsgewalt des Unterstaates aufhören, womit das völkerrechtliche Protektorat von selbst sein Ende nähme. Eine Okkupation des Gebiets des Unterstaates wäre aber auch mit den Pflichten des Oberstaates unvereinbar, denn seine Schutzpflicht erstreckt sich ja gerade auf die Erhaltung des Unterstaates als Staat, in seiner Gebiets- wie in seiner Personalhoheit.

---

69) v. Holtzendorff Bd. II § 54 S. 256/7. v. Stengel S. 30.

70) Heimburger S. 111 ff.

71) Anders v. Holtzendorff a. a. O. v. Stengel S. 43.

Nach dem oben Gesagten sind bei der Betrachtung der Schutzherrschaften über Stämme zwei Fälle zu unterscheiden, je nachdem der schützende Staat von seiner Okkupationsbefugnis Gebrauch macht oder nicht.

Durch die Besitzergreifung wird das herrenlose Land Gebietsteil des okkupierenden Staates, die auf ihm wohnenden Stämme gelangen unter die Herrschaft desselben[72]). Welche Sonderstellung er diesen zugesteht oder auf Grund früherer Verträge belassen muß, ist für das Völkerrecht ohne Interesse. So hat das Deutsche Reich die Ländergebiete, auf welchen die unter seinem Schutze stehenden Stämme wohnen, okkupiert und dies durch Hissen der Flagge zc. kenntlich gemacht[73]). Das Verhältnis des Deutschen Reiches zu seinen Schutzgebieten bezeichnet Laband als ein staatsrechtliches Protektorat[74]). Eine solche Bezeichnung kann sonder Zweifel, wenn überhaupt, dann nur da Platz greifen, wo der protegierende Staat durch die Okkupation das Gebiet des beschützten Stammes in staatsrechtliche Verbindung mit sich selbst gesetzt hat. Das Verhältnis des Staates zu den seiner Herrschaft unterworfenen Personen kann man dann aber trotz der jenem allgemein obliegenden Schutzpflicht nicht als Protektorat bezeichnen, denn das Wesen des ersteren ist Herrschaft, d. h. eigenes Recht, das des letzteren Vormundschaft, d. h. Wahrnehmung fremden Rechts[75]). Ein staatsrechtliches Protektorat ist deshalb eine contradictio in adiecto.

Weit passender ist die Bezeichnung als Protektorat für das Verhältnis zwischen einem Staate und einem Stamme, welches nicht durch Okkupation des Gebiets zu einem staatsrechtlichen geworden ist. Unleugbar besteht hier eine gewisse Ähnlichkeit mit dem völkerrechtlichen Protektorate, doch darf dieselbe nicht überschätzt werden. Wie bereits hervorgehoben, giebt es eine völkerrechtliche Vertretung des Stammes durch den schützenden Staat aus dem Grunde nicht, weil ersterer überhaupt kein Subjekt des Völkerrechts ist. Nun könnte man zwar sagen: wenn ein Stamm auch keine völkerrecht-

---

[72]) Georg Meyer, Die staatsrechtlichen Verhältnisse der deutschen Schutzgebiete. Leipzig 1888 S. 76.

[73]) Georg Meyer S. 31. v. Stengel § 6 S. 48 ff.

[74]) Laband Bd. I § 70 S. 783 ff.

[75]) Vgl. die Ausführungen v. Stengels S. 65/69 gegen Laband S. 73 ff.

lichen Beziehungen mit anderen Stämmen oder mit Staaten unterhalte, so habe er doch irgendwie geartete auswärtige Beziehungen; und werde er in diesen vom schützenden Staate vertreten, so komme das auf das Nämliche heraus, als ob ein Staat in seinen völkerrechtlichen Beziehungen vertreten werde. Es will uns aber bedünken, als ob die europäischen Staaten an eine generelle Vertretung afrikanischer Stämme nach außen hin gar nicht denken, jedenfalls aber eine allgemeine Verantwortlichkeit für deren Handlungen nicht tragen wollen. Bei dem unruhigen Sinne, der mangelhaften Rechtsbildung afrikanischer Stämme ist eine wirkliche Verantwortlichkeit für deren Handlungen nur dann möglich, wenn die betreffenden Staaten eine fühlbare Macht auf jene ausüben, wenn sie dieselben wirklich beherrschen. Die Unterzeichner der Generalakte der Kongokonferenz haben die Unmöglichkeit der Ausübung eines wirksamen Einflusses ohne effektive Herrschaft anerkannt, indem sie sich verpflichteten, in den von ihnen an den Küsten des afrikanischen Kontinents besetzten Gebieten das Vorhandensein einer Obrigkeit zu sichern, welche hinreiche, um erworbene Rechte zu schützen[76]). Ursprünglich war auf der Konferenz die Ausdehnung dieser Bestimmung auf die Protektorate europäischer Mächte beantragt worden[77]); dieser Vorschlag scheiterte jedoch an dem Widerspruch Englands, dem später Deutschland sich anschloß[78]). Durch Annahme desselben wäre für das Geltungsgebiet der Kongoakte das Protektorat der Okkupation gleichgestellt, mithin praktisch bedeutungslos geworden. Sonder Zweifel bezweckte die britische Regierung mit ihrer Opposition eine Abschwächung ihrer Verantwortlichkeit[79]). Sie unterschied von der Okkupation, welche die Fülle der Souveränität übertrage, nicht nur das Protektorat, durch welches die schützende Macht einzelne Souveränitäts-

[76]) Generalakte der Kongokonferenz Art. 35.

[77]) Die verschiedenen Projekte im Anhang I zum Protokoll Nr. 8 der Kongokonferenz im Staatsarchiv Bd. 45 (1886) Nr. 8602.

[78]) Vgl. den von dem französischen Delegierten Engelhardt über die Arbeiten der Konferenz dem französischen Minister der auswärtigen Angelegenheiten erstatteten Bericht vom 7. März 1885 bei De Clercq Bd. 14 S. 478/9 und Engelhardt, Etude sur la déclaration de la conférence de Berlin relative aux occupations in der Revue de droit international Bd. 18 (1886) S. 438/9.

[79]) So Engelhardt a. a. O.

rechte, vornehmlich die Befugnis erlange, fremden Staaten gegenüber an die Stelle der einheimischen Stammesgewalt zu treten, sondern auch noch eine einfache Protektion. Unter letzterer soll sie ein in seinen Wirkungen etwas unbestimmtes Patronat verstehen, welches sich thatsächlich beschränke auf die Errichtung von Konsulaten zur Ausübung der Gerichtsbarkeit über die britischen Unterthanen, die Eingeborenen und sogar über die fremden Residenten[80]).

Die Unterscheidung der Protektion vom Protektorate mag hier auf sich beruhen. Sie wird von England jedenfalls nicht konsequent durchgeführt, denn in den mit den Borneostaaten abgeschlossenen Protektoratsverträgen wird nicht von einem Protektorat, sondern von der Protektion gesprochen, trotzdem zweifellos ein Protektorat begründet werden sollte. Es ist hier nur von Interesse, daß die britische Regierung die volle Verantwortlichkeit für die unter ihrem Protektorat stehenden Negerstämme ablehnte und daß die Signatarmächte der Kongokonferenz sich ihr entweder, wie Deutschland, anschlossen oder doch auf ausdrückliche Anerkennung der Verantwortlichkeit der schützenden Staaten Verzicht leisteten. Ohne eine solche Verantwortlichkeit aber kann ein Protektorat nicht bestehen. Der Einfluß des Oberstaates auf ein geordnetes Staatswesen ist selbst bei loser Verbindung viel nachhaltiger als der auf ein in roher Ungebundenheit lebendes Nomadenvolk. Dieses folgt stets nur der Macht, welche es unmittelbar fühlt[81]). Nur in richtiger Erkenntnis dessen lehnte die britische Regierung die Verantwortung für afrikanische Negerstämme ab, so lange sie das von diesen bewohnte Gebiet nicht okkupiert habe. Und wie sie wird im konkreten Falle eine jede der europäischen Mächte handeln. Ein Protektorat über einen unzivilisierten Stamm ist eben praktisch nicht durchführbar.

Man könnte dem nun die Thatsache entgegenhalten, daß die Kolonialstaaten in den letzten Jahrzehnten zahllose Protektoratsverträge mit Negerstämmen geschlossen haben. Unter dem Gesichtspunkt des Protektorats betrachtet, sind dieselben Scheingeschäfte. Ihre verbindliche Kraft als Verträge bleibt trotzdem bestehen; alle

[80]) ibidem.

[81]) Vgl. das Rundschreiben des Fürsten Gortschakow vom 21. November 1864 im Staatsarchiv Bd. 26 (1874) Nr. 5108.

übernommenen Verbindlichkeiten sind zu erfüllen; ein Protektorat aber wird durch sie nicht begründet. Der Zweck solcher Verträge ist lediglich der, für den schützenden Staat allen anderen Mächten gegenüber ein Vorzugsrecht zur Okkupation zu begründen[82]), den Stamm und dessen Wohnsitze in seine Interessensphäre hineinzuziehen. Unter diesem Gesichtspunkte dürfte auch das Verhältnis der nordamerikanischen Union zu den „unabhängigen" Indianerstämmen zu beurteilen sein.

v. Stengel ist gleichfalls der Meinung, daß ein Protektorat über ein Nomadenvolk nicht bestehen könne; auch er leitet diese Unmöglichkeit aus dem Begriff des Protektorats her. Trotzdem unterscheidet er aber das koloniale Protektorat von dem völkerrechtlichen. Während dieses zwei an und für sich selbständige und sich gleichstehende Staaten voraussetze, soll nach seiner Ansicht jenes auch Anwendung finden auf staatenähnliche Gebilde, welchen eine völlige Gleichstellung mit der Schutzmacht um deswillen nicht eingeräumt werden könne, weil Schutzstaat und schutzherrlicher Staat nicht auf gleicher Kulturstufe ständen. Ferner sei hervorzuheben, daß beim völkerrechtlichen Protektorate der Schutzstaat gewöhnlich nur hinsichtlich der auswärtigen Beziehungen von der Schutzmacht abhängig sei, während das unter kolonialem Protektorate stehende Gemeinwesen auch in seinen (inneren?) Angelegenheiten einem mehr oder weniger starken Einfluß der Schutzmacht unterworfen sei[83]). Von anderer Seite[84]) ist schon auf die Schwäche der Argumentation mit dem Worte „gewöhnlich" hingewiesen und bemerkt worden, daß gerade die einem anerkannt völkerrechtlichen Protektorat unterstehenden Staaten, wie Krakau und die ionischen Inseln, vielfache Einwirkungen der Oberstaaten auf ihre inneren Angelegenheiten erdulden mußten. Es ist aber auch, wie bereits in der Einleitung hervorgehoben wurde, unzulässig, ein staatenähnliches Gebilde dem Staate gleichzustellen. Es scheint fast, als ob v. Stengel Annam nur für ein solches ansehe[85]). Einen juristischen

---

82) Ähnlich erklären v. Holtzendorff II § 54 S. 256 ff. und Heimburger S. 114 die Cessionsverträge.

83) v. Stengel S. 14/15.

84) G. Meyer S 72 ff.

85) v. Stengel S. 15 A. 1.

Unterschied zwischen völkerrechtlichem und kolonialem Protektorat hat er nicht aufzustellen vermocht; das einzige, was er in der Hinsicht beibringt, nämlich die einmal unangetastete, einmal beschränkte innere Autonomie des Unterstaates, ist hinfällig; er giebt auch selbst zu, daß die Unterschiede zwischen beiden Protektoratsarten in der Praxis häufig nicht hervortreten. Ein koloniales Protektorat im Sinne Stengels unterscheidet sich vom völkerrechtlichen thatsächlich nur durch die geographische Lage des Unterstaates.

Bisher wurde nur von den Verbindungen zwischen europäischen Staaten und Stämmen gesprochen; der Vollständigkeit halber sei nun aber noch der Unternehmungen von Privatpersonen gedacht, welche auf eigene Faust, nicht im Auftrage oder doch im Namen eines Staates mit später hinzutretender Genehmigung desselben, handelten. Solche Unternehmungen können rein merkantiler, ausschließlich humanitärer, aber auch politischer Natur sein und zu Staatsbildungen führen[86]. Zwei Fälle sind hier zu unterscheiden.

Zunächst ist es vorgekommen, daß Privatpersonen, einzelne Individuen oder Gesellschaften, in staatenlosem Gebiet sich niederließen, daselbst allmählich maßgebenden Einfluß gewannen und schließlich eine wirkliche Herrschaft, einen Staat gründeten[87]. Eine ganz selbständige Staatsbildung der Art ist selten, weil die maßgebenden Faktoren in der Regel an mächtigere Staatswesen sich anlehnen, deren Schutz nachsuchen müssen, ehe ihnen die Staatsgründung gelungen ist. Ein Beispiel einer durchaus unabhängigen Staatsbildung aus neuester Zeit bietet die Gründung des Fürstentums Serawak durch Sir James Brooke und Nordborneos durch die britische Nordborneogesellschaft[88]. Treten solche selbständig gegründeten Staaten in den völkerrechtlichen Verkehr ein, so nehmen sie an ihm in gleicher Weise wie alle übrigen Staaten teil. Ihr eigentümlicher Entstehungsprozeß ist dem Völkerrecht gleichgiltig[89]. Ein Protektorat über einen so von Privatpersonen gegründeten Staat bietet demnach zu besonderen Bemerkungen keinen Anlaß.

---

86) Eine Aufzählung der wichtigsten Unternehmungen solcher Art giebt Heimburger S. 50 ff.

87) Darüber, wie dies geschehen kann, vgl. Heimburger S. 70/72.

88) Heimburger S. 55.

89) Heimburger S. 66.

In den meisten Fällen ist es jedoch den Privatpersonen nicht gelungen, unabhängig von jeglicher staatlichen Macht ein eigenes Staatswesen zu gründen. Die großen englischen und niederländischen Handelsgesellschaften unterstanden von Anfang an mit samt ihren Eroberungen der Hoheit ihres Heimatsstaates[90]), andere unterstellten sich später derselben, so nach der herrschenden Meinung die deutschen Kolonialgesellschaften. Im ersteren Falle erwarben die Gesellschaften das Gebiet von vorn herein für ihren Heimatsstaat, im letzteren übertrugen sie es ihm durch die Unterwerfung. Er erwirbt in beiden Fällen die Gebietshoheit. Daß alsdann von einem Protektorat des europäischen Staates über die Kolonialgesellschaft keine Rede sein kann, ergiebt sich aus dem Begriffe desselben und aus dem der Gebietshoheit; beide schließen einander nach dem oben gegen Laband Bemerkten aus.

Es bleibt somit nur noch der Fall, in welchem Privatpersonen sich und ihre Erwerbungen dem Schutze eines Staates unterstellen, ohne daß dieser die Gebietshoheit über ihr Land erwirbt. Die Staaten dürften höchstens ihren eigenen Unterthanen einen solchen Schutz angedeihen lassen. Derselbe erstreckt sich dann nur auf deren Person und Eigentum, ist also von dem allgemeinen, den Unterthanen gewährten Schutze nur räumlich, nicht sachlich verschieden. Ein Protektorat liegt aber auch hier nicht vor. Einen Präzedenzfall wüßten wir übrigens nicht namhaft zu machen. Die deutsche Regierung übernahm nicht nur den Schutz über die Erwerbungen ihrer Unterthanen, sondern begründete zugleich eine territoriale Gewalt[91]). Und als der britischen Nordborneogesellschaft von England ein Schutzbrief erteilt werden sollte, wurde ausdrücklich hervorgehoben, daß die Gesellschaft bereits die Souveränitätsrechte über ihr Gebiet „in rechtsgiltiger Weise erworben und als eigene besessen habe“[92]); sie hatte also bereits ein Staatswesen gegründet.

---

[90]) Creasy S. 66/67. — De Loeter, Handleiding tot de kennis van het staats- en administratief recht van Nederlandsch-Indië, 3. Ausgabe 1884 S. 1 ff.

[91]) Vgl. die Note des deutschen Geschäftsträgers in London an den englischen Minister des Auswärtigen vom 8. Oktober 1884 im Weißbuch über Angra-Pequena, Anlage zu Nr. 50 S. 49.

[92]) Heimburger S. 55.

Es giebt mithin nur ein völkerrechtliches Protektorat eines Staates über einen anderen Staat. Daß der Protektor auch ein Staat sein müsse, wurde bisher allerdings nicht hervorgehoben, weil die ausschließlich unter Stämmen bestehenden Verbindungen hier nicht interessieren, eine Person aber den Schutz eines Staates nicht übernehmen kann.

## 4. Protektorat, Garantie und Intervention.

Ist der Oberstaat verpflichtet, für die Erhaltung der Integrität des Unterstaates einzutreten, ist er für diese verantwortlich, so ist seine Stellung der eines Bürgen sehr ähnlich; er leistet gewissermaßen Garantie für die Sicherheit jenes. In dem am 6. Juni 1884 mit Annam abgeschlossenen Vertrage hat Frankreich letztere ausdrücklich übernommen[93]); aber auch wenn dies nicht geschehen ist, wirken die Protektoratsverträge doch in gewisser Hinsicht wie Garantieversprechen[94]). Trotzdem darf man sie nicht mit Pradier-Fodéré[95]) eine Abart der Garantieverträge nennen.

Die Garantie[96]) ist ihrer ursprünglichen Bedeutung nach ein Mittel zur Sicherstellung der Verträge; sie ist accessorischer Natur, die völkerrechtliche Bürgschaft; sie kann für die Erhaltung eines jeden Rechtsverhältnisses geleistet werden[97]), und ist insbesondere häufig für den territorialen Besitzstand der Staaten geleistet worden. Das Schutzversprechen des Oberstaates geht aber viel weiter und ist nie accessorisch.

Das Garantieversprechen schränkt weder die rechtliche Handlungsfähigkeit noch die politische Aktionsfreiheit des Staates ein, dem es geleistet wird. Derselbe bleibt sein eigener Herr; er bleibt souverän. Der Garant erlangt keine Aufsicht über seine Handlungen, ist deshalb aber nur dann zur Erweisung der versprochenen Hilfsleistung verpflichtet, wenn derjenige, welchem er sie zusagte, den

---

93) Vertrag von Huë, Art. 15.

94) v. Holtzendorff II § 24 S. 101.

95) Pradier-Fodéré II § 1019 S. 642.

96) Vgl. Geffcken, Garantieverträge in v. Holtzendorffs Handbuch III. §§ 25/31. — Pradier-Fodéré Bd. II §§ 969/1018. — Bluntschli §§ 430/441.

97) Geffcken a. a. O. § 27 S. 91.

Eintritt des Garantiefalles nicht schuldhafter Weise herbeiführte. Hierüber entscheidet der Garant nach freiem Ermessen. Dem Oberstaate steht dagegen ein maßgebender Einfluß auf die auswärtigen Angelegenheiten des Unterstaates zu; deshalb muß er diesem Schutz gewähren gegen jeden Angriff; eine schuldhafte Veranlassung desselben durch den Unterstaat ist unter gewöhnlichen Umständen gar nicht denkbar, weil die von jenem geübte Kontrolle sie ausschließt. Nur wenn der Unterstaat hinter dem Rücken des Oberstaates selbständig Politik triebe, brauchte letzterer für die Folgen dieser eigenmächtigen Handlungsweise nicht einzustehen. Dann hätte aber der Unterstaat einer Vertragsverletzung sich schuldig gemacht; der Oberstaat wäre zum Rücktritt vom Vertrage, aber auch dazu befugt, unter Leistung seiner Schutzpflicht den Unterstaat zur Anerkennung und Befolgung des Protektoratsvertrages zu zwingen. Ein Staat, dem ein Garantieversprechen geleistet ist, begeht jedoch keine Vertragsverletzung, wenn er absichtlich oder leichtsinnig einen Angriff auf sein Land herbeiführt; nur tritt alsdann der Garantiefall nicht ein. Da der Staat, welchem ein Garantieversprechen gegeben wurde, vollkommen selbständig und souverän bleibt, so hat der Garant nur dann Hilfe zu leisten, wenn jener ihn darum ersucht. Der Oberstaat dagegen ist zur Verteidigung des Unterstaates sowohl berechtigt, wie auch verpflichtet, wenn ihm dieselbe notwendig erscheint, gleichviel ob der Unterstaat ihn dazu auffordert oder nicht. Er hat — es wird dies später noch zu begründen sein — selbständig über den Eintritt des Schutzfalles zu entscheiden.

Das Schutzversprechen kann demnach sehr wohl mit einem Garantieversprechen verbunden sein. Für den Unterstaat ist seine Wirkung der eines solchen sehr ähnlich; dennoch sind es zwei Verpflichtungen, die einander nicht gleichgestellt werden dürfen.

Eine Kollektivgarantie wird von vielen Schriftstellern fälschlich als Kollektivprotektorat bezeichnet[98]), nämlich die in Art. 22 des Pariser Vertrages vom 30. März 1856 von den Großmächten zu Gunsten der Moldau und Walachei geleistete Garantie. Es ist richtig, daß derselben jener zuvor hervorgehobene accessorische Charakter

---

[98]) Geffcken, Das Recht der Intervention in v. Holtzendorffs Handbuch IV § 46 S. 163. Vgl. Fr. v. Martens I § 62 S. 263/4.

abgeht; sie ist, um Bluntschlis[99]) Ausdruck zu gebrauchen, ein Garantiebeschluß, d. h. ein „selbständiger Vertrag zum Schutze einer allgemeinen völkerrechtlichen Anordnung", ein Vertrag, welcher dem Garanten unter Umständen ein selbständiges Einschreiten, auch ohne Anrufen des Verletzten, gestattet. Immerhin ist und bleibt ein solcher Garantiebeschluß eine Garantie, denn derjenige, zu dessen Schutze er gefaßt wurde, wird durch ihn in seiner Handlungsfähigkeit nicht beschränkt. Die Garanten sind zu einer Kontrolle seiner Handlungen, zu seiner Bevormundung, nicht befugt. Die Suzeränität der Pforte über die Donaufürstentümer wurde durch den Pariser Vertrag zwar beschränkt, aber nicht aufgehoben. Mit ihrem Fortbestehen ist aber ein Protektorat anderer Staaten unvereinbar. Allerdings wurde den Donaufürstentümern von den Großmächten in Verfolg des Pariser Vertrages eine Verfassung aufoktroyiert[100]). Ein weiteres Aufsichtsrecht war aber hiermit nicht verbunden. Die Großmächte konnten nur einschreiten, wenn der Garantiefall gegeben war, d. h. ein Angriff auf die Integrität oder die innere Autonomie der Fürstentümer unternommen wurde.

Eine besondere Eigentümlichkeit dieser Garantie lag nur in der durch sie herbeigeführten Beschränkung der oberherrlichen Rechte des Sultans. Letzterer durfte fortan die Angelegenheiten der Donaufürstentümer nicht mehr allein, sondern nur im Einverständnis mit den übrigen Großmächten regeln; insbesondere durfte er nur unter ihrer Zustimmung mit Waffengewalt intervenieren[101]). Diese Beschränkungen ergeben sich aus dem Zweck der Garantie: sie sollte die Vergewaltigung der Moldau und Walachei durch die Pforte verhüten. Die Suzeränität der letzteren blieb aber trotzdem bestehen. Der Sultan erteilte den Hospodaren nach wie vor die Investitur, empfing den herkömmlichen Tribut. Die von ihm geschlossenen Verträge waren ipso iure auch für die Fürstentümer giltig, insoweit sie deren Privilegien nicht verletzten[102]).

Allerdings sollte die Garantie der Moldau und Walachei auch

---

[99]) Bluntschli § 432 S. 245.

[100]) Pariser Konvention vom 19. August 1858 bei Martens, Nouveau recueil général. Bd. 16 Abt. 2 S. 50 ff.

[101]) Pariser Vertrag vom 30. März 1856 Art. 27.

[102]) Konvention vom 19. August 1858 Art. 8.

Schutz gewähren gegen die egoistischen Bestrebungen der einzelnen Großmächte selbst, speziell Rußlands. Vornehmlich aber war sie doch gegen die Pforte gerichtet. Zieht man in Betracht, daß die Donaufürstentümer als beschränkt rechtsfähige Staaten in gewisser Hinsicht noch einen Teil des türkischen Reiches bildeten, so erscheint die zu einem selbständigen Eingreifen der Garanten berechtigende Garantie ihrem wesentlichen Kerne nach als ein Recht zur Intervention in bestimmte innere Angelegenheiten des osmanischen Reiches[103]), als eine Fortsetzung und Erweiterung des von Rußland bisher allein geübten Rechtes.

Im Friedensvertrage von Kutschuk-Kainardschi[104]) gewährleistete die Hohe Pforte den Donaufürstentümern eine Reihe von Privilegien, räumte dem Petersburger Kabinett die Befugnis ein, zu ihren Gunsten, wenn es nötig sein sollte, am Goldenen Horn Vorstellungen zu machen, und versprach denselben freundschaftliche und achtungsvolle Aufnahme. Das hier der russischen Regierung eingeräumte Recht wurde in der jenen Friedensvertrag erläuternden Konvention vom 10. März 1779[105]) Art. 7 ausdrücklich bestätigt, jedoch mit der Maßgabe, daß das „Intercessionsrecht" nur zu Gunsten der Aufrechterhaltung der in diesem Artikel den Fürstentümern zugestandenen Befugnisse ausgeübt werden dürfe.

Man hat hiernach auch von einem Protektorat Rußlands über die Donaufürstentümer gesprochen, allein mit Unrecht. Es war ihm in ihrem Interesse ein Recht der Intervention zugestanden. Dasselbe bezog sich auf den Schutz der christlichen Religion und Kirche, sowie auf die innere Verwaltung und wurde, wie vereinbart, ausgeübt durch Erhebung von Vorstellungen gegen Mißbräuche in Konstantinopel, sodann aber bei späteren Friedensschlüssen durch Abschließung besonderer Verträge über die inneren Angelegenheiten der Moldau und Walachei[106]).

---

[103]) Vgl. Rolin-Jaequemyns, Le droit international et la question d'Orient S. 39 ff.

[104]) Art. 16.

[105]) Martens, Recueil Bd. III S. 349 ff.

[106]) Separatverträge zum Vertrage von Akkerman vom 7. Oktober 1826 bei Martens, Nouveau Recueil. Bd. 6 Abt. 2. S. 1059 ff., zum Vertrage von Adrianopel vom 14. September 1829 ibid. Bd. 8 S. 152 ff. Konvention von Balta-Liman vom 1. Mai 1849. Nouveau recueil général. Bd. 14 S. 378 ff.

Es ist nicht einmal zutreffend, wenn man sagt, Rußland habe die Rechte der Donaufürstentümer garantiert; denn wem hat es denn Garantie geleistet? Den Donaufürstentümern selbst nicht, denn diese waren nie Vertragsparteien, konnten mithin die Erfüllung von Rußland gegebener Versprechungen nicht fordern, ihnen waren solche in rechtlich bindender Weise nicht gegeben worden. Rußland hatte also nur ein Recht erlangt, war aber eine Verpflichtung nicht eingegangen. Noch weniger aber stand Rußland ein Protektorat zu. Denn es hatte zwar ein Schutzrecht, aber keine Schutzpflicht übernommen; zudem durfte es wohl gegen die Handlungen der Pforte Vorstellungen erheben, die der Fürstentümer aber nicht beeinflussen.

Es ist freilich nicht zu leugnen, daß Rußland in gewisser Weise nicht nur thatsächlich, sondern auch rechtlich die Rolle eines Beschützers der Donaufürstentümer spielte[107]). Ein völkerrechtliches Protektorat übte es aber nicht aus; es kann deshalb nur zu Mißverständnissen führen, wenn man sein Verhältnis zu den Donaufürstentümern als Protektorat bezeichnet. Ein solcher Sprachgebrauch erscheint aber umsoweniger gerechtfertigt, als das Verhältnis klar und einfach charakterisiert werden kann, indem man nach Maßgabe der Konvention vom 10. März 1779 der russischen Regierung ein Interventionsrecht zuschreibt. Dann nennt man die Sache beim richtigen Namen.

---

[107]) Fr. v. Martens II § 33 S. 126/7 spricht sogar von einem Protektorate Rußlands über die türkischen Christen, vgl. dagegen Geffcken in v. Holtzendorffs Handbuch IV a. a. O. S. 160 ff.

## II. Begründung des Protektorates.

### 1. Vertrag zwischen Ober- und Unterstaat.

Bei der voraufgegangenen Betrachtung der Natur des Protektorates wurde entweder auf dessen Entstehung keine Rücksicht genommen oder die gewöhnliche Begründungsart, durch Vertrag zwischen Ober- und Unterstaat, vorausgesetzt. Neben dieser findet sich nun noch eine andere, seltener vorkommende Art der Begründung: durch Vertrag mehrerer Großmächte; in dieser Weise wurde das Protektorat über Krakau und die ionischen Inseln ins Leben gerufen. Auf beide Arten der Entstehung ist des Näheren einzugehen.

Die erstgenannte, gewöhnliche Begründungsart durch Vertrag zwischen dem zukünftigen Ober- und Unterstaat unterliegt den allgemeinen Vorschriften über Staatsverträge. Die Parteien müssen deshalb fähig sein, Verträge abzuschließen; souveräne Staaten sind dies zweifellos; halbsouveräne, d. h. in ihrer Rechts- oder Handlungsfähigkeit beschränkte Staaten werden jene Fähigkeit in der Regel nicht besitzen; ein von ihnen abgeschlossener Protektoratsvertrag wird für gewöhnlich erst dann giltig, wenn er von dem Staate genehmigt wurde, von welchem sie abhängig sind. Die neuere Geschichte bietet uns jedoch zwei Ausnahmen hiervon: Tunis und Annam. In beiden Fällen wurde von einer Macht, der Hohen Pforte, bezw. dem Chinesischen Reiche eine Oberhoheit über die unter französisches Protektorat gestellten Länder in Anspruch genommen.

Die Beziehungen zwischen China und Annam waren eigentümlicher Natur. Die Herrscher des letzteren Reiches erhielten von Peking aus die Investitur und das Staatssiegel[1]), entrichteten auch

[1]) Schreiben des französischen Gesandten in China Patenôtre an den Minister des Auswärtigen Jules Ferry vom 25. August 1884 im Gelbbuch, Affaires de Chine et du Tonkin 1884/85 Nr. 62 S. 77.

jedes zweite Jahr einen Tribut dorthin[2]). Das himmlische Reich ließ im übrigen seinem Vasallen große Freiheiten, leitete seine Politik nicht und gestattete ihm den selbständigen Abschluß von Verträgen mit anderen Mächten[3]). Andererseits entsendete es mehrfach Truppen in das annamitische Tonkin zur Unterdrückung von Rebellionen. An dem von Frankreich und Spanien gegen Annam geführten Kriege beteiligte es sich aber nicht, auch wurde der Friedensvertrag zu Saigon am 5. Juni 1862 ohne seine Mitwirkung geschlossen[4]). Ohne dieselbe kam ferner der erste zwischen Frankreich und Annam vereinbarte Protektoratsvertrag vom 15. März 1874 zustande. Während jedoch durch jenen Friedensvertrag das Rechtsverhältnis zwischen China und seinem Vasallen nicht direkt berührt wurde[5]), griff der Vertrag vom 15. März 1874 entscheidend in dasselbe ein. In diesem unterstellte sich Annam dem Schutze der französischen Republik, verpflichtete sich, seine auswärtige Politik nach der Frankreichs zu richten. Auch durfte es fortan Handelsverträge nur in Übereinstimmung mit dem mit Frankreich vereinbarten abschließen und mußte die französische Regierung vorher von denselben in Kenntnis setzen[6]). Daß dieser Vertrag die Rechte Chinas verletzte, ist unbestreitbar. Wenn das Reich der Mitte sich auch im allgemeinen um die Politik seines Vasallen nicht bekümmerte, so durfte dieser doch keine der seinigen entgegengesetzte verfolgen und keine Verpflichtungen eingehen, welche dies unter Umständen bedingen konnten. Die vasallitische Unterordnung zu einem Staate und ein Schutzverhältnis zu einem anderen sind mit einander unvereinbar, denn niemand kann zweien Herren dienen. Der Vertrag von 1874 sollte aber auch jede Verbindung zwischen Annam und China lösen; zu dem Zwecke erkannte Frankreich im Art. 2 die vollständige Unabhängigkeit des Königs von Annam von jeglicher fremden Macht, welche es auch sei,

---

[2]) Schreiben desselben an Ferry vom 8. August 1884 ibidem Nr. 23 S. 21 — Schreiben des französischen Gesandten in China vom 30. September 1877 im Staatsarchiv Bd. 42 (1884) Nr. 8101.

[3]) So der Marquis Tseng in seiner Unterredung mit Jules Ferry am 21. Juni 1883 (Staatsarchiv Bd. 42 (1884) Nr. 8140).

[4]) De Clercq Bd. 8 S. 414/417.

[5]) Vgl. jedoch den wohl gegen China gerichteten Art. 4 des Vertrages vom 5. Juni 1862.

[6]) Art. 3 des Vertrages vom 15. März 1874.

ausdrücklich an: ein direkt und ausschließlich gegen China gerichtetes Anerkenntnis. Der französische Geschäftsträger in Peking übermittelte der chinesischen Regierung eine Abschrift des Vertrages vom 15. März 1874 nach erfolgter Ratifizierung desselben[7]). In seiner Antwort vermied der chinesische Minister sorgfältig jede Äußerung über den Inhalt des Vertrages[8]). Die französische Regierung behauptete indessen später, das Kabinett von Peking habe den durch den Vertrag vom 15. März 1874 geschaffenen Zustand anerkannt, indem es ihrer Aufforderung, die chinesischen Truppen aus Tonkin zurückzuziehen, nachgekommen sei[9]). Der Marquis Tseng stellte jedoch im Jahre 1883 sowohl eine solche Aufforderung von französischer wie deren Befolgung von chinesischer Seite ausdrücklich in Abrede und motivierte die Zurückziehung der Truppen allein durch die thatsächliche Wiederherstellung der Ruhe in Tonkin[10]). Mag das himmlische Reich von dem Vorwurf der Zweideutigkeit hierbei auch nicht ganz freizusprechen sein, so verdient doch die Thatsache Erwähnung, daß der französische Gesandte in China bereits im Jahre 1877 offen aussprach: ihm scheine Annam zwei Protektoren zu haben, Frankreich und China. In demselben Jahre hatte Annam in auffälliger Weise seinen Tribut wiederum entrichtet, und zwar war dies die erste Zahlung desselben nach Abschluß des Vertrages von 1874[11]). Ein offener Protest Chinas scheint allerdings erst später erfolgt zu sein nach Ausbruch

---

[7]) Schreiben des Grafen Rochechouart an den Fürsten Kong vom 24. Mai 1875 im Staatsarchiv Bd. 42 (1884) Nr. 8098.

[8]) Schreiben des Fürsten Kong an den Grafen Rochechouart vom 15. Juni 1875 im Gelbbuch, Affaires du Tonkin 1874/82. Bd. I Paris 1883, Anlage zu Nr. 14 S. 48 ff.

[9]) Schreiben des französischen Ministers des Auswärtigen an den chinesischen Gesandten zu Paris vom 27. August 1883 im Staatsarchiv Bd. 43 (1885) Nr. 8155.

[10]) Schreiben des Marquis Tseng an den französischen Minister des Auswärtigen vom 1. Oktober 1883 ibidem Nr. 8161. Vgl. jedoch das bereits zitierte Schreiben des Grafen Rochechouart vom 24. Mai 1875. Letzterer forderte die Zurückziehung der chinesischen Banden aus Tonkin, und der Marquis Tseng bestritt daraufhin, daß die Rückberufung der kaiserlichen Truppen verlangt sei.

[11]) Vgl. das Schreiben vom 30. September 1877 im Staatsarchiv Bd. 42 (1884) Nr. 8101. Eine zweite Zahlung erfolgte im Jahre 1880 (Gelbbuch Affaires du Tonkin 1874/82 Bd. I Paris 1883 Nr. 76, 79, 82, 87).

des bekannten Konflikts in Tonkin. In der Konvention und im Friedensvertrage von Tientsin erkannte dann China das Protektorat Frankreichs über Annam, sowie alle zwischen beiden Mächten abgeschlossenen und künftig abzuschließenden Verträge an[12]).

Das Rechtsverhältnis zwischen der ottomanischen Pforte und der Regentschaft Tunis war nie recht klargestellt[13]). Am Goldenen Horn betrachtete man die Barbareskenstaaten als türkische Provinzen, den Bey von Tunis als Generalgouverneur (Pascha)[14]). Nichtsdestoweniger schlossen alle europäischen Mächte mit diesen Staaten selbständig Verträge ab. Hieraus folgt allerdings deren Unabhängigkeit nicht, vielmehr wurde ihre vasallitische Unterordnung unter die Pforte wiederholt anerkannt[15]). Österreich und namentlich Rußland machten letztere zu verschiedenen Malen für die von den tunesischen, tripolitanischen und algerischen Korsaren verübten Unbilden verantwortlich[16]). Die Pforte erließ im Jahre 1803 einen Ferman an die drei Barbareskenstaaten, in welchem sie denselben anbefahl, dem zwischen ihr und Preußen abgeschlossenen Handelsvertrage unbedingt nachzuleben[17]). Frankreich selbst forderte wiederholt von Tunis die Anerkennung der Giltigkeit der von der Pforte bewilligten Kapitulationen auch für das Gebiet der Regentschaft[18]). Und schließlich entrichteten alle tunesischen Herrscher bei ihrer Thronbesteigung einen Tribut nach Konstantinopel und erhielten von dort die Investitur[19]); auch wurden sie bei ihren Be-

[12]) Vgl. die Konvention vom 11. Mai 1884 bei De Clercq Bd. 14 S. 503/4; dazu das Pariser Protokoll vom 4. April 1885 ibidem S. 493/5; den Friedensvertrag vom 9. Juni 1885 ibidem S. 496/500.

[13]) Vgl. v. Holtzendorff Bd. II § 27 S. 114. — Pradier-Fodéré Bd. I § 93 S. 173/5. Wheaton ed. Boyd § 37 S. 50. Phillimore Bd. I §§ 85 ff. §§ 89/90. Fr. v. Martens Bd. I S. 259.

[14]) Depesche Goschens an den englischen Minister des Auswärtigen vom 19. April 1881 im Staatsarchiv Bd. 39 (1881) Nr. 7448.

[15]) Schreiben des Lord Aberdeen an Lord Stuart of Rothsay vom 23. März 1830 und die Antwort des letzteren vom 26. März 1830 bei Martens, Nouveau Recueil. Bd. 11 S. 55/9.

[16]) Friedensverträge von Jassy vom 9. Januar 1792 Art. 7, von Bukarest vom 28. Mai 1812 Art. 12, von Akkerman vom 7. Oktober 1826 Art. 7. — Fr. v. Martens a. a. O. Beach Lawrence Bd. I S. 258.

[17]) Martens, Supplément au recueil Bd. 4 S. 297/8.

[18]) Vertrag vom 15. November 1824 Art. 1 bei De Clercq Bd. III S. 345; Vertrag vom 8. August 1830 Art. 7, ibidem S. 578/80.

[19]) v. Holtzendorff a. a. O., Phillimore § 89.

suchen an europäischen Höfen von den daselbst beglaubigten türkischen Gesandten vorgestellt[20]); von letzterer Regel scheint allerdings im Jahre 1874 in Frankreich eine Ausnahme gemacht zu sein[21]).

Trotz aller dieser Merkmale einer Suzeränität der Pforte waren die Regenten von Tunis lange Zeit hindurch thatsächlich unabhängig. Weder leisteten sie dem Sultan, noch dieser ihnen Beistand in Kriegsnöten; von einem Absetzungsrecht des ersteren war keine Rede[22]). In dem im Jahre 1859 vom Bey für die Regentschaft erlassenen Staatsgrundgesetze wird die Oberhoheit des Sultans nicht erwähnt[23]). Derselbe genoß eigentlich nur noch Ehren halber eine gewisse Anerkennung. Es fehlte mithin nicht viel daran, daß auch das rechtliche Band zwischen beiden Ländern gänzlich zerrissen wurde. Wie aber das Vorgehen Frankreichs in Annam die gelockerte Verbindung zwischen diesem und dem Reiche der Mitte wieder fester knüpfte, so bewirkte die Eroberung Algiers und die demnächst klar hervortretende Begierde Frankreichs nach Ausdehnung seiner Herrschaft über Tunis eine Annäherung zwischen der Regentschaft und der Hohen Pforte[24]). Mehrmals suchte diese in neuerer Zeit ihre Oberhoheit praktisch zur Geltung zu bringen; im Jahre 1871 oktroyierte sie einen Ferman, in welchem sie den Bey in seiner Würde bestätigte und dieselbe in seiner Familie zu einer erblichen machte, ihm gestattete, Beamte jeglicher Art zu ernennen und abzusetzen, sowie nach wie vor Verbindungen mit fremden Regierungen zu unterhalten unter Beobachtung der im Ferman selbst gemachten Vorbehalte[25]). Gegen diesen Ferman erhob Frankreich Protest. Es benutzte dann im Jahre 1881 eine Grenzstörung zum Einmarsch in Tunis und nötigte den Bey zum Abschluß des Vertrages von Kasr Said. Nunmehr war die Reihe des Protestierens an die Pforte gekommen. Ohne Rücksicht hierauf setzte jedoch die französische Regierung ihr Protektorat durch; dasselbe wurde auch bald von allen Mächten mit Ausnahme der Türkei anerkannt.

Der Zustand in Tunis ist somit demjenigen ähnlich, welcher

---

[20]) Phillimore a. a. O.

[21]) Rundschreiben des französischen Ministers des Auswärtigen vom 9. Mai 1881 im Staatsarchiv Bd. 39 (1881) Nr. 7469.

[22]) Phillimore a. a. O.

[23]) Pradier-Fodéré a. a. O. Rundschreiben vom 9. Mai 1881 cf. A. 21.

[24]) v. Holtzendorff a. a. O. S. 117 A. 5.

[25]) Beach Lawrence Bd. IV S. 204/5.

in den Jahren 1874—1884 in Annam bestand. In beiden Fällen hatte Frankreich ein Protektorat über ein Land begründet, über welches ein anderer Staat eine mit dem Protektorate unverträgliche Suzeränität in Anspruch nahm. Ist eine solche Begründung als rechtmäßig zu bezeichnen? Die vasallitische Abhängigkeit von China bezw. von der Türkei stand dem Abschluß eines Protektoratsvertrages mit Frankreich zweifellos entgegen. Indem Annam und Tunis einen solchen dennoch eingingen, handelten sie ihren Verpflichtungen gegen den Suzerän zuwider. Diese waren deshalb zu einer gewaltsamen Wiederherstellung des alten Verhältnisses befugt, unterließen sie aber beide. Dadurch daß Annam und Tunis von der vasallitischen Unterordnung sich befreiten, erlangten sie ihre volle Unabhängigkeit wieder; sie konnten demnach auch einen Protektoratsvertrag abschließen. So unrechtmäßig ihre Handlungsweise an sich auch war, so wurde doch durch das passive Verhalten des Suzeräns der neue Vertrag rechtsbeständig. Mit Protesten allein ist dem Laufe der Ereignisse nicht Einhalt zu gebieten. Das Völkerrecht geht über sie zur Tagesordnung über, wenn der Verletzte seine Rechte nicht persönlich wiederherzustellen vermag. China hat schließlich selbst das Protektorat Frankreichs anerkannt, und es ist somit hier jeder Zweifel an dessen Rechtsbeständigkeit behoben. Und was die Regentschaft Tunis anlangt, so hat der Protest der Pforte die Anerkennung des thatsächlich geschaffenen Zustandes von Seiten der übrigen Mächte nicht verhindert.

Eine ferner aufzuwerfende Frage ist die, ob der Wille der einen Protektoratsvertrag abschließenden Parteien frei sein müsse. Es ist die Ansicht ausgesprochen worden, daß der einzig legitime Grund des Protektorats das Gesuch des schwächeren Staates sei, unter den Schutz des stärkeren sich stellen zu dürfen; dem Begriffe des Protektorats soll es unbedingt widersprechen, dasselbe einem anderen Staate aufzuzwingen[26]). Diese Anschauungsweise dürfte nicht die richtige sein. Wenn auf irgend einem Rechtsgebiete, so gilt im Völkerrechte der Satz: coactus volui. Der durch Zwang bestimmte Wille eines Staates bleibt immer dessen Wille; der so geschlossene Vertrag ist wegen mangelnder Willensfreiheit nicht anfecht-

[26]) Geffcken, Völkerrechtliche Fragen in dem französisch-chinesischen Streite. Archiv für öffentliches Recht Bd. I 1886. S. 148.

bar. Warum soll bei dem Protektorate eine Ausnahme stattfinden? Es ist eine zwar sehr wohlmeinende, aber auch einseitige Anschauung, wenn man in ihm nur die Beschirmung eines schwächeren Staates erblickt. So gutmütig ist kein Staat. Das eigene Interesse an der Ausbreitung und Verstärkung seiner Macht führt ihn zum Protektorate[27]). Die Staaten sind berechtigt, von ihren unterlegenen Gegnern die größten Opfer zu fordern, ja sie dürfen dieselben gänzlich vernichten und ihr ganzes Gebiet sich aneignen; aber sie sollen nicht befugt sein, unter Schonung des Gegners sich mit dauernder Bevormundung desselben zu begnügen?

Für die Form des Protektoratsvertrages bestehen keine besonderen, von den allgemeinen abweichenden Erfordernisse. Was den Inhalt anlangt, so wird der Vertrag in der Regel die wesentlichen Merkmale eines Protektorats zum Ausdruck bringen: die Schutzpflicht des Oberstaates und die politische Unterordnung des Unterstaates. Häufig wird dies ausdrücklich vereinbart; doch genügt es, wenn nur von der Unterstellung des Unterstaates unter das Protektorat des Oberstaates gesprochen wird, weil der Begriff des Protektorats ein feststehender ist. Anderseits ist es nicht erforderlich, daß das zu begründende Verhältnis geradezu als Protektorat bezeichnet werde, wenn nur sein Charakter als solches hinreichend klargestellt ist. Weder in dem Vertrage von Kasr Said, noch in dem ersten mit Annam abgeschlossenen Protektoratsvertrage wird das Wort Protektorat angewendet. Nichtsdestoweniger kann über die Natur dieser Verträge ein Zweifel nicht bestehen. Der erstere ist zwar als Garantievertrag bezeichnet; diese falsche Benennung ist aber unerheblich[28]). In den dem zweiten Vertrage mit Annam voraufgegangenen Verhandlungen wurde von französischer Seite Gewicht darauf gelegt, daß in dem neuen Vertrage das Protektorat Frankreichs ausdrücklich

---

[27]) Zu verwerfen ist deshalb auf die von Brie (Theorie der Staatenverbindungen, Stuttgart 1886 S. 29 ff.) durchgeführte Unterscheidung der einseitigen Über- und Unterordnungsverhältnisse der Staaten, je nachdem das Interesse des übergeordneten oder das des untergeordneten Staates dem Verhältnisse zu Grunde liege. Die Theorie dieses Schriftstellers steht mit den Thatsachen im Widerspruch: das Interesse des Unterstaates ist nie das allein maßgebende; es wird günstigsten Falls neben dem des Oberstaates berücksicht.

[28]) Pradier-Fodéré Bd. I § 107 S. 192. — v. Holtzendorff Bd. II § 27 S. 115, 117 A. 8.

als solches bezeichnet wurde[29]). Als derselbe die Sanktion der Kammern erhalten sollte, wurde selbst in der dem Gesetzentwurf von der Regierung beigefügten Begründung betont, daß nunmehr auch das Wort „Protektorat" in dem Vertrage figuriere[30]). Ob dieser Umstand der annamitischen oder chinesischen Regierung gegenüber von politischem Interesse war, mag dahingestellt bleiben, juristisch ist er bedeutungslos. Der Vertrag von 1874 war ebensowohl ein Protektoratsvertrag wie der von 1884. Allerdings schränkte ersterer die Handlungsfähigkeit Annams nur wenig ein, während letzterer sie aufhob; aber in dieser Hinsicht zeigen die einzelnen Protektorate die mannigfachsten Verschiedenheiten. Viel wichtiger als diese rein formelle Frage ist die, ob es für die Begründung eines Protektorats genüge, wenn im Vertrage nur die Schutzpflicht des Oberstaates oder nur die Bevormundung des Unterstaates stipuliert werde. Hinsichtlich Krakaus und der ionischen Inseln wurde nur festgesetzt, daß sie unter dem Schutze der drei Ostmächte bezw. Großbritanniens stehen sollten. In den beiden Transvaalverträgen dagegen und dem mit Äthiopien am 2. Mai 1889 abgeschlossenen Vertrage ist nur von dem Einflusse Englands bezw. Italiens, nicht aber von ihrer Schutzpflicht die Rede. Recht und Pflicht sind nun aber, wie oben ausgeführt wurde, untrennbar verbunden, so daß das eine in der Festsetzung des anderen als stillschweigend einbegriffen zu gelten hat. Praktisch bestand niemals ein Zweifel darüber, daß Krakau und die ionischen Inseln unter einem Protektorate sich befanden und sich unter einem solchen befinden sollten. Trotz der kurzen Dauer seiner Verbindung mit Äthiopien hat Italien schon Gelegenheit gefunden, seine Schutzpflicht zu leisten. Und daß England die südafrikanische Republik gegen Angriffe zu verteidigen hat, dürfte wohl auch nicht zu bestreiten sein. Sein Recht beschränkt sich allerdings nur noch auf ein Veto gegen die von jener abgeschlossenen Verträge, und auch dieses darf lediglich binnen sechs Monaten nach Mitteilung des betreffenden Ver-

---

[29]) Der Admiral Pothuan, Minister der Marnie und Kolonieen, bezeichnete das Fehlen des Wortes „Protektorat" in dem Vertrage von 1874 als einen großen Fehler. Vergl. das Schreiben vom 30. Dezember 1878 im Gelbbuch, Affaires du Tonkin 1874/82. I Nr. 39 S. 97.

[30]) Exposé présenté aux Chambres le 12 juillet 1884 bei De Clercq Bd. 14 S. 377/9.

trages und nicht gegen die mit dem Oranjefreistaat getroffenen Vereinbarungen eingelegt werden. Gesetzt den Fall, es entstände ein Konflikt der Boerenrepublik mit Portugal, erstere wäre geneigt, gewisse von letzterem erhobene Gebietsansprüche zu befriedigen, die britische Regierung versagte aber dem zu diesem Zwecke abgeschlossenen Vertrage ihre Zustimmung. Wenn dann Portugal gewaltsam vorgehen wollte, wäre doch England zweifellos zur Verteidigung der Republik verpflichtet, denn nur durch sein Veto hätte es über sie den Krieg heraufbeschworen.

Ganz exceptionell ist der Inhalt der Generalakte der Samoakonferenz. Weder haben die drei Großmächte das Protektorat über die Inseln ausdrücklich übernommen, noch zu deren Schutze sich verpflichtet oder sich die Leitung der auswärtigen Angelegenheiten ausbedungen. Dennoch ist nicht zu bezweifeln, daß der Samoastaat unter ihrem Kollektivprotektorate steht. Die Großmächte üben eine sehr weitgehende Kontrolle über denselben aus, und zwar sogar auf seine inneren Angelegenheiten. Zu diesem Behufe vereinbarten sie 1. eine Erklärung über die Errichtung eines obersten Gerichtshofes für Samoa und die Bestimmung seiner Zuständigkeit[31]); 2. eine Erklärung betr. Ansprüche auf Ländereien in Samoa, durch welche die Verfügung der Eingeborenen darüber beschränkt und für die Untersuchung der Landansprüche und die Eintragung giltiger Titel Sorge getragen wird[32]); 3. eine Erklärung betr. den Munizipalbezirk von Apia, durch welche für eine lokale Verwaltung desselben Sorge getragen und die Zuständigkeit des Munizipalmagistrats bestimmt wird[33]); 4. eine Erklärung betr. Besteuerung und Einkünfte in Samoa[34]); 5. eine Erklärung betr. die Beschränkung des Verkaufs und Gebrauchs von Waffen, Munition und berauschenden Getränken[35]). Um Frieden und gute Ordnung auf den Inseln bald thunlichst wiederherzustellen, setzten sie des ferneren Malietoa Laupepa von neuem zum König ein[36]). Daß die Großmächte bei einer so

[31]) Generalakte der Samoakonferenz Art. 3.

[32]) ibidem Art. 4.

[33]) ibidem Art. 5.

[34]) ibidem Art. 6.

[35]) ibidem Art. 7.

[36]) ibidem Art. 1.

weitgehenden Bevormundung des Inselstaates demselben ein selbständiges Auftreten nach außen hin weder zugestehen wollten, noch zugestehen werden, bedarf nicht der Ausführung. Von einer speziellen Unterstellung der auswärtigen Angelegenheiten unter ihre Aufsicht wurde wohl nur deshalb Abstand genommen, weil Samoa von dem Verkehr mit anderen Staaten durch die Vertragsmächte vollkommen abgeschnitten ist. In der Vereinbarung, daß keine der Mächte eine gesonderte Kontrolle über die Inseln und deren Regierung ausüben solle, ist zudem das Recht zu gemeinschaftlicher Kontrolle indirekt zum Ausdruck gelangt. Unter diesen Umständen ist die Absicht, ein Protektorat zu begründen, unbestreitbar; daß es thatsächlich ausgeübt wird, kann ebensowenig in Abrede gestellt werden. Nachdem die samoanische Regierung ihren Beitritt zur Generalakte der Berliner Konferenz erklärt hat, ist vom Rechtsstandpunkte aus gegen das Protektorat keine Einwendung mehr zu erheben, folglich muß man die drei Großmächte auch zum Schutze Samoas für verpflichtet erachten, obwohl sie die Neutralität der Inseln nur proklamiert[37]), nicht garantiert haben.

Der Wortlaut der Verträge kann mithin als allein entscheidend nicht erachtet werden. Ein Protektorat wird auch dann begründet, wenn die Absicht der Kontrahenten darauf gerichtet war, aber nicht in formeller Weise Ausdruck gefunden hat.

Das Protektorat entsteht durch den Abschluß des Vertrages; besonderer Förmlichkeiten, einer effektiven Begründung, bedarf es nicht. Selbstverständlich wird der Vertrag nur durch die Ratifikation, nicht durch die Unterzeichnung giltig. Deshalb ist die Instruktion des französischen Ministerpräsidenten Ferry nicht zu rechtfertigen, durch welche der Generalresident der Republik in Huë angewiesen wurde, die Ausführung des Vertrages vom 6. Juni 1884 nötigenfalls zu erzwingen, obwohl derselbe von Frankreich noch nicht ratifiziert sei, weil die Verzögerung dieser Ratifikation nicht die Folge haben könne, die Anwendbarkeit einer Vereinbarung hinauszuschieben, welche die internationale Stellung Annams und die Beziehungen dieses Königreichs mit der französischen Republik definitiv geregelt habe[38]).

---

[37]) ibidem Art. 1.

[38]) Instruktion Ferrys an Lemaire vom 12. September 1884 im Gelbbuch, Affaires de Chine et du Tonkin 1884/5 Nr. 86. S. 101/104.

Nach allgemeinen Grundsätzen erzeugt der Protektoratsvertrag Rechte und Pflichten nur unter den kontrahierenden Parteien selbst; andere Mächte werden durch ihn nicht gebunden. Es ist aber offenbar, daß ein Protektorat seiner wesentlichen Bedeutung ermangelte, wenn es die Rechtsverhältnisse des Unterstaates zu dritten Staaten nicht berührte. Seiner Schutzpflicht könnte der Oberstaat zwar auch dann Genüge leisten; die Leitung der auswärtigen Angelegenheiten des Unterstaates aber hätte er nicht in seiner Hand. Wenn das Erfordernis seiner Genehmigung zu den Handlungen des Unterstaates nur für diesen selbst, nicht aber für dessen Mitkontrahenten in Betracht käme, so wären die von demselben abgeschlossenen Verträge auch ohne seine Zustimmung giltig, und er hätte nur einen Regreßanspruch gegen ihn. Eine Vertretung des Unterstaates in seinen auswärtigen Beziehungen aber könnte gar nicht stattfinden, denn dritte Staaten würden sich in Verhandlungen mit dem Oberstaate an Stelle des Unterstaates nicht einlassen. Deshalb muß der Protektoratsvertrag den unbeteiligten Staaten notifiziert und von diesen anerkannt werden. Die Mitteilung geht in der Regel von dem Oberstaate allein aus; sie kann nur durch ihn erfolgen, wenn er fortan zur alleinigen Vertretung des Unterstaates befugt ist. So notifizierte Frankreich den europäischen Mächten den mit Tunis, sowie den mit Madagaskar[39]), Italien den mit Äthiopien abgeschlossenen Schutzvertrag. Die Anerkennung des Protektorats durch die übrigen Staaten erfolgt meist stillschweigend, indem sie fortan nur noch durch Vermittlung des Oberstaates mit dem Unterstaate Verkehr pflegen. Eine formelle Anerkennung seines Protektorats über Madagaskar „mit allen seinen Folgen" forderte und erhielt Frankreich im Jahre 1890 vom deutschen Reiche[40]), Zeitungsnachrichten zu Folge

---

[39]) Rundschreiben des französischen Ministers des Auswärtigen an die französischen Legationen vom 13. Mai 1881 im Staatsarchiv Bd. 39 (1881) Nr. 7483, und vom 23. Dezember 1885 im Gelbbuch Affaires de Madagascar 1884/86 Nr. 52.

[40]) Schreiben des französischen Botschafters in Berlin an den Staatssekretär des auswärtigen Amts vom 17. November 1890 und Antwort des letzteren vom gleichen Tage im Weißbuch Nr. 166 „Aktenstücke betreffend Abmachungen des Reichs mit Frankreich, Großbritannien, sowie der deutsch-ostafrikanischen Gesellschaft zur Regelung der Verhältnisse in Ostafrika." Drucks. des Reichstages: 8. Legislaturperiode, 1. Session 1890, Nr. 4 u. 5 S. 13/15.

auch von Großbritannien. Letzteres sicherte sich im voraus die Anerkennung seines Protektorats über Zanzibar von Seiten des deutschen Reichs zu[41]). Erst durch die Anerkennung des Protektorats erlangt die Beschränkung der Handlungsfähigkeit des Unterstaates verbindliche Kraft für die anerkennenden Staaten. Der Oberstaat ist ihnen gegenüber nunmehr zur Vertretung legitimiert. Nicht von ihm bezw. ohne seine Einwilligung vorgenommene Handlungen des Unterstaates sind nicht rechtsgiltig, solange das Protektorat besteht.

Durch Vertrag zwischen Ober- und Unterstaat ist auch das Protektorat Großbritanniens über die südafrikanische Republik begründet worden. Unzweifelhaft gilt dies für die gegenwärtige Gestaltung desselben durch den Vertrag vom 27. Februar 1884. Allein auch das frühere Protektorat entstand in gleicher Weise. Die Boeren hatten die britische Herrschaft abgeschüttelt und sich als ein selbständiges Gemeinwesen konstituiert. Als solches wurden sie von England unter den in der Konvention vom 3. August 1881 enthaltenen Bedingungen anerkannt. Nicht Großbritannien erschuf den neuen Staat, sondern die Boeren hatten ihm selbst das Dasein gegeben und verhandelten mit dem früheren Herrn.

Kann ein Protektorat zwischen zwei Staaten auch ohne Vertrag, durch fortgesetzte Übung entstehen? Ein Grund, diese Frage zu verneinen, scheint nicht vorzuliegen. Wenn der Verkehr zwischen zwei Staaten einmal die Formen des Protektorats angenommen und diese von ihnen sowohl, wie auch von den anderen Mächten als rechtsgiltige anerkannt werden, so liegt thatsächlich ein Protektoratsverhältnis vor. Daß solche Zustände nur sehr selten vorkommen werden, bedarf nicht der Ausführung. Möglicherweise ist das Protektorat Rußlands über Buchara auf diese Weise entstanden; einen Protektoratsvertrag haben wir wenigstens nicht aufzufinden vermocht.

## 2. Beschluß mehrerer Großmächte.

Neben der regelmäßigen Entstehungsart des Protektorats durch Vertrag zwischen Ober- und Unterstaat findet sich noch eine andere Begründungsform: durch Beschluß mehrerer Großmächte. In diesem

[41]) Deutsch-englischer Vertrag vom 1. Juli 1890 Art. 11 im Weißbuch Nr. 166 Drucksachen des Reichstages 8. Legislaturperiode, 1. Session 1890 Nr. 1 S. 1 ff.

Falle wird das Protektorat vom Unterstaate weder nachgesucht, noch acceptiert, sondern es wird ihm auferlegt. Auf den ersten Anblick hin möchte es fast so scheinen, als ob eine solche Begründung mit dem anerkannten Satze des Völkerrechts im Widerspruch stehe, daß keinem Staate ohne seine Einwilligung eine Verpflichtung auferlegt werden könne. Es handelt sich aber hier nicht um bereits bestehende, unabhängige Staaten, sondern um die Neugründung solcher in der Form von protegierten Staaten. In dieser Weise wurde das Protektorat über Krakau und die ionischen Inseln begründet.

Bei der dritten Teilung Polens fiel die bis dahin zum Königreich Polen gehörige Stadt Krakau an Österreich und in den Jahren 1809—1814 bildete sie mit Westgalizien einen Teil des Herzogtums Warschau. Durch Art. 6 der Wiener Kongreßakte wurde sie dann mit ihrem Gebiete, einem kleinen Umkreise, für frei, unabhängig und neutral unter dem Schutze Rußlands, Österreichs und Preußens erklärt. Dasselbe hatte ein zwischen diesen drei Mächten am 3. Mai 1815 abgeschlossener Separatvertrag[42]) bestimmt, welcher der Wiener Kongreßakte angefügt wurde und als ihr einverleibt gilt[43]). Die Verfassungsurkunde für Krakau war von den nämlichen drei Staaten entworfen und von ihnen allein, nicht von Krakau, gleichfalls am 3. Mai 1815 unterzeichnet worden[44]); auch sie bildet einen integrierenden Bestandteil der Wiener Kongreßakte[45]).

Die sieben ionischen Inseln gehörten Jahrhunderte lang der Republik Venedig. Nach deren Untergange kamen sie im Jahre 1797 an Frankreich, wurden aber 1799 von Rußland und der Türkei erobert und von diesen Mächten durch Vertrag vom 21. März 1800 als Republik der Vereinigten sieben Inseln unter der Suzeränität des Sultans und der Garantie Rußlands konstituiert[46]). Im Jahre 1807 fielen die Inseln wieder an Frankreich. Förmlich einverleibt in dasselbe wurden sie nicht; sie bewahrten zwar eine Sonderverfassung, bildeten aber doch keinen Staat mehr, sondern nur eine auto-

---

[42]) Martens, Nouveau Recueil Bd. II S. 251 ff.

[43]) Wiener Kongreßakte vom 9. Juni 1815 Art. 118 (ibidem S. 429/30).

[44]) ibidem S. 257 ff.

[45]) Wiener Kongreßakte Art. 10 (ibidem S. 386).

[46]) Vertrag vom 21. März 1800 bei Martens, Supplément au Recueil Bd. II S. 276 ff.

nome Provinz. Die offiziellen Aktenstücke trugen die Überschrift: „Empire français, gouvernement local de Corfou“[47]). In den Jahren 1809 und 1810 wurden die Inseln dann von England erobert, Korfu erst im Juli 1814. Durch Vertrag zwischen Preußen, Österreich, England und Rußland vom 5. November 1815 wurde die Bildung eines einheitlichen, freien und unabhängigen Staates unter dem Titel der Vereinigten Staaten der ionischen Inseln beschlossen und dieser Staat unter den unmittelbaren und ausschließlichen Schutz des Königs von Großbritannien gestellt. Gleichzeitig wurde bestimmt, es solle eine neue Verfassung ausgearbeitet und vom Protektor ratifiziert werden; bis dies geschehen sei, dürften die bestehenden Sonderverfassungen der einzelnen Inseln nur mit Zustimmung des Königs von England einer Abänderung unterzogen werden[48]). Letzterer versprach auch, der Gesetzgebung und Verwaltung der ionischen Staaten seine besondere Aufmerksamkeit zuzuwenden und einen mit der erforderlichen Autorität bekleideten Lord Oberkommissar dorthin zu senden. Dieser nun berief eine gesetzgebende Versammlung nach Korfu, legte ihr einen Verfassungsentwurf zur Beratung vor und unterbreitete denselben demnächst dem Könige von England[49]). Die Ratifikation erfolgte am 26. August 1817[50]).

Als die Großmächte die Verträge über das Schicksal Krakaus und der ionischen Inseln abschlossen, bildeten diese beiden letzteren also keine Staaten. Krakau war überhaupt noch nie ein solcher gewesen; es wurde erst durch den Beschluß der Mächte zu einem staatlichen Gemeinwesen erhoben. Die ionischen Inseln hatten wohl schon früher, d. h. von 1800 bis 1807, ein derartiges gebildet, aber ihre politische Sonderexistenz in den nachfolgenden Wirren wieder eingebüßt; sie wurde ihnen im Jahre 1815 zurückgegeben. Es wäre deshalb falsch, wollte man in den Akten der Großmächte nur eine bedingte Anerkennung der Unabhängigkeit und Selbständigkeit der

---

47) Hertzberg, Geschichte Griechenlands Bd. 3 S. 338.

48) Vertrag vom 5. November 1815 bei Martens: Nouveau Recueil Bd. II S. 663 ff. — Vgl. die Proklamation des englischen Lord Oberkommissars vom 29. Mai 1816 und das derselben beigefügte British Order in Council in den British and Foreign State Papers. Bd. III (1815/16) S. 1030/31.

49) Urkunden in den British and Foreign State Papers. Bd. IV (1816/17) S. 623/646.

50) ibidem S. 647/725.

Republik Krakau und des ionischen Inselstaates erblicken, etwa wie Rumäniens Unabhängigkeit auf dem Berliner Kongreß unter gewissen Bedingungen anerkannt wurde[51]). Nur ein bereits bestehender Staat kann anerkannt werden, denn die Anerkennung bildet nicht den Entstehungsgrund eines Staates, sondern ist nur die Beurkundung der Entstehung[52]). Rumänien war seit langer Zeit ein Staat; durch den gegen die Pforte im Jahre 1877 begonnenen Krieg hatte es sich von deren Oberherrlichkeit befreit und thatsächlich die Unabhängigkeit erkämpft. Hier war also nur noch eine Anerkennung vonnöten. Hätten Krakau und die ionischen Inseln in ähnlicher Lage sich befunden, so könnte man wohl sagen, ihre Staatspersönlichkeit sei von den Großmächten unter der Bedingung anerkannt worden, daß sie sich dem Protektorate Großbritanniens bezw. der drei Ostmächte unterstellten. Alsdann dürfte man auch mit Jellinek[53]) eine stillschweigende Zustimmung der beiden kleinen Staaten zu den Beschlüssen der Großmächte supponieren. Die im Falle Rumäniens vorhandene Voraussetzung fehlte aber hier. Krakau und die ionischen Inseln waren nur geographische Begriffe und kommunale Gemeinwesen. Die Großmächte gründeten zwei neue Staaten, ähnlich wie neuerdings der Kongostaat von ihnen ins Leben gerufen wurde[54]). Ihre durchaus selbständige Staatsschöpfung konnte naturgemäß in einer ihren Interessen entsprechenden Form erfolgen, sofern das Produkt ihrer Thätigkeit nur als Staat ins Dasein trat. Wie der Kongostaat nur unter den seine Freiheit einschränkenden Bestimmungen der Generalakte der Kongokonferenz zum Staate geschaffen wurde, so waren auch Krakau und die ionischen Inseln nur als protegierte Staaten und gleichzeitig als beschränkt rechtsfähige ins Leben gerufen. Eine Zustimmung der so gegründeten Staaten zu ihrer Schöpfung war ebensowenig erforderlich wie die eines Neugeborenen notwendig ist.

---

[51]) Art. 43 ff. der Berliner Kongreßakte vom 13. Juli 1878. Der Schriftenwechsel über die endgiltige Anerkennung Rumäniens ist enthalten in zwei Gelbbüchern: Question de la reconnaissance de la Roumanie, Paris 1879 u. 1880. Über die bedingte Anerkennung vgl. v. Holtzendorff Bd. II § 8 S. 28/9.

[52]) So v. Holtzendorff a. a. O. § 7 S. 24.

[53]) Jellinek S. 131.

[54]) v. Holtzendorff a. a. O. S. 24, § 5 S. 19. Vgl. auch Rolin-Jaequemyns L'année 1888 au point de vue de la paix et du droit international II in der Revue de droit international Bd. 21 (1889) S. 167 ff.

Diese Auffassung steht im Einklange mit der von den Staatsgründern beliebten Ausdrucksweise. Dieselben sprechen nicht von einer Anerkennung Krakaus und der ionischen Inseln, sondern sie sagen: die Inseln Korfu, Kephalonia u. s. w. werden einen einheitlichen, freien und unabhängigen Staat „bilden", — Krakau wird mit seinem Gebiet als eine freie, unabhängige und neutrale Stadt „betrachtet", bezw. in der Wiener Kongreßakte: „erklärt". Zudem wurde diesem freien und unabhängigen Staate von seinen Beschützern eine Verfassung bei seiner Geburt mitgegeben.

Es ist hier nicht am Platze auf die Frage einzugehen, mit welchem Recht die Großmächte jene Staatsgründungen vornahmen. Das auf dem Wiener Kongreß betriebene Länderverteilungssystem hat die Geschichte zum Teil gerichtet. Das Völkerrecht beschäftigt sich mit dem Bildungsprozeß der Staaten überhaupt nicht; es fragt nur nach fertigen Staaten. Es begnügt sich mit der Thatsache, daß die Großmächte die Macht besaßen, Staaten zu gründen, und daß sie dies gethan haben.

Die Auferlegung eines Protektorates durch Beschluß der Großmächte kann übrigens nur bei der Gründung eines neuen Staatswesens stattfinden; einem bereits vorhandenen Staate gegenüber ist sie ausgeschlossen. Ein solcher kann wohl zur Übernahme von Verbindlichkeiten mit Waffengewalt gezwungen werden. Bevor seine Zustimmung aber nicht erlangt wurde, besteht eine Verpflichtung nicht. Den Rechtsgrund derselben bildet immer sein Wille. Das Protektorat über Samoa konnte mithin durch Beschluß Deutschlands, Englands und der Vereinigten Staaten allein nicht begründet werden, es war vielmehr die Zustimmung der Samoaregierung erforderlich[55]); es wurde durch Vertrag der Oberstaaten mit dem Unterstaate ins Leben gerufen.

Daß die Auferlegung eines Protektorates den unbeteiligten Staaten angezeigt werden muß und der Anerkennung von ihrer Seite in gleichem Maße wie die vertragsmäßige Gründung bedarf, ergiebt sich auch ohne weitere Ausführung.

---

[55]) Generalakte der Samoakonferenz Art. 2.

# III. Die Stellung des Ober- und Unterstaates dritten Staaten gegenüber.

## 1. Die diplomatische und konsulare Vertretung des Unterstaates.

Im ersten Abschnitte dieser Abhandlung wurden die Rechte und Pflichten des Ober- und des Unterstaates nur soweit in Erörterung gezogen, als es zur Erklärung der Natur des Protektorates erforderlich war. Nachdem der Begriff desselben entwickelt ist, sind nun aus ihm jene Rechte und Pflichten im einzelnen herzuleiten, denn erst jetzt ist eine prinzipielle Betrachtung derselben möglich. Auf eine erschöpfende Darstellung muß jedoch hierbei von vorn herein Verzicht geleistet werden, sonst wäre jedes denkbare Gebiet staatlicher Thätigkeit auf das Protektorat hin ins Auge zu fassen; nur die wichtigsten Rechte und Pflichten der Staaten können vorgeführt werden. Zuvörderst sei jedoch noch eine allgemeine Bemerkung vorausgeschickt.

Einen allgemein giltigen Normaltypus des Protektorates giebt es nicht[1]). Die ein solches begründenden Staaten können ihre Beziehungen zu einander und zu den übrigen Mächten so regeln, wie es ihnen am passendsten erscheint. Deshalb läßt sich wohl im einzelnen Falle auf Grund der getroffenen Vereinbarungen eine sichere Entscheidung fällen; und wenn die nämlichen Bestimmungen in vielen Verträgen wiederkehren, so ist ihre Zweckmäßigkeit zu vermuten; als unbedingt notwendige sind sie um deswillen aber noch nicht zu bezeichnen. Nur selten wird dies geschehen können; dagegen dürfte eine negative Feststellung dessen, was mit dem Protektorate unvereinbar ist, sich leichter ergeben. Zur Erläuterung dessen sei vor der Hand nur nochmals darauf hingewiesen, in wie verschiedener Weise der

[1]) Vgl. v. Holtzendorff Bd. II § 25 S. 106.

Oberstaat seinen Einfluß auf die Leitung der auswärtigen Angelegenheiten des Unterstaates zu bethätigen vermag, je nachdem er den letzteren in allen auswärtigen Beziehungen vertritt oder nur den Handlungen oder gewissen Handlungen desselben die Genehmigung zu erteilen hat.

Wenn der Unterstaat vom Oberstaate nach außen hin in allen Beziehungen vertreten wird, also gar nicht handlungsfähig ist, so kommt ihm zunächst kein Gesandtschaftsrecht zu, weder das aktive noch das passive. Bezüglich des ersteren ergiebt sich dies unschwer. Ein Staat, der persönlich keine Handlungen mit rechtlicher Wirksamkeit vorzunehmen vermag, in direkten Verkehr mit anderen Mächten nicht treten soll, darf auch keine Gesandten unterhalten; es wäre nicht einzusehen, was für einen Geschäftskreis er diesem zuweisen wollte; die Vertretung des Unterstaates vermittelt ja der Oberstaat. Da nun die Ernennung von Gesandten vernünftigerweise nur da stattfinden kann, wo Verkehr zwischen zwei Staaten gepflogen werden soll, so würde der Unterstaat durch eine solche Ernennung seinen Willen bekunden, mit anderen Staaten unmittelbar in Verkehr zu treten, er würde mithin in die Rechtssphäre des Oberstaates eingreifen. Der Unterstaat überschritte aber nicht nur seine Befugnisse, sondern er nähme eine ungiltige Handlung vor. Die Ernennung eines Gesandten ist ein Rechtsakt, eine völkerrechtliche Staatshandlung. Zur Vornahme einer solchen aber ist der Unterstaat nicht fähig. Er kann also kein aktives Gesandtschaftsrecht haben.

Ein passives kommt ihm ebensowenig zu. Wollte er Gesandte anderer Staaten empfangen, so würde er wiederum seine auswärtigen Beziehungen persönlich wahrnehmen. Es liegt also in der Natur der Sache, daß ein handlungsunfähiger Staat überhaupt keinen gesandtschaftlichen Verkehr pflegen kann. In Art. 7 des Pariser Vertrages vom 5. November 1815 wurde den ionischen Inseln nur das Recht zugesprochen, ausschließlich mit der Wahrnehmung von Handelsinteressen beauftragte Konsuln zu empfangen. Das passive Gesandtschaftsrecht war ihnen hiermit ausdrücklich entzogen.

Den diplomatischen Verkehr des Unterstaates besorgt der Oberstaat; er verhandelt mit den bei ihm beglaubigten Gesandten anderer Staaten auch die Angelegenheiten jenes oder er überträgt diese Unterhandlungen seinen Gesandten an fremden Höfen.

Anders gestaltet sich die Sachlage, wenn der Unterstaat nur der Aufsicht des Oberstaates hinsichtlich seiner auswärtigen Angelegenheiten unterworfen ist. Alsdann ist es ihm nicht nur nicht verwehrt, selbständigen Verkehr mit anderen Mächten zu unterhalten, sondern der Oberstaat wäre gar nicht zu einer Vermittlung desselben befugt, weder dem Unterstaate noch dritten Staaten gegenüber. Es wäre also nur naturgemäß, wenn ein solcher Unterstaat das Gesandtschaftsrecht hätte. Ist ein solches aber mit der Halbsouveränität überhaupt verträglich?

Eine allgemeine Beantwortung dieser Frage[2]) ist nach dem über den Begriff der Halbsouveränität Bemerkten nicht gut möglich. Es ist immer im einzelnen Falle auf den Ursprung und die Art der Halbsouveränität einzugehen. Aus diesem Grunde können die Präzedenzfälle aus der Geschichte der Balkanstaaten für die protegierten Staaten nicht in Betracht kommen. Erstere sind bezw. waren beschränkt rechtsfähig; das Gesandtschaftsrecht muß ihnen eingeräumt werden. Die protegierten Staaten dagegen haben grundsätzlich alle Rechte, welche ihnen nicht entzogen sind. Das Gesandtschaftsrecht des Unterstaates ist nicht unvereinbar mit dem Rechte des Oberstaates, gewisse Handlungen des ersteren, insbesondere die von ihm geschlossenen Verträge zu genehmigen. Der Gesandte handelt auf Grund seiner Instruktionen; für seine Thätigkeit ist es ohne Belang, ob dieselben von dem ihn entsendenden Staate allein oder im Einverständnis mit dem Oberstaate erteilt werden. Und falls er Verträge abschließt, ist es gleichfalls unerheblich, ob der durch ihn vertretene Staat dieselben selbständig oder unter Genehmigung des Oberstaates ratifiziert bezw. verwirft. Aus den nämlichen Erwägungen rechtfertigt sich auch das passive Gesandtschaftsrecht des Unterstaates. Dasselbe ist mit dem aktiven eng verknüpft; ein Staat, dem dieses zukommt, hat auch jenes. Eine Ausnahme hiervon kann nur in dem später zu erörternden Verhältnisse zwischen Ober- und Unterstaat, sowie in dem zwischen Suzerän und Vasallenstaat vorkommen[3]). Steht dem

[2]) Vgl. Geffcken in v. Holtzendorffs Handbuch Bd. III § 150 S. 620/22. — Pradier-Fodéré Bd. III § 1241 S. 41/42. — Pasquale Fiore Bd. II § 1154 S. 418/19. — Klüber §§ 175 u. 176 S. 202/205. — Georg v. Martens § 187 S. 334. — Heffter-Geffcken § 200 S. 430.

[3]) Pradier-Fodéré Bd. III § 1253 S. 58/9. — v. Holtzendorff Bd. II § 25 S. 104.

Unterstaate das aktive und passive Gesandtschaftsrecht zu, so ist der Oberstaat nicht befugt, auf die Ernennung bezw. den Empfang diplomatischer Persönlichkeiten einen Einfluß auszuüben, es sei ihm denn ein solcher ausdrücklich eingeräumt. Denn jenes Recht ist nur ein Ausfluß des Gesandtschaftsrechts selbst.

Daß Unterstaaten das Gesandtschaftsrecht ausüben können, ist in mehreren Protektoratsverträgen indirekt zum Ausdruck gelangt. In dem am 15. März 1874 zwischen Frankreich und Annam abgeschlossenen Vertrage verpflichtete sich der letztere Staat, seine auswärtige Politik der Frankreichs konform zu gestalten und in seinen bisherigen diplomatischen Beziehungen keine Änderung eintreten zu lassen[4]). Dieser Wortlaut konnte allerdings eine Handhabe dazu bieten, der annamitischen Regierung die Anknüpfung eines neuen diplomatischen Verkehrs mit anderen Mächten zu untersagen. Auf der anderen Seite mußte damals ein solcher in irgend welcher Form zum mindesten mit China bestehen; und diesen durfte dann Frankreich nicht hindern. Der französische Resident in Huë vermochte demgemäß der Entsendung von Missionen nach Peking im Jahre 1877 und 1880 nicht entgegenzutreten, wohl aber konnte er gegen die Entrichtung des Tributs Einspruch erheben. In den Verträgen Englands mit den drei Borneostaaten ist bestimmt, der Verkehr mit anderen Mächten solle von der britischen Regierung oder doch ihren Anweisungen gemäß gepflogen werden. Es ist also die Zulässigkeit eines direkten Verkehrs der Unterstaaten mit auswärtigen Mächten anerkannt. Deshalb müssen die Borneostaaten auch das Gesandtschaftsrecht ausüben können. Ganz unzweideutig geht aus den von Großbritannien mit der südafrikanischen Republik abgeschlossenen Verträgen hervor, daß dieser seit dem Jahre 1884 das aktive und passive Gesandtschaftsrecht zusteht. In dem ersten Vertrage vom 3. August 1881 behielt Ihre britannische Majestät sich vor die Kontrolle der auswärtigen Beziehungen des Transvaallandes einschließlich des Abschlusses von Verträgen und der Pflege des diplomatischen Verkehrs mit fremden Mächten, und es sollte dieser Verkehr nur von den diplomatischen und konsularen Beamten Ihrer Majestät unterhalten werden[5]). Dagegen besteht nach dem Vertrage vom 27. Februar

[4]) Vertrag vom 15. März 1874 Art. 3.

[5]) Vertrag vom 3. August 1881 Art. 2c.

1884 für die südafrikanische Republik nur noch die Verpflichtung, die von ihr abgeschlossenen Verträge der britischen Regierung zur Bestätigung vorzulegen[6]). Das Gesandtschaftsrecht ist ihr also zugestanden und sie hat z. B. beim Deutschen Reiche einen Ministerresidenten beglaubigt[7]).

Eine eigentümliche Stellung nimmt die Regentschaft Tunis ein. Nach Art. 6 des Vertrages von Kasr Said sind die französischen Diplomaten im Auslande mit dem Schutze der tunesischen Interessen betraut, eine Bestimmung, welche indirekt die Verpflichtung des Bey enthält, keine besonderen Gesandten zu ernennen. Andererseits ist eine generelle Vertretung der Regentschaft durch Frankreich nicht vereinbart. Zudem empfängt ersterer nach wie vor die mit einer Art repräsentativen Charakters bekleideten Konsuln der fremden Mächte. Die französische Regierung hat ausdrücklich erklärt, daß die Beziehungen der Regentschaft zu dritten Staaten auch in dieser Hinsicht durch das Protektorat keine Veränderung erleiden sollten[8]). Die Stellung der europäischen Konsuln in Tunis ist, wie in vielen nicht europäischen Staaten, eine zwitterhafte; sie sind halb Konsuln, halb Gesandte[9]).

Die Befugnis des Unterstaates zur Ernennung von Konsuln ist mit dem aktiven Gesandtschaftsrecht in der Regel verknüpft. Notwendig ist dies jedoch nicht. Der Oberstaat kann sich mit der diplomatischen Vertretung jenes begnügen und ihm die selbständige Wahrnehmung der Handelsinteressen und der sonstigen zum Geschäftskreise der Konsuln gehörigen Materien überlassen. Meistenteils wird er aber eine gleichmäßige Ausgestaltung der Verkehrsbeziehungen des Unterstaates mit anderen Mächten herbeiführen.

Die französischen Protektoratsverträge entziehen dem Unterstaate durchweg das Recht, eigene Konsuln zu ernennen. Das Pariser Kabinett übernimmt die Wahrnehmung der betreffenden Interessen der unter seinem Protektorate stehenden Staaten. Anders war das Ver-

---

[6]) Vertrag vom 27. Februar 1884 Art. 4.

[7]) S. das Verzeichnis der beim Deutschen Reiche beglaubigten auswärtigen Gesandtschaften im Handbuche für das Deutsche Reich, Jahrgang 1888.

[8]) Schreiben des englischen Botschafters in Paris vom 23. Juni 1881 im Staatsarchiv Bd. 39 (1881) Nr. 7500.

[9]) Bulmerincq, Völkerrecht § 70 S. 316.

hältnis zwischen Großbritannien und den ionischen Inseln geregelt. Letztere wurden, wie die französischen Protektoratsländer, in ihren diplomatischen Beziehungen vom Oberstaate vertreten. Ebensowenig durften sie selbständig Konsuln ernennen. Die britischen Konsuln wurden aber als Konsuln der ionischen Inseln betrachtet und hatten deren Funktionen wahrzunehmen[10]). Praktisch war die Stellung des Siebeninselstaates also die nämliche wie die, welche Annam und Madagaskar jetzt einnehmen. Rechtlich aber bestand insofern ein Unterschied, als Großbritannien durch Ratifizierung der ionischen Verfassung anerkannt hatte, daß dem Unterstaate das Recht, eigene Konsuln zu haben, zustehe, was hinsichtlich jener anderen Länder nicht der Fall ist.

Dafür, daß ein Unterstaat ohne aktives Gesandtschaftsrecht Konsuln ernennt, wüßten wir keinen Präzedenzfall anzuführen, doch dürfte Äthiopien eine solche Befugnis zustehen. In Art. 17 des Vertrages vom 2. Mai 1889 willigte der König der Könige von Äthiopien ein, sich der Regierung Sr. Majestät des Königs von Italien für alle Unterhandlungen mit anderen Mächten und Regierungen zu bedienen. Aus diesem Verzicht auf eigenen diplomatischen Verkehr ist wohl nicht ein solcher auf Unterhaltung eigener Konsuln zu schließen. Die Funktionen dieser bestehen wesentlich nicht in Unterhandlungen mit anderen Regierungen, sondern in dem Schutze der Angehörigen ihres Heimatsstaates, in der Wahrnehmung merkantiler und anderer Interessen. Deshalb kann Äthiopien solche wohl ernennen, unbeschadet des italienischen Protektorats. Allerdings wäre die Ernennung der italienischen Regierung und von dieser dem betreffenden Staate mitzuteilen, in dessen Gebiet der äthiopische Konsul thätig sein soll. Daß dem Könige von Äthiopien ausdrücklich das Recht zur Entsendung von Konsuln nach Italien zugestanden ist, sei hier nur angedeutet; es wird später darauf einzugehen sein.

Transvaal hatte von 1881—1884 nicht das Recht zur Ernennung von Konsuln. Seit dem Vertrage vom 27. Februar 1884 steht dieses Recht ihm aber zu. Eine gleiche Befugnis ist den Borneostaaten zu vindizieren, und zwar aus demselben Grunde, aus welchem

---

[10]) Verfassung der ionischen Inseln Kap. 7 Sektion 6 Art. 3.

ihnen das Recht zur Entsendung von Gesandten zugesprochen wurde. Vermutlich wird jedoch Großbritannien hier die diplomatische und konsulare Vertretung ausschließlich in seine eigene Hand nehmen. Nach den Verträgen ist ihm dies gestattet; macht es von seiner Befugnis Gebrauch, so müssen die Borneostaaten auf selbständige Ausübung ihrer Rechte verzichten.

Von dem Rechte der Unterstaaten zur Ernennung von Konsuln scharf zu trennen ist das Recht anderer Staaten, in das Gebiet eines protegierten Staates Konsuln zu entsenden. Das letztere ist nicht etwa danach zu beurteilen, ob dem betreffenden Unterstaate das passive Gesandtschaftsrecht zustehe oder nicht. Der Gesandte soll den diplomatischen Verkehr zweier Staatsregierungen vermitteln und kann deshalb nur bei einem Staate beglaubigt werden, welcher selbständig mit anderen Staaten Verkehr pflegt. Der Konsul dagegen soll in einem lokal begrenzten Gebiete die Angehörigen seines Staates beschützen, die Handels- und Verkehrsinteressen wahrnehmen, wobei dem direkten Verkehr mit der Staatsgewalt, in deren Gebiet er thätig ist, nicht die nämliche Bedeutung zukommt wie dem Verkehr des Gesandten mit der Regierung, bei welcher er beglaubigt ist. Zur Zulassung von Konsuln ist kein Staat verbunden, wenn er sich nicht speziell dazu verpflichtet hat. Wer hat nun über dieselbe zu entscheiden? Der Oberstaat oder der Unterstaat? wer erteilt das Exequatur?

Zunächst ist das Recht zur Zulassung von Konsuln im allgemeinen und für bestimmte Plätze von dem Rechte zur Zulassung oder Nichtzulassung einer bestimmten Person als Konsul zu unterscheiden. In mehreren Fällen hatten die Unterstaaten schon vor der Begründung des Protektorats verschiedenen europäischen Mächten die Befugnis zur Entsendung von Konsuln eingeräumt, so z. B. Tunis und Madagaskar[11]). Alsdann muß der Oberstaat die einmal begründeten Rechte achten, und es können nur vertragsmäßige Ausdehnungen bezw. Einschränkungen desselben in Betracht kommen. Hiervon abgesehen wird über die Zulassung oder Nichtzulassung fremder Konsuln im allgemeinen der Staat zu entscheiden haben, welcher den diplomatischen Verkehr pflegt. Denn diese Entscheidung ist eine

[11]) Die wichtigsten Verträge sind angeführt von Bulmerincq in v. Holtzendorffs Handbuch Bd. III §§ 197, 211, 220.

Konzession an eine auswärtige Staatsgewalt; es wird dieser die Ausübung gewisser staatlicher Funktionen im Gebiete des konzedierenden Staates gestattet. Eine solche Konzession an einen fremden Staat trägt aber internationalen Charakter und kann deshalb nur von dem Staate ausgehen, welcher völkerrechtlich zu handeln fähig ist. Ist dies der Unterstaat, so hat er vollkommene Selbständigkeit, da die Schutzpflicht des Oberstaates hierbei nicht in Frage steht. Die Einwilligung desselben braucht also nicht eingeholt zu werden, wenn sie von ihm nicht speziell ausbedungen ist, wie z. B. von Frankreich in Art. 4 des am 10. August 1863 mit Kambodscha abgeschlossenen Vertrages. Vertritt dagegen der Oberstaat den Unterstaat in allen auswärtigen Beziehungen, so wird er auch über die Zulassung von Konsuln zu entscheiden haben, da der betreffende dritte Staat sich an ihn mit seinem Anliegen zu wenden hat.

Eine andere Frage ist, wie gesagt, die, welcher Staat im einzelnen Falle das Exequatur zu erteilen habe. Durch das letztere wird dem ernannten Konsul die Ausübung seiner Thätigkeit in dem Gebiete, für welches er bestellt ist, von der über dasselbe herrschenden Staatsgewalt gestattet[12]). Das Exequatur stellt sich also als ein Verwaltungsakt von wesentlich innerstaatlicher Natur dar, ausgeübt in Erfüllung einer völkerrechtlichen Pflicht. Demnach ist nur der Unterstaat zu seiner Erteilung berechtigt, gleichviel ob er in den auswärtigen Beziehungen vom Oberstaate vertreten wird oder nicht. Nichtsdestoweniger brach der französische Generalresident in Madagaskar die diplomatischen Beziehungen zur Königin der Hovas ab, als diese im Jahre 1887 ohne Einholung seiner Zustimmung dem neu ernannten Konsul der Vereinigten Staaten von Nordamerika das Exequatur erteilte; und er nahm die Beziehungen erst wieder auf, nachdem die Königin für die Zukunft auf das Recht zur Erteilung des Exequatur verzichtet hatte[13]).

Diese Handlungsweise ist nicht zu billigen. Es scheint das Prinzip aller in die Protektoratsländer gesendeten französischen Generalresidenten zu sein, die Rechte der Unterstaaten auf das mindeste

---

[12]) Bulmerincq a. a. O. § 179 S. 702.

[13]) Depesche Le Myre's de Vilers aus Tananariva, dem französischen Ministerrate mitgeteilt am 6. Oktober 1887 (Europäischer Geschichtskalender 1887: Frankreich 6. Oktober).

Maß herabzudrücken[14]). Ob das eine gesunde Politik ist, braucht hier nicht erörtert zu werden. Vom Rechtsstandpunkte aus stellt sich das geschilderte Vorgehen des Generalresidenten in Tananariva als Gewaltakt dar. Dafür, daß auch den völkerrechtlich handlungsunfähigen Unterstaaten das Recht zur Erteilung des Exequatur gebühre, liegt übrigens das Zeugnis der französischen Regierung selbst vor. Als man im Jahre 1879 an eine Revision des Vertrages mit Annam dachte, wünschte der Minister der auswärtigen Angelegenheiten, Herr Waddington, die ausdrückliche Aufnahme der Bestimmung in den neuen, die Handlungsfähigkeit Annams vernichtenden Vertrag, daß Frankreich den Konsuln der fremden Mächte in Annam das Exequatur zu erteilen habe[15]). Damals war man demnach in Paris der hier vertretenen Ansicht. Eine Folge hatte jene Anregung nicht.

Ist ein Staat einmal vertragsmäßig zur Zulassung von Konsuln verpflichtet, so darf er den Ernannten das Exequatur nicht grundlos verweigern oder entziehen. Er würde sich dadurch Reklamationen aussetzen, und deshalb wäre in solchem Falle der Oberstaat zum Einschreiten befugt, gleichviel in welchen Formen sein Einfluß auf die Leitung der auswärtigen Angelegenheiten des Unterstaates sonst ausgeübt wird. Die Erteilung des Exequatur selbst aber kommt dem Oberstaate nicht zu, denn sie ist kein völkerrechtlicher, sondern ein staatsrechtlicher Akt. Nur der Benachrichtigung von der Erteilung an die den Konsul entsendende Macht hat der Oberstaat sich zu unterziehen, falls er den diplomatischen Verkehr für den Unterstaat führt. Mit richtigem Takte wurde in der Verfassung der ionischen Inseln bestimmt, daß der Senat durch seinen Präsidenten und unter Mitwirkung des britischen Oberkommissars den fremden Konsuln das Exequatur zu erteilen habe[16]). Hiermit blieb das Recht des Unterstaates unangetastet und dem Oberstaate die Möglichkeit gewahrt, einem Mißbrauche desselben vorzubeugen.

---

[14]) Vgl. hierüber de Lanessan: L'Indo-Chine française. Kap. 9 Abschnitt 3 u. 4.

[15]) Schreiben Waddingtons an den Minister der Marine und Kolonieen vom 9. Januar 1879 im Gelbbuch Affaires du Tonkin 1874/1882 Bd. I Nr. 40 S. 99/100. Neuerdings soll England der französischen Republik die Befugnis eingeräumt haben, den britischen Konsuln auf Madagaskar das Exequatur zu erteilen.

[16]) Verfassung der ionischen Inseln Kap. 7 Sektion 6 Art. 5.

## 2. Das Vertragsschließungsrecht des Unterstaates.

Was das Vertragsschließungsrecht des Unterstaates anbelangt, so wurde schon der durchgreifende Unterschied hervorgehoben, der zwischen Staaten von beschränkter Handlungsfähigkeit und solchen von beschränkter Rechtsfähigkeit besteht. Während letztere entweder überhaupt nicht oder doch über gewisse Gegenstände Verträge nicht abschließen können, besteht die Unfähigkeit jener nur darin, daß sie den Abschluß nicht persönlich oder nicht selbständig vornehmen dürfen. Während des letzten russisch-türkischen Krieges stellte der Khedive von Ägypten seinen Vasallenpflichten entsprechend dem Sultan ein Hilfskorps; er befand sich also mit Rußland im Kriege. Nichtsdestoweniger schloß letztere Macht nur mit der Hohen Pforte einen Friedensvertrag ab. In demselben war Ägypten ipso iure mit einbegriffen, ohne daß es kontrahierende Partei gewesen oder auch nur erwähnt worden wäre. Die Verträge des protegierenden Oberstaates haben dagegen niemals für den Unterstaat verbindliche Kraft. Wenn ersterer im Namen des letzteren kontrahiert, so ist dieser, nicht jener, die kontrahierende Partei, gerade so wie bei den von einem Vormunde abgeschlossenen Verträgen nur das Mündel berechtigt und verpflichtet wird. Befinden sich Ober- und Unterstaat gemeinsam mit einem dritten Staate im Kriege, so müssen sie daher beide mit ihm Frieden schließen; anderenfalls erstreckt der Friedensvertrag seine Wirkungen nur auf denjenigen Staat, in dessen Namen er abgeschlossen wurde. Der Weltpostvertrag vom 1. Juni 1878 wurde von Frankreich für sich und namens seiner Kolonieen abgeschlossen. Um auch die Protektoratsländer an demselben teilnehmen zu lassen, wurde in dem von allen vertragschließenden Mächten am nämlichen Tage unterzeichneten Ausführungsreglement vereinbart, daß Kambodscha und Tonkin in Betreff des Postdienstes der französischen Kolonie Cochinchina assimiliert werden sollten[17]). In dieser Abmachung ist das Anerkenntnis enthalten, daß die Protektoratsländer nicht ipso iure in die von Frankreich geschlossenen Verträge einbegriffen seien. Das Vertragsschließungsrecht des Unterstaates wird

[17]) Réglement de détail et d'ordre dressé à Paris le 1er juin 1878 pour l'exécution de la convention d' union postale du même jour, Art. 32 Nr. 5 bei De Clercq Bd. 12 S. 126.

also nur formell durch seine Handlungsunfähigkeit bezw. durch seine geminderte Handlungsfähigkeit eingeschränkt; materiell erleidet es keine Einbuße. Es zeigt sich hier ein Unterschied zwischen ihm und dem Gesandtschaftsrecht; derselbe ist in der rein formellen Natur des letzteren begründet.

Das Vertragsschließungsrecht des Unterstaates kann, wie bereits bemerkt, in verschiedener Weise ausgeübt werden: entweder vom Oberstaate allein im Namen des Unterstaates oder von diesem unter Einholung der Genehmigung des ersteren. Beide Arten der Ausübung sind mit einander derart vereinbar, daß der nämliche Unterstaat hinsichtlich gewisser Gegenstände, etwa der unpolitischen, selbst kontrahieren kann und nur die Genehmigung des Oberstaates einzuholen hat, hinsichtlich anderer Gegenstände aber von diesem vertreten wird. Eine solche zwiefache Art der Abschließung von Verträgen ist z. B. für die Borneostaaten vorgesehen, ohne daß jedoch bestimmt wäre, in welchem Falle die eine, in welchem die andere Art Platz zu greifen habe. Es hängt das vom Belieben des Oberstaates ab. Annam war dagegen nach dem Vertrage von 1874 und die südafrikanische Republik ist seit 1884 selbständig zum Abschließen von Verträgen befugt, sodaß den Oberstaaten nur ein Veto zusteht. In seinem Verhältnisse zum Oranjefreistaat ist der Boerenstaat sogar völlig handlungsfähig; hier hat England auf jegliche Einmischung verzichtet. Madagaskar dagegen und seit 1884 auch Annam werden in allen auswärtigen Beziehungen, folglich auch hinsichtlich des Vertragsschließungsrechts, von Frankreich vertreten. Ebenso war das Verhältnis zwischen Großbritannien und Transvaal nach dem Vertrage von 1881 und ist jetzt das zwischen Italien und Äthiopien geregelt. Höchst sonderbar aber ist die Stellung der Regentschaft Tunis. Wie hervorgehoben wurde, steht derselben die Ernennung von Gesandten nicht zu, da die französischen Diplomaten mit der Wahrnehmung der tunesischen Interessen beauftragt sind[18]). Zudem hat der Bey den französischen Ministerresidenten in Tunis zu seinem alleinigen offiziellen Vertreter den bei ihm beglaubigten Repräsentanten der fremden Mächte gegenüber ernannt[19]). Der Bey

[18]) Art. 6 des Vertrages von Kasr Said.

[19]) Dekret vom 11. Redjeb 1298 (8. Juni 1881) im Staatsarchiv Bd. 39 (1881) Nr. 7492 Beilage III.

kann also nur noch durch französische Beamte mit fremden Regierungen verkehren. Auf das Recht direkter Vertragsschließung aber hat er nicht verzichtet, sondern nur die Verpflichtung übernommen, keine Vereinbarung internationaler Natur einzugehen, bevor er nicht die französische Regierung von derselben in Kenntnis gesetzt und ihres Einverständnisses sich versichert habe[20]). Somit schließt nicht Frankreich, sondern die Regentschaft selbst ihre Verträge ab, aber durch französische Beamte. Auf diese Weise ist z. B. eine Postkonvention betreffend den Austausch von Postanweisungen zwischen Großbritannien und Tunis am 24. August 1889 in London zu stande gekommen[21]).

Wenn der Oberstaat allein das Vertragsschließungsrecht des Unterstaates ausübt, so werden auch die Verhandlungen ausschließlich zwischen ihm und dem betreffenden dritten Staate gepflogen; der Unterstaat wirkt in keiner Weise mit. Ob er die Handlungen des Oberstaates billigt oder nicht, ist für dritte Staaten gleichgiltig. Sie haben nur mit dem allein zum Handeln berechtigten Oberstaate zu thun. Aber auch dieser selbst ist nicht etwa verpflichtet, die Wünsche des Unterstaates zu hören oder gar zu beachten. Er ist nicht sein Bevollmächtigter, sondern sein Vormund. Er bestimmt also auch, was geschehen soll. Ein vom Unterstaate abgeschlossener Vertrag wäre nichtig[22]).

Handelt dagegen der Unterstaat in eigenem Namen, so haben dritte Staaten auch nur mit ihm zu verkehren, nur mit ihm die Verträge abzuschließen und nicht mit dem Oberstaate. Es entsteht alsdann aber die Frage, wann solche Verträge giltig werden. Da der Unterstaat beschränkt handlungsfähig ist, so bedürfen die von ihm abgeschlossenen Verträge der Genehmigung des Oberstaates zu ihrer Giltigkeit. Wird dieselbe versagt, so besteht ein Vertrag überhaupt nicht. Das von der südafrikanischen Republik im Jahre 1884 über die neuen Republiken Stellaland und Goschen übernommene

[20]) Vertrag von Kasr-Said Art. 6.

[21]) Papers presented to both Houses of Parliament by command of Her Majesty, August 1889 (C 5872).

[22]) Vgl. das Schreiben des französischen Contreadmirals Miot und des Konsuls Baudais an den madagassischen Bevollmächtigten vom 25. Juni 1885 im Gelbbuch Affaires de Madagascar 1884/86 Nr. 36 Anhang 2. — Halleck Bd. I Kap. 8 § 10 S. 228.

Protektorat mußte deshalb auf das Veto Englands hin wieder aufgegeben werden[23]). Das Erfordernis der Ratifikation kommt nicht etwa nur für das Verhältnis zwischen Ober- und Unterstaat in Betracht, vielmehr erstreckt es sich auch auf die Beziehungen zu allen anderen Staaten, welche das Protektorat anerkannt haben. Diese müssen die Beschränkung der Handlungsfähigkeit gegen sich gelten lassen. Die von ihnen mit einem Unterstaate abgeschlossenen Verträge erlangen verbindliche Kraft erst dann, wenn der Oberstaat seine Genehmigung erteilt. In der Regel erfolgt deshalb die Ratifikation solcher Verträge durch die Kontrahenten erst, nachdem diese Genehmigung beigebracht ist[24]). Die vertragschließenden Teile sind zu der Forderung berechtigt, daß der Oberstaat seine Entscheidung treffe. Zur Äußerung ist dieser verbunden, weil er sich das Recht der Zustimmung ausbedungen hat. Kommt er dieser Verpflichtung nicht nach, so kann sein Stillschweigen allerdings nicht als Zustimmung gelten, weil es eine derartige Vermutung auf dem Gebiete des Völkerrechts nicht giebt; eine solche Wirkung des Stillschweigens müßte, wie zwischen Großbritannien und der südafrikanischen Republik[25]), ausdrücklich vereinbart sein. Das Stillschweigen des Oberstaates innerhalb einer ev. zu stellenden angemessenen Frist ist deshalb nur als Nichterfüllung einer übernommenen Pflicht zu deuten. Folglich wäre der Unterstaat, sowie sein Mitkontrahent, zur Aufkündigung, bezw. zur Nichtbeachtung des Protektorats befugt. Die Erklärung des Oberstaates kann in beliebiger Form abgegeben werden; es genügt, wenn sie dem Unterstaate allein zugestellt wird. Nur ihre Authentizität ist von Wichtigkeit.

Es bleibt nun hier noch ein Punkt zu erörtern: Ist die Mit-

---

23) Trendell, The colonial year book for the year 1890. S. 57/58.

24) Vgl. das Zusatzprotokoll zu Art. 32 des zwischen dem deutschen Reiche und der südafrikanischen Republik am 22. Januar 1885 zu Berlin geschlossenen Freundschafts- und Handelsvertrages und die Denkschrift des deutschen Reichskanzlers zu diesem Vertrage im Staatsarchiv Bd. 50 (1890) Nr. 9763, 9764. — Über den in Bern am 6. November 1885 zwischen der Schweiz und der südafrikanischen Republik abgeschlossenen Freundschafts-, Niederlassungs- und Handelsvertrag vergl. den Bericht des schweizerischen Bundesrats an die Bundesversammlung über die Geschäftsführung im Jahre 1885 in den Archives diplomatiques 2. Serie, Bd. 18 (1886) S. 213/4.

25) Vertrag vom 27. Februar 1884 Art. 4.

wirkung des Oberstaates schlechthin bei allen vom Unterstaate abzuschließenden Verträgen erforderlich oder giebt es Fälle, in welchen sie entbehrt werden kann? Bisher wurde der Einfachheit der Darstellung halber immer davon ausgegangen, daß eine völkerrechtliche Verpflichtung des Unterstaates ohne die Genehmigung des Oberstaates überhaupt nicht möglich sei. Es werden nun aber zweifellos über viele Materien von dem Unterstaate Verträge abgeschlossen, bei welchen ein Interesse anderer Staaten, speziell des schützenden Oberstaates, nicht in Frage steht; man denke an Verträge über Rechtshilfe, Niederlassung der Fremden, Post- und Telegraphenkonventionen. Durch derartige Verträge wird schwerlich der Unterstaat gefährdet, geschweige denn der Oberstaat in Anspruch genommen. Es ist deshalb die Meinung ausgesprochen worden, zum Abschluß solcher Verträge bedürfe es der Genehmigung des Oberstaates nicht[26]). Daß eine solche beschränkte Selbständigkeit des Unterstaates mit dem Wesen und Zweck des Protektorats vereinbar ist, dürfte nicht zu bestreiten sein. Eine prinzipielle Sonderung der Fälle, in welchen eine Verantwortlichkeit des Oberstaates durch den Vertragsabschluß begründet wird, von denjenigen, in welchen dies nicht stattfindet, ist aber so gut wie unmöglich. Jedenfalls wird es immer viele zweifelhafte Fälle geben. Wer soll da entscheiden? Der Unterstaat? Und wenn dann doch später Reklamationen erhoben werden, welche der Oberstaat vertreten muß? Wurde nichts anderes vereinbart, so kann dieser ein Mitwirkungsrecht nur dann beanspruchen, wenn seine Verantwortlichkeit in Frage steht. Es ist aber praktisch, daß er von vornherein Kenntnis von allen Vertragsverhandlungen des Unterstaates erhalte; er ist dann in der Lage, selbst zu ermessen, ob dieselben eine Gefährdung des Unterstaates herbeizuführen geeignet sind. Nur dann kann er voll und ganz die Verantwortung tragen.

Dieser Ansicht sind alle Staaten gewesen, welche ein Protektorat über einen anderen Staat übernommen haben. Der erste Vertrag zwischen Frankreich und Annam war insofern exzeptionell, als er die Handlungsfähigkeit des letzteren Staates allein hinsichtlich der politischen und Handelsverträge einschränkte. Im übrigen ist über-

---

[26]) v. Holtzendorff II § 25 S. 104.

haupt nur in zwei Fällen ein Zweifel daran möglich, daß der Unterstaat gar keine Verträge selbständig abschließen kann. Nach Art. 3 der von Großbritannien mit den Borneostaaten vereinbarten Verträge sollen die Beziehungen zwischen Nordborneo (bezw. Serawak, bezw. Brunei) und allen fremden Staaten durch die britische Regierung selbst oder nach deren Weisungen unterhalten werden. Dieser Artikel scheint zwar ein selbständiges Vertragsschließungsrecht der Unterstaaten unbedingt auszuschließen. Nun ist aber weiter in Art. 6 der drei Verträge übereinstimmend festgesetzt: „Es darf keine Cession oder eine andere Veräußerung irgend eines Teiles des Gebietes von Nordborneo (bezw. Serawak, bezw. Brunei) an die Regierung, die Unterthanen oder Bürger eines fremden Staates ohne die Einwilligung Großbritanniens stattfinden. Diese Beschränkung erstreckt sich jedoch nicht auf die gewöhnlichen Verleihungen und Verpachtungen von Ländereien oder Häusern an Privatpersonen zum Zwecke der Bewohnung, der Bewirtschaftung, des Handels oder anderer Geschäfte.“ Wenn hier die Veräußerung einzelner Teile des Gebietes ausdrücklich von der Zustimmung des Oberstaates abhängig gemacht wird, so könnte man aus dem Art. 6 e contrario das unbeschränkte Vertragsschließungsrecht des Unterstaates hinsichtlich aller übrigen Materien folgern. Eine solche Argumentation wäre gewiß berechtigt, wenn Art. 3 nicht vorhanden wäre. Da aber dieser ein allgemeines Prinzip aufstellt, Art. 6 dagegen nur einen einzelnen Fall behandelt, so ist zunächst jenes Prinzip festzuhalten, und dieser einzeln für sich zu betrachten. Offenbar liegt nun der Schwerpunkt des Art. 6 nicht in dem Verbot der Veräußerung von Gebietsteilen an einen anderen Staat ohne Zustimmung Englands; denn sie war schon nach Art. 3 ausgeschlossen. Art. 6 soll vielmehr die privatrechtliche Veräußerung an Fremde und somit die indirekte Herbeiführung der Möglichkeit einer Losreißung von Gebietsteilen hindern. Eine weitere Bedeutung wohnt dem Art. 6 nicht bei. Keinesfalls entkräftet er das in Art. 3 ausgesprochene allgemeine Prinzip.

Der zweite Fall, in welchem ein selbständiges Vertragsschließungsrecht des Unterstaates in Frage kommen könnte, betrifft Madagaskar. Der Protektoratsvertrag sagt zwar kurz und bündig: „Frankreich wird Madagaskar in allen seinen auswärtigen Angelegenheiten vertreten“. In einer den Wortlaut dieses Vertrages interpretierenden

Note der französischen Unterhändler vom 9. Januar 1886 wird nun aber die Anfrage der madagassischen Bevollmächtigten, ob die Regierung der Königin nach wie vor Handelsverträge mit fremden Mächten abschließen könne, dahin beantwortet, daß ihr dies zweifellos freistehe, insofern die Handelsverträge mit den Bestimmungen des Protektoratsvertrages nicht im Widerspruch ständen[27]). Allerdings ist diese Note nicht im französischen Gelbbuch, sondern nur in den Times veröffentlicht, so daß ihre Echtheit nicht feststeht. Ihr Inhalt stimmt mit dem des Vertrages nicht überein. Entweder vertritt Frankreich Madagaskar in allen auswärtigen Beziehungen, dann schließt es auch sämtliche Verträge, politische wie Handelsverträge, in dessen Namen ab; oder die Königin der Howas schließt persönlich Handelsverträge ab, dann wird ihre Regierung aber von der französischen nicht in allen auswärtigen Beziehungen vertreten. Wenn diese Note überhaupt echt ist, so wurde sie vermutlich von der französischen Regierung verleugnet. Oder sollten die Verfasser derselben nur eine augenblickliche Beruhigung der Madagassen angestrebt und deshalb jene dem Rechte der Königin günstige Erklärung mit der Mentalreservation abgegeben haben: „Da aber der Abschluß von Handelsverträgen dem Protektoratsvertrage zuwiderlaufen würde, so kann die Königin sie nicht abschließen"?

Es bedarf kaum der Hervorhebung, daß in diesem Abschnitte immer nur vom Rechte des Unterstaates zur Abschließung von Verträgen mit anderen Staaten gesprochen wurde. Mit Privatpersonen kann er unbeschränkt Verträge schließen, da dieselben keinen völkerrechtlichen Charakter tragen, hinsichtlich ihrer seine Handlungsfähigkeit mithin ungeschmälert fortbesteht. Der Bey von Tunis und der König von Kambodscha haben allerdings auf das Recht zur Aufnahme von Anleihen ohne Genehmigung der französischen Regierung verzichtet[28]). Der König von Annam darf ohne deren Zustimmung wenigstens im Auslande keine Anleihe mehr aufnehmen[29]). Es stehen diese Entsagungen jedoch außer Zusammenhang mit dem Wesen des Protektorats und sind nur eine von Frankreich erzwungene ausschließliche

---

[27]) Staatsarchiv Bd. 46 (1886) Nr. 8846 Anm.

[28]) Vertrag von Huë vom 6. Juni 1884 Art. 17. — Konvention von Marsa vom 8. Juni 1883 Art. 2.

[29]) Konvention von Pnom-Penh Art. 7.

Bevorzugung seines Kapitals Dasselbe nötigte auch die Königin von Madagaskar, den Vertrag über eine in England aufzunehmende Anleihe rückgängig zu machen und dieselbe von Pariser Kapitalisten aufzunehmen[30]), trotzdem der Protektoratsvertrag die Rechte der Königin in dieser Hinsicht nicht beschränkte.

### 3. Erfüllung und Aufkündigung der Verträge.

Das Protektorat erzeugt zunächst nur Rechte und Pflichten zwischen Ober- und Unterstaat, erstreckt seine Wirkung aber auf dritte Staaten nicht. Hieraus folgt, daß sowohl das bestehende Rechtsverhältnis des Oberstaates wie auch das des Unterstaates zu anderen Mächten durch Begründung des Protektorats keine Änderung erleidet. Eine solche tritt zwar, wie bereits erwähnt, durch die Anerkennung des Protektorats ein, jedoch nur soweit, wie diese reicht. Es anerkennen aber die fremden Staaten nur die Bevormundung des Unterstaates durch den Oberstaat und ev. noch die übrigen Bestimmungen des ihnen notifizierten Protektoratsvertrages. Soweit hierdurch ihr Rechtsverhältnis zum Ober- und Unterstaate nicht notwendig modifiziert wird, bleibt es unverändert bestehen. In der Regel wird demnach lediglich ein Wechsel in dem formellen Verkehre stattfinden, die materiellen Rechtsverhältnisse dagegen bleiben unberührt.

Die Erfüllung der geschlossenen Verträge kann demnach auf Grund des Protektorats nie verweigert werden, weder vom Ober- oder Unterstaate noch von anderen Staaten. Frankreich hat diese Verpflichtung nach Übernahme des Protektorats über Tunis und Madagaskar ausdrücklich anerkannt[31]) und für die Erfüllung der zwischen der Regentschaft und den europäischen Mächten abgeschlossenen Verträge sogar Garantie geleistet[32]). Wem letztere Garantie geleistet ist, kann allerdings zweifelhaft erscheinen. In dem Vertrage von Kasr Said ist nur gesagt, daß Frankreich Garantie leiste. Es verbürgt also jedenfalls der Regentschaft die Erfüllung der Verträge

---

[30]) Europäischer Geschichtskalender 1886 unter Frankreich Ende September und Dezember 1886.

[31]) Rundschreiben des französischen Ministers der auswärtigen Angelegenheiten vom 13. Mai 1881 im Staatsarchiv Bd. 39 (1881) Nr. 7483 und vom 27. Dezember 1885 im Gelbbuch Affaires de Madagascar 1884/86 Nr. 54.

[32]) Vertrag von Kasr Said Art. 4.

durch die europäischen Mächte. Eine solche Garantie hat aber nicht viel zu sagen, der Oberstaat übernimmt sie ja schon mit der Schutzpflicht; ihre Hervorhebung im Vertrage wäre deshalb überflüssig. Frankreich hat aber auch den europäischen Mächten gegenüber betont, daß es Garantie für die Erfüllung der bestehenden Verträge geleistet und diesen dadurch eine erhöhte Sicherheit gewährt habe[33]). Der Zweck dieser Erklärung war, den Großmächten jeden Argwohn über die Natur seines Protektorats zu benehmen, Frankreich wollte offenbar auch ihnen die Erfüllung der Verträge von Seiten der Regentschaft garantieren.

Das unveränderte Fortbestehen der bisherigen Rechtsverhältnisse ist von weittragender Bedeutung. Es zeigt sich dies namentlich dann, wenn einem Staate von einem anderen die Rechte der meistbegünstigten Nation oder sonst besondere Vorrechte eingeräumt sind. So waren dem Deutschen Reiche, den Vereinigten Staaten von Nordamerika, Großbritannien und Italien von Madagaskar die Rechte der meistbegünstigten Nationen vor Abschluß des Protektoratsvertrages mit Frankreich eingeräumt[34]). Diesen Rechtszustand kann letztere Macht einseitig nicht abändern. Sie darf für sich und ihre Unterthanen keine besonderen Vorrechte vor jenen Staaten in Anspruch nehmen. Auch in Tunis waren den einzelnen europäischen Mächten viele Gerechtsame eingeräumt, an welchen das französische Protektorat nicht rütteln konnte. Die später zu besprechende Aufhebung der Konsulargerichtsbarkeit daselbst konnte von Frankreich nur im Einvernehmen mit den anderen Staaten durchgeführt werden.

Ebenso wenig wie die Pflichten des Unterstaates werden aber auch die des Oberstaates durch das Protektorat geändert. Auch er darf deren Erfüllung nicht verweigern. Daß dies unter Umständen lästig werden kann, ist in Frankreich zu Tage getreten. Es besteht daselbst seit mehreren Jahren eine vornehmlich von der französischen

---

[33]) Vgl. das Rundschreiben vom 13. Mai 1881.

[34]) Verträge Madagaskars mit dem Deutschen Reiche vom 15. Mai 1883 (Reichsgesetzblatt 1885 S. 166/168), mit den Vereinigten Staaten vom 13. Mai 1881 im Staatsarchiv Bd. 43 (1885) Nr. 8208, mit Großbritannien vom 27. Juni 1865 bei Geffcken, Recueil manuel et pratique de traités et conventions Bd I S. 331 ff., mit Italien vom 6. Juni 1883 (zitiert bei Bulmerincq in v. Holtzendorffs Handbuch Bd. III § 220 S. 789 ff.).

Handelskammer in Tunis geschürte Agitation zu Gunsten zollfreier Einfuhr der tunesischen Produkte nach Frankreich; dieselbe soll ein Lebensinteresse der tunesischen Landwirtschaft sowie des Handels der Stadt Tunis sein[35]). Es stehen ihr jedoch die von Frankreich mit anderen Mächten abgeschlossenen, die Meistbegünstigungsklausel enthaltenden Verträge entgegen. Kraft derselben müßte Frankreich gleichzeitig mit den tunesischen auch den Erzeugnissen aller solcher Länder Zollfreiheit zugestehen, es sei denn, daß die betreffenden Staaten darauf Verzicht leisteten oder daß durch das Protektorat eine Veränderung der ehemaligen Rechtsverhältnisse bewirkt sei oder doch herbeigeführt werden könne. Der französische Minister der auswärtigen Angelegenheiten erklärte einer Zeitungsnachricht zufolge am 17. Mai 1890 dem Zollausschuß der Deputiertenkammer, Frankreich könne den tunesischen Erzeugnissen Zollfreiheit gewähren, ohne daß andere Staaten hieraus für sich das gleiche Vorrecht ableiten dürften, da das Beispiel Bosniens zeige, daß Europa das Verhältnis zu einem unter Schutzherrschaft stehenden Lande anders ansehe als das zu einem unabhängigen Staate. Die Behauptung Bosnien stehe unter österreichischer Schutzherrschaft, ist zum mindesten gewagt. Nach Art. 25 des Berliner Vertrages steht Österreich die Besetzung und Verwaltung Bosniens und der Herzogowina zu, zwei Befugnisse, von denen die eine mit dem Begriffe des Protektorates unvereinbar, die andere mit ihm jedenfalls nicht verknüpft ist. Wenn auch Oberstaaten häufig ein Besatzungsrecht auf dem Gebiete des Unterstaates ausüben[36]), so steht ihnen dieses Recht doch in der Regel nur zum Zwecke des Schutzes zu und ist deshalb vorübergehender Natur, d. h. es endigt, wenn die augenblickliche Gefahr beseitigt ist[37]). Die Verwaltung des Unterstaates durch den Oberstaat aber ist dem Wesen des Protektorates entschieden zuwider. Selbst die französische Regierung hat dem Bey von Tunis in der Konvention von Marsa nur die Verpflichtung zur Ausführung der von ihr vorgeschlagenen Reformen auferlegt; sie erteilt nur Ratschläge, regiert aber nicht selbst, wie Österreich in Bosnien. Übrigens war auch letzteres nie ein

---

35) Vgl. Leroy-Beaulieu, La colonisation française en Tunisie in der Revue des deux Mondes. Bd. 78 (November 1886) S. 405/406.

36) Vgl. Vertrag von Huë Art. 15. — Vertrag von Kasr Said Art. 2.

37) Vertrag von Kasr Said Art. 2.

Staat, sondern immer nur türkische Provinz. Der von dem französischen Minister gezogene Vergleich paßt demnach in keiner Weise, und es braucht die Berechtigung des Wiener Kabinetts zur Einverleibung jener Provinz in die österreichische Zollgrenze hier nicht geprüft zu werden. Mag man dieselbe anerkennen oder bestreiten, für Frankreich kann das Verhalten Oesterreichs in Bosnien nie einen Präzedenzfall bilden. Es ist nicht befugt, den tunesischen Erzeugnissen allein Zollfreiheit zu gewähren, ohne daß dieselbe auch denjenigen Staaten zustanden wird, welche die Rechte der meistbegünstigten Nation genießen.

Thatsächlich werden übrigens die Produkte der Regentschaft schon seit langer Zeit unverzollt über Algier nach Frankreich eingeführt. Das Gesetz vom 17. Juli 1867 gestattet dies[38]. Kein Staat ist aber berechtigt, durch den Erlaß bezw. die Aufrechterhaltung solcher Gesetzesbestimmungen seine völkerrechtlichen Pflichten zu umgehen. Die dadurch benachteiligten Mächte wären wohl zum Protest event. zu Gegenmaßregeln befugt[39].

Daß die durch das Protektoratsverhältnis zunächst nicht berührten Staaten aus demselben keine Veranlassung schöpfen können, die Erfüllung der ihnen obliegenden Pflichten zu weigern, bedarf nicht der Ausführung. Ihnen stehen nach wie vor die nämlichen beiden Staaten gegenüber, und es kann nur in Frage kommen, an wen, nicht aber, wie zu leisten ist. Namentlich erleiden also auch die Rechte des Unterstaates keine Einbuße, selbst dann nicht, wenn von einem Staat ihm weitergehende Befugnisse als dem Oberstaate eingeräumt sein sollten. In der Regel wird allerdings das Umgekehrte der Fall sein; der mächtige Oberstaat wird größere Vorrechte genießen als der schwache Unterstaat. Es ist deshalb nur anzuerkennen, daß Großbritannien bestrebt war, den Angehörigen des ionischen Siebeninselstaates im Auslande die Stellung zu verschaffen,

---

38) Leroy-Beaulieu a. a. O.

39) Die Meistbegünstigungsklausel steht übrigens auch der sehr erstrebten Zollfreiheit für französische Waren in Tunis entgegen. — Einer weiteren Zeitungsnachricht zufolge hat die französische Deputiertenkammer am 4. Juli 1890 einen Gesetzentwurf angenommen, welcher den Erzeugnissen der Regentschaft die zollfreie Einfuhr in Frankreich zugesteht.

welche seine eigenen Unterthanen einnehmen[40]). An und für sich konnten die Jonier eine solche nicht beanspruchen; es standen ihnen nur die ihnen speciell oder die von den betreffenden Staaten allen Ausländern gewährten Rechte zu. Wenn also, — wovon im folgenden Abschnitt zu sprechen sein wird, — die Angehörigen des Unterstaates im Auslande auch unter dem Schutze der Gesandten und Konsuln des Oberstaates stehen, so sind sie deshalb doch den Unterthanen desselben nicht gleichgestellt. Es ist dies ein allgemeines Princip, welches nicht nur auf die Angehörigen protegierter Staaten, sondern auf alle Schützlinge der Staaten Anwendung findet. Ein entgegenstehendes Gewohnheitsrecht hat sich nicht gebildet, sonst brauchte die Gleichstellung der Schutzbefohlenen mit den Unterthanen in den Verträgen nicht ausbedungen zu werden, wie es z. B. hinsichtlich der italienischen Schutzbefohlenen in Tunis in dem von Italien und Frankreich am 25. Januar 1884 unterzeichneten Protokolle geschah[41]). Es soll jedoch nicht geleugnet werden, daß eine verschiedenartige Behandlung der durch dieselben Beamten zu schützenden Unterthanen und Schutzbefohlenen eines Staates zu vielen Unzuträglichkeiten führen kann und daß es wohl meistenteils im Interesse der beiden in Betracht kommenden Staaten, — d. h. des schützenden und desjenigen, in dessen Gebiet der Schutz ausgeübt werden soll, — liegen dürfte, daß die Schutzbefohlenen den Angehörigen des schützenden Staates gleichgestellt werden.

Im Jahre 1887 ereignete sich zu Florenz ein einschlägiger Fall, welcher eine gewisse Berühmtheit erlangte durch die hier nicht interessierende, vom florentiner Prätor begangene Verletzung des französischen Konsulatsarchivs[42]). Es handelte sich um die Regelung des Nachlasses des am 28. Juni 1887 zu Florenz verstorbenen tunesischen Generals Hussein Pascha. Nach dem oben Bemerkten

---

[40]) Verträge Englands mit Tunis und Tripoli vom 17. bezw. 29. April 1816 in der British and Foreign State Papers Bd. III (1815/16) S. 511/515.

[41]) Protokoll vom 25. Januar 1884 Art. 5, abgedruckt bei Pasquale Fiore Bd. I S. 548/50.

[42]) Vgl. hierüber: Clunet, L'incident du consulat de France à Florence im Journal de droit international privé Bd. 15 (1888) S. 53/71. — Gabba, L'incident consulaire franco-italien à Florence in der Revue de droit international Bd. 20 (1888) S. 229 ff. — Pierantoni, L'incident consulaire de Florence in der römischen Revue internationale Bd. 17 (1888) S. 239/276.

kann es keinem Zweifel unterliegen, daß diese Regelung in Gemäßheit des zwischen Italien und Tunis am 8. September 1868 abgeschlossenen Vertrages[43]) zu erfolgen hatte, daß dagegen der die Rechtsverhältnisse der Franzosen in Italien regulierende Vertrag zwischen Frankreich und Italien vom 26. Juli 1862[44]) nicht zur Anwendung kommen konnte. Dieser Ansicht war sowohl die italienische wie auch die französische Regierung[45]). Der französische Konsul in Florenz dagegen hatte anfänglich geglaubt, weil die Tunesier unter französischem Schutze ständen, seien sie auch derselben Rechte wie die französischen Unterthanen teilhaftig, und er hatte deshalb den Bestimmungen des Vertrages vom 26. Juli 1862 entsprechend den Nachlaß Husseins versiegelt und die Kompetenz der florentiner Gerichte in Abrede gestellt. Befand er sich somit auch in einem Rechtsirrtum, so überschritt er doch thatsächlich seine Befugnisse nicht, weil die Regelung des Nachlasses eines in Italien verstorbenen Tunesiers nicht nach italienischem, sondern nach tunesischem Rechte zu erfolgen hat[46]) und weil den Tunesiern die Rechte der meistbegünstigten Nation eingeräumt sind[47]), die Fürsorge für ihren Nachlaß dem sie beschützenden französischen Konsul mithin in gleicher Weise zusteht wie dem Konsul desjenigen Staates, welchem von der italienischen Regierung das weiteste Maß an Befugnissen eingeräumt ist. Das römische Kabinett erkannte deshalb auch an, daß den französischen Konsul ein Tadel nicht treffe[48]).

Die Ansicht, daß die Angehörigen des Unterstaates denjenigen des Oberstaates nicht gleichstehen, wurde auch von der englischen Regierung vertreten, als Frankreich das Protektorat über Tunis begründet hatte und sein Konsul in Ägypten den Schutz über die dort weilenden Tunesier in Anspruch nahm. Das Londoner Kabinett betonte damals, daß die tunesischen Unterthanen in Ägypten bisher eine gleiche Stellung wie die Europäer nicht eingenommen hätten,

[43]) Raccolta dei trattati e delle convenzioni fra il regno d' Italia ed i governi esteri. Bd. 3 (Florenz 1872) S. 183 ff.

[44]) Geffcken, Recueil manuel et pratique Bd. I S. 235 ff.

[45]) Vgl. die Note der französischen Regierung vom 21. Januar 1888 bei Clunet a. a. O. S. 56.

[46]) Vertrag vom 8. September 1868 Art. 22.

[47]) ibidem Art. 1.

[48]) Vgl. die angeführte Note vom 21. Januar 1888.

daß sie insbesondere der diesen durch die Kapitulationen eingeräumten Rechte früher nicht teilhaftig gewesen und ihrer durch das Protektorat Frankreichs auch nicht teilhaftig geworden seien[49]). Die französische Regierung widersprach dieser Auffassung nicht.

Die bestehenden Rechtsverhältnisse werden also durch ein Protektorat nicht verändert; dennoch ist ein solches in formeller Hinsicht nicht ohne Einfluß auf die Erfüllung der Verträge und der völkerrechtlichen Pflichten überhaupt. Die Beziehungen zwischen dem Oberstaate und dritten Staaten bleiben zwar auch formell die nämlichen. Von dem handlungsunfähigen Unterstaate kann jedoch weder Erfüllung gefordert werden, noch darf er dieselbe von anderen Staaten beanspruchen. In beiden Hinsichten wird er vom Oberstaate vertreten. Freilich wird letzterer ebensowenig Gläubiger wie Schuldner an seiner Statt; aber er handelt in seinem Namen. Ein nur beschränkt handlungsfähiger Unterstaat darf dagegen selbst seine Forderungen geltend machen und seine Verpflichtungen erfüllen. Nicht immer ist es aber geraten, auf seine Scheine zu bestehen; man wird dem Oberstaate deshalb die Befugnis einräumen müssen, dem Unterstaate eine unzweckmäßige Erhebung von Ansprüchen zu untersagen; dies ist aber eine innere Angelegenheit beider; sie berührt das Verhältnis zu dritten Staaten nicht. Der Erfüllung begründeter Forderungen durch den Unterstaat aber darf der Oberstaat sich nicht widersetzen; er würde dadurch dem berechtigten dritten Staate verantwortlich werden.

Was die Kündigung bestehender Verträge anbetrifft, so unterliegt es keinem Zweifel, daß der handlungsunfähige Unterstaat in dieser Beziehung aktiv und passiv von dem Oberstaate vertreten wird. Eine von ersterem ausgehende oder an ihn gerichtete Kündigung wäre wirkungslos. Dritte Staaten dagegen müssen die mit einem beschränkt handlungsfähigen Unterstaate geschlossenen Verträge diesem selbst aufkündigen. Nur darüber kann ein Bedenken obwalten, ob ein solcher Unterstaat selbständig zur Kündigung befugt ist oder nicht. Ist ihm nur der Abschluß von Verträgen ohne Einwilligung des Oberstaates untersagt, so darf er eine Kündigung derselben wohl auf

[49]) Schreiben des Earl Granville an Lord Lyons vom 22. Juni 1881 und das des Lord Lyons an Earl Granville vom 23. Juni 1881 im Staatsarchiv Bd. 39 (1881) Nr. 7499 u. 7500.

eigene Hand vornehmen. Ist dagegen seine Handlungsfähigkeit allgemein eingeschränkt, so bedarf er auch hierzu die Genehmigung des Oberstaates, umsomehr als unberechtigte Kündigungen von weittragenden Folgen sein können.

### 4. Forderung von Genugthuung wegen Beleidigungen und Rechtsverletzungen.

Wie jeder Staat, so hat auch der protegierte Staat Anspruch auf Achtung seiner Persönlichkeit, seiner Ehre. Weder in seiner physischen Existenz, noch in seiner rechtlichen Staatspersönlichkeit, noch in seiner sittlichen Würde[50]) darf er beleidigt werden. Der Anspruch der Staaten auf Achtung ist eins ihrer Grundrechte[51]). Wie der Verkehr der Individuen, so wird der der Staaten untereinander nicht von Rechtssätzen allein geleitet, sondern auch von der Moral. Auf Sittlichkeit und Pflichttreue gründet sich unser Anspruch auf Achtung und ebenso der der Staaten[52]). Ein jeder Staat, welcher mit anderen in einer Rechtsgemeinschaft lebt, lebt zugleich in einer ethischen Gemeinschaft mit ihnen; er kann deshalb nicht nur die Achtung seiner Rechte, sondern auch die seiner Würde, seiner Ehre fordern.

Die Beschränkung der Handlungsfähigkeit eines Staates ändert hieran nichts; sie enthebt ihn nicht seiner Rechte und Pflichten den übrigen Staaten gegenüber. Wäre er vom Standpunkte des Völkerrecht aus nur ein Teil des Oberstaates, so würde ihm allerdings ein selbständiges Recht auf Achtung nicht zustehen, er würde dann nur in seinen Protektor, als Glied desselben geachtet. Nun ist aber die Grundidee des Protektorats die Erhaltung der Persönlichkeit des Unterstaates. Solange diese gewahrt bleibt, solange dauert auch der Anspruch auf Achtung unverändert fort.

Von einer Verminderung dieses Rechtes kann nicht die Rede sein, denn es handelt sich um kein teilbares Recht. Dieselben Handlungen, welche als Beleidigungen unabhängiger Staaten erscheinen,

---

50) Heffter-Geffcken § 32 S. 76/79. — Pradier-Fodéré II § 451 ff. 513 ff. — Bulmerincq § 25 S. 205. — v. Holtzendorff II § 17 S. 64 ff.

51) v. Holtzendorff a. a. O.

52) v. Holtzendorff a. a. O. S. 65.

sind auch Beleidigungen der Unterstaaten. Damit soll jedoch nicht behauptet werden, daß letztere Anspruch auf Erweisung derselben Ehrenbezeugungen und Titulaturen hätten wie jene. Der Verstoß gegen das Herkommen in dieser Beziehung kann zwar auch als Beleidigung eines Staates aufgefaßt werden, insofern dadurch die Legitimation seines Repräsentanten in Frage gestellt wird[53]). Es kommen aber nach der comitas gentium nicht allen Staaten die nämlichen Ehrenbezeugungen und Titulaturen zu; namentlich werden sie halbsouveränen in geringerem Maße als unabhängigen Staaten erwiesen. Unstreitig gebührt z. B. dem Oberstaate der Vortritt vor dem Unterstaate. Das Rangverhältnis des letzteren zu anderen Staaten ist aber nicht klar festgestellt. Einige Schriftsteller[54]) nehmen in diesem Falle unbedingte oder doch mögliche Gleichstellung an, weil sie davon ausgehen, daß eine Unterordnung des Unterstaates nur in seinem Verhältnisse zum Oberstaate, nicht aber zu dritten Staaten bestehe. Dieser Gesichtspunkt scheint jedoch für die vorliegende Frage nicht der richtige zu sein, denn bei der Erweisung von Ehrenbezeugungen kommt nicht nur das spezielle Verhältnis der beiden im einzelnen Falle sich gegenüberstehenden Staaten, sondern auch die allgemeine Stellung eines jeden von ihnen in Betracht. Wenn schon bei unabhängigen Staaten in dieser Hinsicht ein Unterschied je nach ihrer Macht und Bedeutung gemacht wird, so können abhängige Staaten gewiß nicht auf dieselben Ehrenerweisungen Anspruch erheben wie jene. In dem hier zunächst interessierenden Verkehre der europäischen mit außereuropäischen Staaten sind jedoch nicht immer dieselben Verkehrsformen gebräuchlich, wie im innereuropäischen Verkehr. Auf das Selbstbewußtsein und die Eitelkeit asiatischer und afrikanischer Fürsten wird häufig umsomehr Rücksicht genommen, je mehr ihre wesentlichen Rechte beeinträchtigt werden. Während in Europa keinem Halbsouverän der Majestätstitel zuerkannt wird[55]), ist man außereuropäischen Herrschern gegenüber mit demselben durchaus nicht geizig. Der König von Annam führt ihn z. B. noch in dem am 6. Juni 1884 zu Huë abgeschlossenen Ver-

[53]) v. Holtzendorff a. a. O. § 22 S. 89 ff.

[54]) Pradier-Fodéré Bd. II § 500. S. 49/50. — Calvo Bd. I § 306 S. 393/94. — Bluntschli § 93 S. 101. Vgl. auch Halleck Bd. I Kap. 5 § 11 S. 105.

[55]) v. Holtzendorff § 22 S. 90.

trage, obwohl Annam bereits seit 1874 unter französischem Protektorate stand. Desgleichen gewährte Frankreich den Herrschern der Gesellschaftsinseln bis zur Einverleibung des Königreichs den Majestätstitel[56]). Andererseits berief es sich zum Beweise der Unabhängigkeit der Regentschaft Tunis von der türkischen Oberhoheit darauf, daß es dem Bey gelegentlich seines Besuches im Jahre 1874 alle königlichen Ehren erwiesen habe, ohne daß am goldenen Horn oder an einem der europäischen Höfe Anstoß daran genommen sei[57]).

Der Anspruch auf Ehrenerweisungen hängt, wie gesagt, mit dem auf Achtung nur mittelbar zusammen; letzterer steht allen Staaten, souveränen und protegierten, europäischen und außereuropäischen in gleichem Maße zu. Während jener ein Ausfluß der Macht ist, erscheint dieser als ein Ausfluß der Staatspersönlichkeit.

Das Oberhaupt eines protegierten Staates ist wie das eines souveränen unverletzlich und genießt im Auslande die Exterritorialität. Selbst im Gebiete des Oberstaates steht ihm dieses Vorrecht zu; denn auch dieses ist für ihn Ausland. Die Hoheitszeichen und Staatsgrenzen des Unterstaates sind in gleicher Weise wie die unabhängiger Staaten zu respektieren. Kommt ihm das aktive Gesandtschaftsrecht zu, so haben seine diplomatischen Vertreter auf die nämlichen Rechte Anspruch, wie die Gesandten souveräner Mächte. Überhaupt genießen seine Beamten und seine Unterthanen anderen Staaten gegenüber dieselben Befugnisse, wie die Beamten und Unterthanen unabhängiger Staaten. Wie letztere kann auch ein Unterstaat durch gegen jene begangene Handlungen beleidigt werden. In Deutschland sind die in den §§ 102—104 des Strafgesetzbuches für das deutsche Reich aufgeführten Handlungen gleich strafbar, ob sie gegen Madagaskar oder gegen Großbritannien begangen werden.

In Betreff der erwähnten Hoheitszeichen muß hier noch eine Bemerkung eingeschoben werden. Da es vorgekommen ist, daß Unterstaaten eine das Protektoratsverhältnis andeutende Flagge zu

---

[56]) vgl. z. B. die Deklaration des französischen Kommissars vom 29. Juni 1880 in den British and Foreign State Papers. Bd. 71 S. 218. — Das die Abtretung der Gesellschaftsinseln an Frankreich ratifizierende Gesetz der Republik vom 30. Dezember 1880 (ibidem S. 220) spricht nur noch vom Könige Pomare.

[57]) Rundschreiben des französischen Ministers der auswärtigen Angelegenheiten vom 9. Mai 1881 im Staatsarchiv Bd. 39 (1881) Nr. 7469.

führen hatten, so könnte es nämlich zweifelhaft erscheinen, ob dem protegierten Staate Hoheitszeichen überhaupt, ob ihm speziell das Recht zukomme, eine eigene Flagge zu führen. Die ionischen Inseln durften nur eine Handelsflagge führen, und zwar mußte dieselbe in der oberen Ecke zunächst der Fahnenstange mit den britischeu Abzeichen versehen sein[58]). Ingleichen wurde der Flagge des Königreichs der Gesellschaftsinseln die französische Flagge hinzugefügt[59]). Auch diese Flagge war wohl nur eine Handelsflagge, denn auf den militärischen Gebäuden wehte allein das Banner Frankreichs. Daß die Stellung der ionischen Inseln eine eigentümliche war insofern, als die den Staat gründenden Mächte nicht nur seine Handlungs-, sondern auch seine Rechtsfähigkeit beschränkt hatten, wurde bereits hervorgehoben. Es ist deshalb nicht ohne weiteres eine gleiche Beschränkung aller Unterstaaten anzunehmen. Nach dem aufgestellten Principe, daß das Wesen des Protektorats nur in einer Beschränkung der Handlungsfähigkeit, aber nicht der Rechtsfähigkeit bestehe, muß man vielmehr dem Unterstaate das Recht eigener Hoheitszeichen zusprechen. Auch hinsichtlich der Flagge, sowohl der Kriegs- wie der National- oder Handelsflagge, verhält es sich nicht anders. Eine Ausnahme muß besonders vereinbart werden, wie in dem Vertrage von Papeete. Der ionische Siebeninselstaat sowie die Gesellschaftsinseln führten immer ihre eigenen Flaggen, trotzdem dieselben das Protektoratsverhältnis andeuteten. Eine Beschimpfung dieser Flaggen wäre gleichzeitig eine Beleidigung des Ober- und Unterstaates gewesen. Bei der Befugnis zur Führung eigener Hoheitszeichen tritt der Unterschied von Staaten beschränkter Rechts- und solchen beschränkter Handlungsfähigkeit wieder recht klar zu Tage. Der Khedive führt Fahne und Wappen des Sultans; auch die Münze schlägt er auf den Namen des Großherrn[60]). Dagegen führte Krakau ein eigenes Wappen und eigene Hoheitszeichen[61]).

Steht dem Unterstaate ein gleiches Recht auf Achtung wie den souveränen Staaten zu, so muß er wie diese gegen Verletzungen

[58]) Pariser Vertrag vom 5. November 1815 Art. 7. Verfassung der ionischen Inseln Kap. 7 Sektion 6 Art. 1/4.

[59]) Konvention von Papeete vom 5. August 1847 Art. 38/39.

[60]) Ferman vom 2. August 1879 bei Th. E. Holland a. a. O. S. 125/28.

[61]) Vertrag vom 3. Mai 1815 Art 5.

seines Rechts geschützt werden. Aber auch andere Staaten haben Anspruch auf Genugthuung, wenn ein Unterstaat sie beleidigen oder sonst verletzen sollte. Es fragt sich also, ob der Ober- oder der Unterstaat für die durch letzteren einem dritten Staate zugefügten Verletzungen hafte und welcher von ihnen Genugthuung für die dem Unterstaate zugefügten Rechtsverletzungen fordern dürfe. Es sei zunächst dieser letztere Fall der Erörterung unterzogen.

Tritt ein Staat den Rechten eines protegierten Staates zu nahe, so ist sonder Zweifel der Oberstaat berechtigt und verpflichtet Genugthuung zu fordern, wenn er jenen in allen auswärtigen Beziehungen vertritt. Alsdann ist die Genugthuung auch an ihn als den einzig zur Vertretung des Unterstaates Berechtigten zu leisten. Schwieriger ist dagegen die Sachlage, wenn die Handlungsfähigkeit des letzteren nur eingeschränkt ist, wenn er nur zur Vornahme gewisser Handlungen der Genehmigung des Oberstaates bedarf. Die Einholung der Zustimmung desselben wird in den Protektoratsverträgen zur Eingehung von Verpflichtungen, nicht aber zur Geltendmachung von Rechten erfordert. Wäre das Verhältnis zwischen Ober- und Unterstaat hiermit erschöpfend geregelt, so wäre eine Mitwirkung des ersteren bei der Erhebung von Forderungen durch letzteren ausgeschlossen. Dem Oberstaate gebührt aber ein allgemeiner Einfluß auf die Leitung der auswärtigen Angelegenheiten als Äquivalent für die übernommene Schutzpflicht. Die von ihm auszuübende Kontrolle kann nicht mechanisch auf bestimmte Gegenstände beschränkt werden, sondern erstreckt sich auf alle Gebiete völkerrechtlicher Thätigkeit des Unterstaates, welche nicht speziell von ihr ausgenommen sind. Wenn in den Protektoratsverträgen bestimmt wird, der Unterstaat müsse die Genehmigung des Oberstaates zum Abschluß von Verträgen einholen, so kommt dem daher nur die Bedeutung zu, daß ohne Zustimmung des Oberstaates abgeschlossene Verträge fortan ungiltig sind. Es ist aber nicht daraus zu folgern, daß das Einmischungsrecht des Oberstaates sich auf die Verträge beschränke; dieser muß vielmehr immer in der Lage sein, einen Einfluß auf die auswärtigen Beziehungen des Unterstaates auszuüben, um dadurch einer unnötigen Inanspruchnahme seiner eigenen Schutzpflicht vorzubeugen. Namentlich braucht er Herausforderungen anderer Staaten durch übertriebene Forderungen des Unterstaates nicht zu dulden.

Wenn daher der letztere auch prinzipiell berechtigt ist, wegen Beleidigungen und Rechtsverletzungen Genugthuung zu heischen, so ist doch der Oberstaat zur Einmischung befugt. Er kann jenem die Aufstellung unberechtigter, sowie die unzweckmäßige Geltendmachung berechtigter Forderungen untersagen. Käme der Unterstaat dem nicht nach, so brauchte der Oberstaat für die Folgen der gegen seinen Willen unternommenen Handlungen nicht einzustehen; er wäre auch befugt, dem beteiligten dritten Staate anzuzeigen, daß er die Forderungen des Unterstaates nicht unterstütze; und schließlich könnte er diesen zur Unterwerfung unter seinen Willen zwingen.

Andererseits ist aber der Oberstaat nicht nur berechtigt, sondern sogar verpflichtet, begründete Forderungen des Unterstaates mit Nachdruck zu unterstützen. Vermöge seiner Schutzpflicht hat er sich derselben anzunehmen, sie gewissermaßen zu seinen eigenen zu machen.

Der Oberstaat hat demnach auch dafür Sorge zu tragen, daß andere Staaten die mit dem Unterstaat geschlossenen Verträge erfüllen. Besonders häufig wird er für die Unterthanen desselben im Auslande einzutreten haben. Es wurde schon darauf hingewiesen, daß die Oberstaaten meistenteils den Schutz der Angehörigen des Unterstaates in fremden Ländern ganz in ihre Hand nehmen. Aber selbst wenn dies nicht geschehen ist, wenn der Unterstaat seine im Auslande befindlichen Angehörigen in erster Linie selbst schützt, wird doch der Oberstaat ihm auch hierbei seine Unterstützung nicht versagen dürfen, soweit er sie ihm überhaupt angedeihen lassen muß. Italien erkannte die Berechtigung Frankreichs zum Schutze der tunesischen Unterthanen auf Grund des Vertrages von Kasr Said gelegentlich des bereits erwähnten florentiner Vorfalls an. Von besonderem Interesse ist das Verhältnis Frankreichs zur Türkei. Letztere hat das französische Protektorat über Tunis nicht anerkannt und gegen die Giltigkeit des Vertrages von Kasr Said protestiert. Dennoch beanspruchte Frankreich das Recht, die in dem ottomanischen Reiche lebenden Tunesier zu beschützen[62]), die Hohe Pforte aber widersprach dem. Bei der großen Anzahl der auf türkischem Gebiet wohnenden Unterthanen des Bey — es sollen viele tausend sein — ist

---

[62]) Vgl. die Note des Lord Granville vom 22. Juni 1881 und die des Lord Lyons vom 23. Juni 1881 im Staatsarchiv Bd. 39 (1881) Nr. 7499 u. 7500. Vgl. oben S. 110/111.

dieser Konflikt von großer Bedeutung; welche Lösung er gefunden hat, ist uns unbekannt. Der Protest des Sultans gegen die Schutzherrschaft Frankreichs war, wie schon auseinandergesetzt wurde, durchaus gerechtfertigt. Da aber die Türkei auf diesen Protest sich beschränkte und keine Anstalten zur Aufrechterhaltung ihrer Oberhoheit über Tunis traf, so ist die Rechtsbeständigkeit des französischen Protektorates nicht zu bezweifeln. Ein solches erstreckt jedoch nur dann seine Wirkungen auf das Verhältnis zu anderen Staaten, wenn diese es anerkennen. Es braucht deshalb die Hohe Pforte die Beschützung tunesischer Unterthanen durch Frankreich in ihrem Gebiete nicht zu dulden. Dem etwaigen Einwande, daß die französische Republik vom Bey mit dem Schutze seiner Unterthanen beauftragt und zu einem solchen Auftrage die Zustimmung anderer Staaten nicht erforderlich sei, würde entgegenstehen, daß kein Staat verpflichtet ist, auf seinem Gebiete den Beamten und Vertretern eines anderen Staates die Ausübung irgend welcher amtlichen Thätigkeit zu gestatten. Deshalb giebt die vom Bey erteilte Vollmacht der französischen Regierung nicht die Befugnis, sich in der Türkei der Tunesier anzunehmen. Wohl aber stand Großbritannien die Beschützung der im osmanischen Reiche lebenden Jonier zu, nachdem die Pforte das britische Protektorat über den Siebeninselstaat anerkannt und die Jonier den englischen Unterthanen gleichgestellt hatte[63]).

Es ist nun noch zu prüfen, von wem dritte Staaten Genugthuung für die ihnen durch den Unterstaat zugefügten Verletzungen fordern dürfen. Ein jedes dem Unterthan eines Staates von einer anderen Staatsgewalt zugefügte Unrecht ist eine Beleidigung jenes Staates. Wenn der Unterstaat also den in seinem Lande weilenden Angehörigen anderer Staaten zu nahe tritt, wenn die Beamten, Konsuln u. s. w. eines anderen Staates Unbilden erleiden, so ist der Fall einer vom Unterstaate begangenen oder zu sühnenden Rechtsverletzung gegeben. An wen halten sich fremde Staaten dann?

Auch in diesen Fällen erscheint es zweifelsfrei, daß das Begehren um Genugthuung an den Oberstaat zu richten ist, wenn dieser den Unterstaat in allen auswärtigen Beziehungen vertritt. Denn eine solche Vertretung bedeutet nicht nur Wahrnehmung der Rechte,

---

[63]) Vgl. die Erklärung der ottomanischen Pforte vom 24. April 1819 bei Martens, Nouveau Recueil Bd. IV S. 387 ff.

sondern auch Erfüllung der Pflichten des Unterstaates. Von der Beschaffenheit des einzelnen Falles wird es abhängen, ob der Oberstaat lediglich im Namen des Unterstaates sein Bedauern über das Vorgefallene auszusprechen oder im Namen desselben eine sühnende Leistung vorzunehmen oder endlich die Vornahme einer solchen durch den Unterstaat herbeizuführen hat. Die völkerrechtliche Verantwortung trägt jedenfalls der Oberstaat.

Dieselbe liegt ihm aber auch dann ob, wenn er den Unterstaat nicht in allen auswärtigen Beziehungen vertritt, sondern nur ein Einspruchsrecht gegen dessen Handlungen hat. Er ist eben der Vormund des Unterstaates und hat dafür Sorge zu tragen, daß dieser kein Unrecht begehe, widrigenfalls die Geschädigten an ihn wegen Vernachlässigung der schuldigen Aufsicht sich halten können. Eine solche Verantwortung darf der Oberstaat nicht ablehnen. Da er in der Lage ist, einen Einfluß auf die Handlungen des Unterstaates auszuüben, so kann er die Zurückführung der nicht von ihm untersagten Handlungen auf seinen Willen nicht hindern, und muß es dem dritten Staate unverwehrt bleiben, die Genugthuung vom Oberstaate direkt zu fordern. Der dritte Staat kann aber auch an den schuldigen Unterstaat persönlich sich wenden; denn dieser ist ihm selbstverständlich in erster Linie verhaftet und, da er nicht handlungsunfähig ist, auch zur Leistung im stande.

### 5. Die Entscheidung von Streitigkeiten.

Leistet der verpflichtete Teil die gebührende Genugthuung bezw. das sonst Geschuldete nicht, so bleibt dem Berechtigten nur übrig, zu Gegen- und Gewaltmaßregeln zu schreiten. Es entsteht deshalb auch hier wieder die Frage: Wendet sie der Ober- oder der Unterstaat an, bezw. gegen welchen von beiden sind sie von anderen Staaten zu richten?

Die Natur des Protektorats bedingt gerade auf dem Gebiete der Staatsstreitigkeiten die größte Beschränkung der Selbständigkeit des Unterstaates. In dem zu leistenden Beistande gipfelt die Schutzpflicht des Oberstaates; er muß deshalb hier am meisten in der Lage sein, auf jenen bestimmend einzuwirken. Eine einseitige Behandlung der Streitigkeiten durch den Unterstaat würde den Oberstaat in Abhängigkeit von diesem bringen. Er muß mithin, auch ehe es zum Kriege kommt, seinen Einfluß geltend machen, um zur Beilegung des Zwistes oder zur Anerkennung der Rechte des Unterstaates beizutragen.

Die allgemeine Vertretung des letzteren durch den ersteren erscheint demnach zweckgemäß und sachdienlich. Sie allein ermöglicht eine einheitliche Durchführung der Streitigkeiten und läßt für Meinungsverschiedenheiten zwischen Ober- und Unterstaat keinen Raum, denn nur jener tritt alsdann handelnd auf. Ist dagegen der Unterstaat zum selbständigen Verkehre mit fremden Mächten befugt, so wird häufig durch das spätere Eingreifen des Oberstaates eine veränderte Auffassung und Behandlung der Sache eintreten, unter welcher das Ansehen und die Würde des Unterstaates mehr leidet, als unter der ausschließlichen Vertretung durch den Oberstaat. In solchen Fällen wird zunächst der Unterstaat die Streitigkeiten im Wege der Verhandlungen allein zu erledigen suchen. Führen diese jedoch nicht zum Ziele, stellt sich die Notwendigkeit der Ergreifung von Maßregeln der Selbsthilfe heraus, so bedarf er der Mitwirkung des Oberstaates und muß dessen Anschauungen sich anbequemen. Eine eigenmächtige Anwendung der Selbsthilfe wäre geradezu eine Vertragsverletzung, denn durch den Protektoratsvertrag hat der Unterstaat des Rechts selbständiger Erzwingung seiner Ansprüche sich begeben.

Noch weniger wie die Befugnis zur Anwendung von Retorsion und Repressalien steht ihm das Recht selbständiger Kriegsführung zu[64]). Selbst wenn er nicht in allen auswärtigen Beziehungen vom Oberstaate vertreten wird, darf er doch einen Krieg nicht beginnen. Denn er ist unfähig zum selbständigen Handeln, soweit durch dasselbe eine völkerrechtliche Verpflichtung seinerseits, eine Verantwortung des Oberstaates begründet wird. Eine Kriegserklärung des Unterstaates würde ungiltig und unverbindlich für den Oberstaat sein. Dagegen ist dieser zur Kriegserklärung im Namen jenes auch ohne dessen Einwilligung befugt. Denn weil er die Verantwortung für die Integrität desselben trägt, muß ihm auch die Entscheidung über die Ergreifung der notwendigen Maßregeln zustehen.

---

[64]) Vgl. v. Holtzendorff II § 25 S. 104/5. — Rivier: Lehrbuch des Völkerrechts Stuttgart 1889 § 8 S. 96.

Auf der anderen Seite dürfen dritte Staaten, selbst wenn sie nur mit dem Oberstaate in direktem Verkehre stehen, doch nicht außer Acht lassen, daß dieser den Unterstaat nur vertritt. Unbilligkeiten und Rechtswidrigkeiten des letzteren sind deshalb im Wege der Retorsion und Repressalien an diesem selbst zu ahnden. Nur wenn sie ausdrücklich vom Oberstaate veranlaßt oder von ihm selbst verübt sind, kann die Vergeltung auch gegen ihn gerichtet werden. Sie wird dann aber nicht gegen ihn als den Vormund des Unterstaates, sondern als den verletzenden Teil geübt. Was dagegen den Krieg anbetrifft, so kann er nicht allein gegen den Unterstaat geführt werden. Eine jede Kriegserklärung an ihn ist ipso iure an den Oberstaat mit gerichtet[65]). Auch ein Angriff auf den Unterstaat ist eine Kriegserklärung an den Oberstaat. Letzterer kann in einem Kriege zwischen jenem und einem anderen Staate nicht neutral bleiben, ohne den Protektoratsvertrag zu brechen. Eine von ihm im Namen des Unterstaates allein erlassene Kriegserklärung machte ihn deshalb ohne weiteres selbst zur Kriegspartei; und darum wird er sie wohl auch immer im eigenen Namen ergehen lassen.

Wenn nun auch dem Unterstaate ein selbständiges Kriegsführungsrecht nicht zusteht, so ist doch die Verteidigung desselben nicht ausschließlich Sache des Oberstaates. Es wäre eine irrige Auffassung des Verhältnisses, wollte man diesem allein die Schutzpflicht aufbürden und jenen für berechtigt erachten, die Hände in den Schooß zu legen und sein Heil lediglich von der Thätigkeit des Oberstaates zu erwarten. Dadurch, daß er sich in den Schutz des letzteren begab, hat er den Wunsch nach Erhaltung seiner Existenz zum Ausdruck gebracht. Wer sich aber nicht selbst verteidigt, darf keinen Anspruch erheben auf ein selbständiges Dasein. Der Unterstaat ist deshalb nicht nur zur Selbstverteidigung berechtigt[66]), sondern sogar verpflichtet. Der Oberstaat darf dieselbe von ihm fordern. Nicht nur bei einem plötzlichen Überfall muß der Unterstaat sich zur Wehr setzen, sondern an jedem in seinem Interesse vom Oberstaate geführten Kriege, sei dies ein Angriffs- oder Verteidigungskrieg, hat er mit der gesamten ihm zu Gebote stehenden Macht teilzunehmen. Diese Pflicht des Unterstaates ist so selbstverständlich, daß sie in den

[65]) So v. Holtzendorff a. a. O.

[66]) Rivier a. a. O.

Protektoratsverträgen nur selten hervorgehoben wird. Ausdrücklich war die Königin Pomare verpflichtet, im Falle eines Krieges oder eines Angriffes von außen her ihre gesamten Streitkräfte und alle Hilfsmittel ihres Landes dem französischen Kommissar zur Verfügung zu stellen[67]). Der Königin von Madagaskar hat Frankreich bei der Verteidigung ihrer Staaten Beistand zu leisten[68]). Erstere ist mithin der Pflicht eigenen Widerstandes gegen feindliche Angriffe nicht entbunden. In dem bereits einmal erwähnten, den Friedensvertrag vom 17. Dezember 1885 erläuternden Schreiben der französischen an die madagassischen Unterhändler vom 9. Januar 1886 versichern die ersteren, daß ihre Regierung der Königin von Madagaskar nur nach vorhergegangener Aufforderung Beistand leisten würde[69]). Auch dieser Passus des Schreibens bringt wohl nur die persönliche Ansicht der französischen Bevollmächtigten zum Ausdruck; denn daß ein Oberstaat sich selbst so die Hände binde, ist höchst unwahrscheinlich. Als der für das unveränderte Fortbestehen des Unterstaates verantwortliche Teil kann er es sich nicht nehmen lassen, dann persönlich einzugreifen, wenn er es für notwendig hält. Gesetzt den Fall, der Unterstaat würde von einem Gegner angegriffen, dessen Besiegung er sich allein zutraut, und vermiede aus berechtigtem Selbständigkeitstriebe die Anrufung der Hilfe des Oberstaates, sollte dieser dann zu einer abwartenden Stellung solange genötigt sein, bis der unterliegende Unterstaat ihn im kritischen Momente um Beistand fleht, trotzdem ein früheres Eingreifen ungleich vorteilhafter wäre? Ein derartig passives Verhalten ist ihm nicht zuzumuten. Er muß darüber entscheiden, ob der Schutzfall eingetreten sei oder nicht.

Es darf nicht verschwiegen werden, daß Frankreich in dem ersten Vertrage mit Annam vom 15. März 1874 sich verpflichtete, dem Könige dieses Reiches auf seine Aufforderung hin Beistand zu leisten. Diese Vereinbarung steht jedoch der vorstehend entwickelten Auffassung nicht entgegen. Ohne eine Aufforderung des Unterstaates war der Oberstaat zur Hilfsleistung nicht verpflichtet, wohl aber berechtigt. Der Sinn jenes Abkommens war wohl der, dem Könige von Annam zunächst die Entscheidung darüber vorzubehalten, ob er

---

[67]) Konvention von Papeete vom 5. August 1847 Art. 33.

[68]) Vertrag vom 17. Dezember 1885 Art. 11.

[69]) Staatsarchiv Bd. 46 (1886) Nr. 8846 Anm. Vgl. oben S. 103/4.

Angriffe allein oder mit französischem Beistande abwehren wolle. Andererseits aber war Frankreich allerdings zum Einschreiten befugt, wenn der König trotz offenkundigen Unvermögens, seine Staaten selbst zu beschirmen, dennoch die Hilfe des Oberstaates nicht in Anspruch nahm. Dieser Fall trat bei den Wirren in Tonkin im Jahre 1883 ein. Zunächst verhielt sich Frankreich damals abwartend; als aber die Anarchie in Tonkin immer weiter um sich griff und die Unfähigkeit des Hofes von Huë zu ihrer Unterdrückung klar zu Tage trat, nahm es schließlich die Wiederherstellung der Ordnung eigenmächtig in seine Hand. Die Berechtigung hierzu ist ihm wohl nicht abzustreiten. Pflicht des Königs von Annam wäre es gewesen, seine Hilfe nachzusuchen; seine Pflicht als Oberstaat aber war es, für die Integrität Annams zu sorgen, auch gegen den bösen Willen des Huëschen Hofes.

Aus dem Mangel eines selbständigen Kriegführungsrechts ergiebt sich auch die Unfähigkeit des Unterstaates zum autonomen Abschluß von Friedensverträgen[70]). Selbst derjenige Unterstaat, welcher andere Verträge selbst schließen darf und nur die Genehmigung des Oberstaates zu denselben einzuholen hat, kann doch einen Friedensvertrag allein nicht schließen. Nur insofern mag hier ein Unterschied zwischen dem handlungsunfähigen und dem beschränkt handlungsfähigen Unterstaate bestehen, als ersterer beim Friedensvertrage überhaupt nicht, letzterer aber neben dem Oberstaate mitwirken kann. Eine solche Mitwirkung müßte in ähnlicher Weise erfolgen wie die Bulgariens bei Abschluß des Friedensvertrages mit Serbien am 3. März 1886[71]). Wahrscheinlich wurde dem Fürsten Alexander in diesem Falle ein Mitwirkungsrecht von der Pforte deshalb zugestanden, weil sie ihrem Vasallen den geschuldeten Schutz während des Krieges versagt und die serbische Kriegserklärung auf sich nicht bezogen hatte. Letztere war allerdings ausdrücklich nur gegen Bulgarien gerichtet[72]), wirkte jedoch nach strengem Rechte auch gegen die Pforte selbst. Die Stellung der beschränkt rechtsfähigen Staaten ist im Kriege der der protegierten sehr ähnlich, beruht aber, wie

[70]) Vgl. v. Holtzendorff a. a. O.

[71]) Staatsarchiv Bd. 47 (1887) Nr. 8978.

[72]) Rundschreiben Garaschanins vom 14. November 1885 im Staatsarchiv Bd. 46 (1886) Nr. 8887.

oben auseinandergesetzt wurde, auf einem ganz anderen Prinzipe, und dieses führt dann doch wieder zu einer grundsätzlichen Verschiedenheit, wenn man danach fragt, wer in solchen Kriegen Kriegspartei sei.

Daß ein jedes Volk, mag seine politische Organisation beschaffen sein wie sie wolle, gegen Angriffe sich verteidigen darf, ist über jeden Zweifel erhaben[73]). Deshalb steht ihm aber ein Kriegsführungsrecht noch nicht zu. Bulgarien brauchte im Jahre 1885 den serbischen Überfall nicht über sich ergehen zu lassen; es hätte aber selbst keinen Krieg beginnen können[74]). Ein solches Recht hat es nie besessen. In einem Kriege gegen die Pforte, — und von Rechtswegen kommt nur dieser Charakter einem gegen Bulgarien geführten Kriege zu, — ist es deshalb ebenso wenig Partei, wie Ägypten es im Jahre 1877 war; wie dieses braucht es am Friedensschluß nicht teilzunehmen und wird doch von den Wirkungen desselben betroffen. Anders aber ist die Stellung der protegierten Staaten, denn ihre Rechtsfähigkeit ist nicht beschränkt. Nur die selbständige Ausübung der Rechte ist ihnen untersagt. Streng genommen steht ihnen deshalb auch das Kriegsführungsrecht zu, nur daß nicht sie, sondern die Oberstaaten es ausüben. Die Unterstaaten sind deshalb stets Kriegspartei[75]), genießen die Rechte der Kriegführenden. Da, wie schon erwähnt, der Oberstaat nicht neutral bleiben kann, führen dritte Staaten gegen Unter- und Oberstaat Krieg. Letztere erscheinen ihnen gegenüber als verbündete Mächte, wenn auch der Oberstaat nicht nur seine eigenen, sondern auch des Unterstaates Rechte wahrnimmt. Das Streitkorps des letzteren ist eine selbständige Armee, während z. B. die ägyptischen Hilfstruppen im Jahre 1877 nur einen Teil der türkischen Armee bildeten. Hiermit steht es auch nicht im Widerspruch, daß die Oberstaaten sich in einigen Fällen das Kommando über die Truppen des Unterstaates ausbedungen haben[76]); denn es handelt sich hier nicht um

[73]) Vgl. v. Holtzendorff a. a. O.

[74]) Vgl. das Schreiben des bulgarischen Ministers Tsanow an die Vertreter der Großmächte vom 16. November 1885 im Staatsarchiv Bd. 46 (1886) Nr. 8892.

[75]) Anderer Ansicht Lüder in v. Holtzendorffs Handbuch IV § 60 S. 238.

[76]) Pariser Vertrag vom 5. November 1815 Art. 5. — Konvention von Papeete vom 5. August 1847 Art. 32.

taktische Formationen, sondern um den Rechtsstandpunkt. Der zwischen dem Oberstaate und dem Gegner geschlossene Frieden erstreckt sich von Rechtswegen nur dann auf den Unterstaat, wenn dies vereinbart wurde.

Bisher wurden lediglich die Streitigkeiten zwischen dem Unterstaate und dritten Staaten ins Auge gefaßt, aber keine Rücksicht auf die zwischen letzteren und dem Oberstaate genommen. Daß diese an sich den Unterstaat nicht berühren dürfen, liegt auf der Hand. Es wäre paradox, wenn derselbe durch das Protektorat, welches ihm vor anderen Mächten Schutz gewähren soll, in die internationalen Verwicklungen seines Oberstaates hineingezogen würde. Auf der anderen Seite ist das durch das Protektorat um Ober- und Unterstaat geschlungene Band ein so enges, daß man doch der Frage näher treten muß, ob letzterer in den Kriegen des ersteren neutral bleiben könne oder nicht. Trotzdem Kambodscha und die Gesellschaftsinseln im Jahre 1870 unter französischem Protektorate standen, wurde diese Frage in dem deutsch-französischen Kriege aus nahe liegenden Gründen praktisch nicht entschieden. Wohl aber hat der Krimkrieg hierzu Veranlassung gegeben.

Nach Ausbruch dieses Krieges befragten einige in Konstantinopel ansässige Jonier den britischen Botschafter daselbst, ob die ionische Flagge während der Dauer der Feindseligkeiten als neutrale betrachtet werden könne. Der Botschafter verneinte dies. Auch die englische Regierung entschied, daß bei den zwischen Großbritannien und den ionischen Inseln bestehenden Beziehungen und in Gemäßheit des Pariser Vertrages und der ionischen Verfassung eine Neutralität des Siebeninselstaates unmöglich, die Fortsetzung der bisherigen Freundschafts- und Handelsbeziehungen mit Rußland unzulässig sei. Diese Entscheidung wurde dem englischen Lord Oberkommissar auf Korfu mitgeteilt und von dem Senate der ionischen Inseln bekannt gemacht[77]).

Im Verlaufe des Krieges wurde von englischer Seite ein ionisches Schiff aufgebracht, weil es mit dem russischen Hafen Taganrog Handel trieb, obwohl dieser Hafen nicht blockiert war und obwohl das Schiff keine Kriegscontrebande mit sich führte. Die

---

[77]) Vgl. die Proklamation des Senates vom 6. Juni 1854 bei Martens-Sammer, Nouveau Recueil général. Bd. 16 Teil 2 S. 92/93.

Prise wurde jedoch nicht für gut befunden. Das englische Gericht nahm an, daß die Aufbringung nur dann gerechtfertigt sein würde, wenn die ionischen Schiffe den englischen ipso iure gleichständen, die Jonier britische Unterthanen wären. „Befinden sich", so heißt es weiter in dem Urteilsspruche, „die ionischen Unterthanen in solcher Stellung? Es ist allseitig anerkannt, daß sie nicht britische Unterthanen in der eigentlichen Bedeutung dieses Ausdrucks sind. Auf Grund des Vertrages nehmen sie nicht mit britischen Unterthanen an dem Vorteile des Handelsverkehrs teil. Sollen sie die denselben zustoßenden Nachteile mit erdulden, ohne ihrer Vorteile teilhaftig zu werden? Schulden sie der britischen Krone Unterthanenpflicht (allegiance) und haben sie diese durch solchen Handel verletzt? Dies ist vielleicht der bedenklichste und schwierigste Punkt. Unterthanenpflicht in des Wortes strengster Bedeutung schulden sie zweifellos nicht; einen beschränkten Gehorsam aber sind sie auf Grund des Vertrages für den ihnen gewährten Schutz schuldig. Es sind Fälle denkbar, in welchen Großbritannien zu der Erklärung befugt wäre, daß der Handel mit dem Feinde in Rücksicht auf diesen Schutz abgebrochen werden müsse; ist dies aber ohne den Erlaß einer solchen Erklärung anzunehmen? Das Gericht war nicht der Ansicht. Und ist ferner die vorgebliche Unrechtmäßigkeit des Handels ein trotz des Mangels eines jeden Präzedenzfalls anzuwendender Grundsatz? Worauf soll ein solcher gestützt werden? Auf den Vorteil der ionischen Inseln gewiß nicht, denn diese sind ganz uninteressiert an dem Kriege. Ohne die Möglichkeit eigenen Nutzens können sie doch aber eines vorteilhaften Handels nicht verlustig gehen und das noch dazu ohne irgend eine formelle Erklärung der schützenden Macht!" Neben diesen Gründen kamen für das Gericht noch folgende Erwägungen in Betracht: „Das Schiff muß zurückgegeben werden, denn es steht nicht im Eigentum einer verbündeten Kriegspartei. Eine solche Stellung ist den ionischen Inseln weder nach dem Vertrage, noch nach dem Völkerrecht aufzuzwingen. Wenn Großbritannien nach dem Vertrage auch berechtigt war, zwischen den ionischen Inseln und Rußland den Krieg zu erklären, so hatte es dies doch nicht gethan. In Ermangelung einer jeglichen derartigen Erklärung kann man nicht annehmen, daß die ionischen Inseln im Kriegszustande sich befinden. Es ist die Pflicht des Richters, die völkerrechtlichen Verträge voll und ganz zur Anwendung zu bringen, auch wenn deren Folgen vielleicht nicht vorhergesehen waren[78])".

Nachdem dieses Urteil ergangen war, verbot die englische Regierung in formeller Weise den Handel der ionischen Inseln mit Rußland während der Dauer der Feindseligkeiten[79]).

Der dem Urteil des englischen Gerichts zu Grunde liegende Gedanke ist kurz der: Die ionischen Inseln bilden keinen integrierenden Bestandteil der britischen Monarchie, sondern ein von derselben getrenntes Staatswesen. Deshalb nehmen sie an den Kriegen jener nicht von selbst teil, sondern nur dann, wenn die hierzu befugte britische Regierung es ausdrücklich erklärt; anderenfalls bleiben sie neutral. Dieser Auffassung ist unbedingt beizutreten.

Der Neutralität des Unterstaates steht das auf seinem Gebiete dem Oberstaate häufig eingeräumte Besatzungsrecht entgegen. Dasselbe dient zwar nur dazu, dem Oberstaate die Verteidigung des Unterstaates zu erleichtern und die Botmäßigkeit des letzteren im Notfalle zu erzwingen. Der Gegner des Oberstaates ist aber schwerlich in der Lage zu wissen, wozu derselbe seine im Unterstaate befindlichen Truppen verwendet. Soll letzterer als neutral behandelt werden, so muß er, bezw. der Oberstaat für ihn auch die Pflichten eines neutralen Staates ausüben. Die Truppen des Oberstaates haben mithin bei Ausbruch des Krieges das Gebiet des Unterstaats sofort zu verlassen.

Eine Teilnahme des Unterstaates an den Kriegen des Oberstaates ist übrigens nicht ausgeschlossen; letzterer ist in der Lage, sie herbeizuführen. Sie widerspräche aber dem Zwecke des Protektorats, sobald der Krieg nicht im Interesse des Unterstaates geführt wird. Wo die Neutralität desselben infolge des Protektoratsvertrages ausgeschlossen ist, da erscheint das Wesen des Protektorates nicht in seiner reinen Gestalt. Es war dies bei dem Verhältnis Großbritanniens zu Transvaal vom Jahre 1881 bis zum Jahre 1884 der Fall. Dem Oberstaate stand damals die Befugnis zu, während eines von ihm, sei es allein, sei es in Gemeinschaft mit dem Unterstaate, geführten Krieges Truppen durch das Gebiet des letzteren

---

78) aus Spinks Prize Cases, zitiert von Phillimore Bd. I S. 106/7.

79) Phillimore a. a. O.

marschieren zu lassen[80]). Die Gestattung eines solchen Durchzugs ist mit der Neutralität unvereinbar, gleichviel ob die Erlaubnis für einen speziellen Fall oder generell im voraus für alle Kriege erteilt wurde. Ist aber ein Staat gar ein für alle Mal zur aktiven Teilnahme an den Kriegen eines anderen verpflichtet, so kommt einem solchen Bündnisse der Name eines Protektorats nicht zu; denn alsdann schützt nicht nur der Mächtigere den Schwächeren, sondern auch dieser unterstützt jenen. Solcher Art war das sogenannte Protektorat Napoleons I. über den Rheinbund und die Schweiz. In beiden Fällen haben die protegierten Staaten während der ganzen Dauer des Verhältnisses ihren Protektor mit Truppen unterstützt und seine Schlachten mit ausfechten helfen, sie selbst aber haben von dem Schutze Frankreichs wenig Vorteil genossen. Wohl durften die Rheinbundstaaten nicht selbständig, sondern nur nach einer Aufforderung Napoleons zur Mobilmachung schreiten; aber an jedem Kriege eines der verbündeten Teile auf dem europäischen Kontinente mußte der andere Teil vertragsmäßig teilnehmen[81]). Nach dem zwischen Frankreich und der Schweiz am 27. September 1803 abgeschlossenen Bündnisvertrage[82]) war die Aufrechterhaltung der Neutralität der letzteren zwar Zweck der Defensivallianz. Durch eine Militärkonvention vom gleichen Tage[83]) aber erlangte Frankreich das Recht zur Anwerbung von 16000 Mann schweizerischer Truppen, welche besondere Regimenter bilden sollten. Zudem waren die Kantone nach Art. 3 des Bündnisvertrages verpflichtet, im Falle eines Angriffes auf das französische Gebiet der französischen Regierung nach ergangener Aufforderung weitere 8000 Mann zu stellen. Daß die verbündeten Ostmächte im Jahre 1813 eine so beschaffene Neutralität nicht anerkannten, ist nur zu billigen[84]).

---

[80]) Vertrag vom 3. August 1881 Art. 2b.

[81]) Rheinbundsakte vom 10. Juli 1806 Art. 12, 25, 26 bei Martens, Supplément au Recueil Bd. IV S. 313 ff.

[82]) ibidem Bd. III S. 568 ff.

[83]) ibidem Bd. III S. 576 ff.

[84]) Hilty, Die Neutralität der Schweiz in ihrer heutigen Auffassung. 2. Aufl. Bern 1889 S. 35. — Vgl. besonders den ausführlichen Aufsatz desselben Autors „Unter dem Protektorat" in seinem politischen Jahrbuch der schweizerischen Eidgenossenschaft Bd. I 1886.

Der Unterstaat nimmt also an den Kriegen des Oberstaates nicht teil; es ist dies ein wesentlicher Unterschied zwischen protegierten und Vasallenstaaten; die Heeresfolge in Kriegen des Suzeräns ist eine wesentliche Pflicht der letzteren[85]).

Der Oberstaat hat ferner das Verhalten des Unterstaates auch während eines zwischen anderen Staaten geführten Krieges zu bestimmen; in der Regel wird er die Neutralität desselben proklamieren oder deren Erklärung von ihm fordern. Dann ist er selbstverständlich befugt, die Erfüllung der Neutralitätspflichten von ihm zu verlangen, darf ihm aber auch keine diesen zuwiderlaufende Handlung ansinnen. Nach Ausbruch des Aufstandes der Griechen gegen die Pforte verkündete Großbritannien die englisch-ionische Neutralität am 9. April 1821[86]). Notwendig war das nicht, denn jene Revolution war kein völkerrechtlicher Krieg, und es besteht kein Rechtssatz, welcher den unbeteiligten Mächten während innerer Unruhen in einem anderen Staate Neutralitätspflichten auferlegte. Wenn ein fremder Staat jedoch eine aufständische Partei als kriegführende Macht anerkennt, — und das geschieht durch Erklärung der Neutralität, — dann muß er auch die Pflichten eines neutralen Staates üben. Ursprünglich war England mithin berechtigt, der Türkei bei der Unterdrückung des Aufstandes selbst und durch den ionischen Staat Vorschub zu leisten. Nachdem es aber die Neutralität proklamiert hatte, mußte es sie durchführen und für ihre Beobachtung von Seiten der ionischen Inseln Sorge tragen. So berechtigt die Sympathieen der Jonier für ihre Stammesgenossen auch waren, so durfte England doch die Unterstützung dieser durch jene nicht dulden. Von den ionischen Inseln wurden nicht nur reiche Geldspenden nach Morea gesendet, sondern ionische Schiffe gingen zur griechischen Flotte über, ohne auch nur die Flagge zu ändern; die Angehörigen des Siebeninselstaates griffen in großer Zahl zu den Waffen; die Gebrüder Metaxas, selbst mit englischer Uniform bekleidet, führten eine 450 Mann starke, sogenannte ionische Armee von Kephalonia nach Elis, die Bewohner Cerigos lockten im Einverständnis mit den Mainoten eine Schar von Türken nach ihrer Insel und metzelten sie

---

85) Vgl. Stubbs a. a. O.

86) Hertzberg, Geschichte Griechenlands Bd. IV S. 278.

dort nieder[87]). Daß England eine solche Begünstigung nicht litt und energische Maßregeln zu ihrer Verhinderung traf, ist nur zu billigen. Am 10. August 1821 wurden die Jonier sämtlich entwaffnet, nach und nach der Belagerungszustand über alle Inseln verhängt. Auf der anderen Seite hätte die englische Regierung aber auch den Türken nicht einseitig Vorteile gewähren dürfen: sie gestattete ihrer Flotte den Zugang zu den ionischen Häfen und die Einnahme von Proviant daselbst, verweigerte aber den griechischen Schiffen die nämliche Vergünstigung; sie beförderte die türkische Korrespondenz und belegte die griechische nicht nur mit Beschlag, sondern eröffnete sogar die Briefe[88]). Mit der proklamierten Neutralität war eine so parteiische Handlungsweise unvereinbar. Das Ministerium Canning setzte ihr auch bald ein Ende.

[87]) Hertzberg a. a. O. S. 113/114. — v. Prokesch-Osten, Geschichte des Abfalls der Griechen Bd. I S. 151/52 (Wien 1867).

[88]) Gervinus, Geschichte des 19. Jahrhunderts Bd. V. 1 S. 424/5.

## IV. Einwirkung des Protektorats auf die Beziehungen zwischen Ober- und Unterstaat.

Alles bisher über die Handlungsunfähigkeit bezw. über die beschränkte Handlungsfähigkeit des Unterstaates Gesagte kann nicht absolute, sondern nur relative Bedeutung für sich in Anspruch nehmen. Es gilt nur insoweit, als das Verhältnis des Ober- und Unterstaates zu dritten Staaten in Betracht kommt; auf ihre Stellung zu einander ist es nicht anwendbar. Im Verkehr mit dem Oberstaate genießt der Unterstaat volle Handlungsfähigkeit; denn es giebt niemand, der ihn hier zu vertreten vermöchte. Der Oberstaat kann nicht mit sich selbst kontrahieren. Hiergegen könnte möglicherweise eingewendet werden, der Oberstaat sei gar nicht darauf angewiesen, mit dem Unterstaate Verträge abzuschließen, er könne ja befehlen!

Kann er das in der That? Spräche man dann aber nicht richtiger von einer Herrschaft als von einem Protektorat? Eine Herrschaft ausüben kann nur der Herr. Herr aber ist nicht der, welcher einen Befehl erteilt, sondern nur der, welcher für sich selbst befiehlt. Und das kann der Oberstaat nicht. Wohl vermag derselbe dem Unterstaate vorzuschreiben, was er im Verkehr mit dritten Staaten zu thun und zu lassen habe. Er ist aber nicht befugt, ihm eine Leistung an sich selbst — den Oberstaat — anzubefehlen. Auch hierin steht er wieder dem Vormunde gleich, welcher dem Mündel alles vorschreiben kann, nur das nicht, was es ihm selbst gewähren solle. Man kann deshalb von einer vormundschaftlichen Gewalt, nicht aber von einer Herrschaft des Oberstaates über den Unterstaat sprechen.

Im Verkehre mit jenem ist dieser also vollständig handlungsfähig. Befehle kann der Oberstaat nur erteilen, sofern ihm dies vertragsmäßig gestattet ist oder seine vormundschaftliche Gewalt es mit sich bringt. In wie weit dies der Fall ist, wird im Folgenden des näheren auszuführen sein.

### 1. Verkehr zwischen Ober- und Unterstaat.

Ein direkter Verkehr zwischen Ober- und Unterstaat muß unter allen Umständen stattfinden. Eine Organisation desselben ist unerläßlich. Aus dem Mangel des aktiven und passiven Gesandtschaftsrechts im allgemeinen folgt noch nicht, daß dem Unterstaate auch dem Oberstaate gegenüber ein solches nicht zukomme. Beispielsweise wird Äthiopien bei allen Unterhandlungen mit fremden Regierungen von der italienischen vertreten, hat aber mit der letzteren vereinbart: „Jeder der beiden vertragschließenden Teile kann sich durch einen beglaubigten diplomatischen Agenten bei dem anderen vertreten lassen und kann Konsuln, Agenten und Konsularagenten in den Staaten des anderen bestellen. Solche Beamte werden alle Vorrechte und Freiheiten genießen, welche bei europäischen Regierungen üblich sind [1]." Äthiopien hat demnach im Verkehr mit Italien volles aktives und passives Gesandtschaftsrecht und ist zur Absendung sowie zum Empfange von Konsuln berechtigt. Zudem unterstehen diese Beamte den Regeln des europäischen Völkerrechts; ohne ausdrückliche Bestimmung würde dies nach dem in der Einleitung Gesagten nicht der Fall sein. Nicht zu bezweifeln ist es deshalb, daß die äthiopische Regierung zur Ablehnung mißliebiger Personen als Gesandte, zur Verweigerung des Exequaturs für einzelne Konsuln befugt ist, daß sie von Rechts wegen in der Ausübung dieser Befugnis von Italien nicht beeinflußt werden darf. Da der Vertrag vom 27. Februar 1884 hierüber keine Bestimmungen enthält, sind der südafrikanischen Republik gleiche Gerechtsame zuzusprechen. Kommt doch derselben sogar im Verkehre mit anderen Staaten aktives und passives Gesandtschaftsrecht zu!

Auch Annam hatte ein solches der französischen Republik gegenüber nach dem Vertrage vom 15. März 1874, nach welchem seine bisherigen diplomatischen Beziehungen, wie erwähnt, unverändert fortbestehen sollten. Art. 20 dieses Vertrages bestimmte, der Präsi-

---

[1]) Vertrag vom 2. Mai 1889 Art. 2.

dent der französischen Republik solle einen mit dem Range eines Ministers bekleideten Residenten am Hofe des Königs von Annam ernennen, welchem die Sorge für die Aufrechterhaltung der freundschaftlichen Beziehungen zwischen beiden Staaten und für die gewissenhafte Ausführung des Vertrages obliege. Auch der König von Annam solle zur Ernennung von Residenten in Paris und Saigon berechtigt sein. Daß dem französischen Residenten in Huë hiernach diplomatischer Charakter zukommt, ist bei seiner Bezeichnung als Minister nicht zu bezweifeln. Dagegen wäre aus dem Umstande, daß nur für ihn, nicht aber für die annamitischen Residenten in Paris und Saigon jener Rang ausbedungen ist, anscheinend die Schlußfolgerung möglich, daß letztere des diplomatischen Charakters entbehrt hätten. Dem ist jedoch nicht so, denn es heißt weiter: Der Rang dieses — französischen — Gesandten, seine Ehrenrechte und Privilegien sollen später gemeinschaftlich und nach dem Prinzipe vollkommener Gegenseitigkeit unter den kontrahierenden Parteien festgestellt werden. Demnach sollten die annamitischen Residenten gleichfalls Gesandte sein. Denselben wurde auch thatsächlich dieser Charakter zuerkannt[2]). Ähnlich war das Verhältnis Frankreichs zu Kambodscha nach dem Vertrage vom 11. August 1863 geregelt: Der Oberstaat unterhält einen Residenten beim Unterstaate, und dieser einen solchen bei dem Generalgouverneur von Cochinchina. Daß der König von Kambodscha nur mit letzterem verkehren durfte, ändert an der rechtlichen Natur seiner Beziehungen zu Frankreich nichts. Es scheint so, als ob die im Jahre 1863 getroffenen Vereinbarungen hinsichtlich der Gestaltung des Verkehrs formell noch jetzt zu Recht bestehen. Denn der Vertrag vom 17. Juni 1884 hob den vom Jahre 1863 nicht auf, sondern ergänzte ihn nur. Von einer Veränderung der diplomatischen Beziehungen aber sagt er nichts.

Der Verkehr zwischen dem Oberstaate und dem Unterstaate muß jedoch nicht notwendigerweise durch gegenseitige Gesandte unterhalten werden, sondern die Pflege desselben kann auch eine einzige Person

---

[2]) Schreiben des Gouverneurs von Cochinchina, Admirals Lafont, an den französischen Minister der Marine und Kolonieen vom 31. Dezember 1877 und vom 17. September 1878 im Gelbbuch, Affaires du Tonkin I (1874/82). Paris 1883 Nr. 27 S. 74/75; Nr. 33 S. 84.

vermitteln. Es wäre denkbar, daß dem Unterstaate die Pflicht auferlegt würde, einen Vertreter am Sitze der Regierung des Oberstaates zu unterhalten „zum Zwecke der Berichterstattung oder im Sinne politischer Verantwortlichkeit[3])". So entsendeten seit dem Frieden von Kutschuk-Kainardschi die Donaufürstentümer Agenten nach Konstantinopel; der Sultan aber war bei den Hospodaren der Moldau und Walachei nicht vertreten. Auch Ägypten und Bulgarien unterhalten solche Agenten in Konstantinopel[4]). Eine derartige Verkehrsvermittlung scheint jedoch bei den in einem Protektoratsverhältnisse stehenden Staaten noch nicht vorgekommen zu sein. Auch entspricht es dem Wesen desselben nicht, daß der Unterstaat gewissermaßen die Befehle des Oberstaats entgegenzunehmen stets bereit zu sein hat. So sehr der letztere auf Ausbreitung seines Einflusses bestrebt sein mag, so wahrt er doch dem Unterstaate gegenüber in der Regel geflissentlich die Formen, damit die Kette nicht allzusehr drücke. „Der Protektor", sagt ein Franzose[5]), „setzt nicht gewaltsam seine Aktion an die Stelle der des Schützlings. Er leitet ihn, erteilt ihm Ratschläge, nachdem er sich der Mittel, erhört zu werden, versichert hat. Aber indem er ihn leitet, schont er ihn, bezeugt er ihm einige Ehrerbietung." Gewöhnlich sendet deshalb nur der Oberstaat einen Vertreter zum Unterstaate.

In dieser Weise war das Verhältnis Frankreichs zu den Gesellschaftsinseln und ist es jetzt zu Tunis, Annam und Madagaskar geregelt. Ebenso war der Verkehr Großbritanniens mit den ionischen Inseln[6]), der drei Ostmächte mit Krakau gestaltet[7]). Auch England verkehrte von 1881 bis 1884 nur in solcher Art mit der Boerenrepublik[8]). Dieser Vertreter des Oberstaates beim Unterstaate führt in der Regel den Titel eines Generalresidenten oder auch nur den eines Residenten.

Die Funktionen desselben sind sehr mannigfaltige. Zunächst

---

[3]) So v. Holtzendorff Bd. II § 25 S. 104.

[4]) Geffcken in v. Holtzendorffs Handbuch III § 150 S. 621.

[5]) G. Valbert, Le régime du protectorat en Tunisie in der Revue des deux mondes Bd. 78 (November 1886) S. 193 ff.

[6]) Vertrag vom 5. November 1815 Art. 3.

[7]) Vertrag vom 3. Mai 1815 Art. 7.

[8]) Vertrag vom 3. August 1881 Art. 2a, 17, 18.

repräsentiert er, wie gesagt, seinen Heimatstaat beim Unterstaate[9]). Es kommt ihm deshalb diplomatischer Charakter und die Rechtsstellung eines Gesandten zu. Trotzdem wäre es aber verfehlt, hier von einem passiven Gesandtschaftsrecht des Unterstaates zu sprechen. Für diesen ist der Empfang des Residenten Pflicht: in allen einschlägigen Verträgen ist das ausgesprochen. Der Unterstaat kann nicht einmal gegen die Persönlichkeit desselben Einwendungen erheben, welche der Oberstaat zu beachten hätte. Ein Anhalt hierfür findet sich in den Verträgen allerdings nicht, aber es liegt in der Natur der Sache. Der Generalresident des Oberstaates ist immer die bestgehaßte Person im Unterstaate[10]). Seine Stellung bringt es mit sich, daß er stets bestrebt sein muß, auf letzteren einen durchgreifenden Einfluß auszuüben. Und da der Antagonismus zwischen Oberstaat und Unterstaat ein permanenter ist, so muß diejenige Person, welche diesen Gegensatz zur äußeren Erscheinung bringt, bei der Regierung des Unterstaates stets mißliebig sein. Dieselbe würde deshalb einem jeden Residenten binnen kurzem die Pässe zustellen, wenn sie dazu überhaupt befugt wäre; sie könnte so der vom Oberstaate auszuübenden Kontrolle viele Schwierigkeiten in den Weg legen. Der letztere würde dies selbstverständlich nicht dulden — kurzum, ein Bruch wäre unvermeidlich. Da nun ein ständiger Verkehr zwischen Ober- und Unterstaat Lebensbedingung eines jeden Protektorats ist, dieser Verkehr aber vertragsmäßig nur durch jenen Residenten vermittelt werden soll, so wäre die Weigerung des Unterstaates, ihn zu empfangen, eine Pflichtverletzung.

Die Richtigkeit dieser Beweisführung könnte Zweifeln unterliegen, wenn der Resident nur diplomatischer Vertreter des Oberstaates wäre.

---

[9]) Vertrag von Huë vom 6. Juni 1884 Art. 5. — Dekret des Präsidenten der französischen Republik betr. die Organisation des Protektorats in Annam und Tonkin vom 27. Januar 1886 Art. 2 im Staatsarchiv Bd. 46 (1886) Nr. 8844. — Vertrag zwischen Frankreich und Madagaskar vom 17. Dezember 1885 Art. 2. — Dekret des Präsidenten der französischen Republik betr. die Organisation des Protektorats in Madagaskar vom 7. März 1886 Art. 1 u. 2 im Staatsarchiv ibidem Nr. 8847 I.

[10]) Der bereits zitierte Valbert sagt treffend von dem Bey von Tunis: Si Sidi-Ali-Bey était un souverain constitutionnel, il aurait sans cesse à compter avec sa constitution. La constitution de Sidi-Ali-Bey est le résident général de France.

Seine Thätigkeit ist aber eine weit umfassendere. Man hat ihn wiederholt als den Minister der auswärtigen Angelegenheiten des Unterstaates bezeichnet. Und das ist er in der That, gleichviel ob der letztere handlungsunfähig oder nur beschränkt handlungsfähig ist. Alle auswärtigen Angelegenheiten hat der Resident in seiner Hand. Er korrespondiert in denselben mit dem Oberstaate ausschließlich, wenn dieser an Stelle des Unterstaates handelnd auftritt. Er leitet den gesamten diplomatischen Verkehr, wenn der Unterstaat einen solchen überhaupt noch unterhält. So ist der französische Resident in Tunis, wie erwähnt, offizieller Vertreter des Bey den Repräsentanten der auswärtigen Mächte gegenüber.

Es wurde bereits mehrfach hervorgehoben, daß der Oberstaat fortwährend eine Kontrolle über die auswärtigen Angelegenheiten des Unterstaates ausüben muß. Es wäre unzweckmäßig, wenn er nur nachträglich ein Veto gegen die Handlungen des letzteren einlegen dürfte. Der Verkehr desselben mit dritten Staaten würde dann an großer Unsicherheit leiden. Die auswärtigen Mächte würden immer erst spät erfahren, ob die von ihnen mit dem Unterstaate getroffenen Vereinbarungen zu Recht bestehen oder nicht. Von ganz besonderem Werte aber ist eine beständige Informierung des Oberstaates bei allen denjenigen Handlungen des Unterstaates, welche zwar seiner Genehmigung nicht bedürfen, aber doch der von ihm befolgten Politik hinderlich sein können. Und schließlich hat der Oberstaat auch das berechtigte Interesse, etwaigen heimlichen Machinationen des Unterstaates rechtzeitig vorzubeugen[11]). Deshalb ist es die Hauptfunktion seines Residenten, die auswärtige Politik des Unterstaates beständig im Sinne und nach den Instruktionen des Oberstaates zu leiten bezw. zu überwachen. In ausgiebiger Weise kann das aber nur dann geschehen, wenn er selbst den auswärtigen Angelegenheiten des Unterstaates vorsteht[12]) oder doch von allen Vorfällen amtlich Kenntnis erhält.

Bei der engen Verbindung zwischen Ober- und Unterstaat, bei dem nahen Zusammenhange zwischen der auswärtigen und der inneren

[11]) Vgl. auch v. Holtzendorff II § 25 S. 106/107.

[12]) Vgl. die oben angeführten Dekrete des Präsidenten der französischen Republik vom 27. Januar 1886 Art. 3 und vom 7. März 1886 Art. 2.

Politik eines jeden Landes ist es nun aber klar, daß der Oberstaat auch auf die internen Angelegenheiten des Unterstaates nicht ganz ohne Einfluß sein wird. Auch hierin nimmt der Resident sein Interesse wahr. Die Geschichte der Protektoratsverhältnisse besteht aus einer fortlaufenden Reihe von Einmischungen der Residenten des Oberstaates in die inneren Angelegenheiten des Unterstaates[13]). Gerade hierdurch nähren und erhalten sie eine unaufhörliche Spannung zwischen beiden Ländern und machen sich selbst zum Feinde der Regierung des Unterstaates. Trotz dieses unvermeidlich schlechten Verhältnisses ist aber die Bestellung solcher Residenten im Interesse der Rechtssicherheit und der Kontinuität in der Politik geraten. Nur in seltenen Fällen haben die Unterstaaten ihrer sich zu erwehren gewußt: neuerdings die südafrikanische Republik, vor Zeiten der Rajah von Nepal, als er noch ein mächtiger, fast unabhängiger Herrscher war. Er setzte es damals durch, daß die ostindische Handelskompagnie darauf verzichtete, an seinen Hof einen Residenten zu entsenden, weil solche Residenten immer nur Feindschaft zwischen den betreffenden Regierungen säen. Die ostindischen Handelskompagnieen, die britische und die niederländische, sind es übrigens gewesen, welche zuerst ständige Residenten der hier beschriebenen Art bei den ihnen unterworfenen einheimischen Fürsten unterhielten.

Betrachtet man die Stellung des Residenten in ihrem ganzen Umfange, so kann man sich der Einsicht nicht verschließen, daß er der Regierung des Unterstaates überlegen ist. Er bildet gewissermaßen die oberste Instanz, an die appelliert werden muß, von der es aber eine weitere Berufung nicht giebt. Wenn er geschickt ist, so ist sein Einfluß bald in allen Ressorts der Regierung des Unterstaates maßgebend. Er dient zweien Herren, dem Oberstaate und auch dem Unterstaate, insofern er die Interessen desselben, so wie sie vom Oberstaate verstanden werden, wahrnimmt; er dient dem Unterstaate, wie der fränkische Hausmeier[14]) seinem Könige, d. h. nominell, thatsächlich beherrscht er ihn. Der Resident ist aber nicht Beamter des Unterstaates; auch der englische Lord Oberkommissar in Korfu

---

[13]) Man lese hierüber das Kapitel 9 Absch. 3 u. 4 bei de Lanessan, L'Indo-Chine française, Paris 1889, nach.

[14]) Diesen treffenden Ausdruck verdanken wir Leroy-Beaulieu a. a. O. S. 397.

war nicht ionischer, sondern britischer Beamter. Die englische Regierung konnte ihn jeder Zeit abberufen. Wenn er in vielen inneren Angelegenheiten endgiltig zu entscheiden hatte, so stand ihm dies Recht nur als dem Vertreter des englischen Königs zu.

Was nun das Recht des Unterstaates anbelangt, Konsuln in das Gebiet des Oberstaates zu entsenden und solche von ihm zuzulassen, so wurde schon bemerkt, daß dasselbe dem äthiopischen Reiche von Italien ausdrücklich eingeräumt wurde. Wo eine derartige vertragsmäßige Vereinbarung nicht besteht, ist bekanntlich kein Staat zur Entsendung, bezw. zur Zulassung von Konsuln verpflichtet. Der Oberstaat braucht also weder solche in den Unterstaat zu schicken, noch den von diesem für sein Gebiet ernannten die Ausübung ihrer Befugnisse zu gestatten. Über das Recht des Unterstaates ist aber hiermit nicht entschieden. Dasselbe muß ihm prinzipiell zustehen. Man kann dagegen nicht einwenden: der Oberstaat, welcher schon im Auslande die Angehörigen des Unterstaates beschütze, werde ihnen in seinem eigenen Gebiete umsomehr Schutz angedeihen lassen. Gerade gegen ihn müssen sie hier in Schutz genommen werden, und das kann nur durch den Unterstaat geschehen. Wenn es in einigen Protektoratsverträgen heißt: Die Annamiten (bezw. Madagassen) stehen im Auslande unter dem Schutze Frankreichs, so wird offenbar das französische Gebiet nicht unter dem Auslande mit verstanden; denn alsdann wären die Angehörigen des Unterstaates im Oberstaate der Willkür desselben preisgegeben. Auf der anderen Seite ist der Unterstaat nicht verpflichtet zur Zulassung der vom Oberstaate gesendeten Konsuln. Dieser ist wohl zur Beeinflussung jenes befugt, es stehen ihm aber keine Herrschaftsrechte auf seinem Gebiete zu; er darf daselbst Hoheitsrechte ohne Erlaubnis nicht ausüben. Auf Grund der Verträge müßte der Königin der Howas die Befugnis zustehen, nach Frankreich Konsuln zu entsenden und über die Zulassung der von Frankreich nach Madagaskar geschickten zu entscheiden, da beide Teile in Art. 5 des Vertrages vom 8. August 1868 [15]) sich gegenseitig diese Befugnisse zuerkannt haben, der Friedensvertrag vom 17. Dezember 1885 aber keine dem entgegengesetzte Bestimmung enthält und, soweit dies nicht der Fall, in Art. 17 alle früheren Ver-

[15]) Abgedruckt bei Geffcken, Recueil manuel et pratique I S. 512 ff.

träge ausdrücklich bestätigt. Frankreich entsendet jedoch nicht mehr Konsularbeamte nach Madagaskar und ebensowenig nach Annam, sondern nur Residenten[16]). Dieselben werden einem Generalresidenten unterstellt und dürfen nur mit diesem korrespondieren. Während aber für Annam die Bestellung solcher Residenten ausdrücklich vorbehalten ist[17]), findet sich eine entsprechende Vereinbarung mit der madagassischen Regierung nicht. Der Theorie nach würde deshalb die letztere über die Zulassung jener Residenten ebenso wie über die von Konsuln zu entscheiden haben. Einen Generalresidenten ist sie dagegen anzuerkennen vertragsmäßig verpflichtet. Ob sie noch jetzt Konsularbeamte nach Frankreich entsendet, ist uns unbekannt; nach dem allgemeinen Gebahren der französischen Republik zu ihren Protektoratsländern ist es nicht anzunehmen.

Der südafrikanischen Republik, welche eine sehr selbständige Stellung einnimmt, steht sonder Zweifel auch das Recht der Entsendung von Konsuln nach England, sowie die Entscheidung über die Zulassung britischer Konsuln zu. Die Borneostaaten haben ihrem Protektor ausdrücklich das Recht zur Entsendung von Konsuln zuerkannt, welche das Exequatur im Namen des betreffenden Staates erhalten sollen. Bei dieser speziellen Hervorhebung könnte man zu der Vermutung gelangen, daß die Borneostaaten selbst nicht befugt seien, Konsuln nach Großbritannien zu senden. Vielleicht liegt ein Bedürfnis dazu nicht vor; das Recht ist ihnen aber doch nicht abzusprechen, da protegierte Staaten grundsätzlich aller ihnen nicht speziell oder durch die Natur des Protektorats entzogenen Rechte teilhaftig sind.

## 2. Verträge zwischen Ober- und Unterstaat.

Daß Verträge zwischen Ober- und Unterstaat nicht nur möglich, sondern auch unentbehrlich sind, wurde bereits angedeutet. Es bedarf hier nur noch weniger Worte über diesen Gegenstand, da das Vertragsschließungsrecht besonderen Normen nicht unterliegt.

---

16) Dekret des Präsidenten der französischen Republik vom 7. März 1886 Art. 4.

17) Vertrag von Huë vom 6. Juni 1884 Art. 4 u. 6.

Nur vertragsmäßig vereinbarte oder aus dem Protektoratsverhältnis sich ergebende Leistungen kann der Oberstaat fordern. Im übrigen ist der Unterstaat lediglich zu dem verpflichtet, was er freiwillig übernommen hat. Demnach können Abänderungen des Protektoratsvertrages nur vertragsmäßig vereinbart werden. Sodann aber sind ganz allgemein die meisten Materien, welche überhaupt den Gegenstand von Staatsverträgen zu bilden pflegen, auch zwischen Ober- und Unterstaat im Wege des Vertrages zu regeln. Das Protektorat bezieht sich wesentlich nur auf das Verhältnis zu dritten Staaten, auf das zwischen Ober- und Unterstaat aber nur insoweit, als die politische Unterordnung des letzteren es mit sich bringt. Allerdings pflegen die Protektoratsverträge gleichzeitig auch viele, das allgemeine Verhältnis der beiden Staaten regelnde Bestimmungen zu enthalten. Man darf dieselben aber mit dem Protektorate selbst nicht in untrennbaren Zusammenhang bringen. Eine Bestimmung solcher Art ist z. B. die Meistbegünstigungsklausel in den Verträgen Englands mit den Borneostaaten. Bestimmungen über die Handelsfreiheit, Post- und Telegraphenverkehr, Niederlassung seiner Angehörigen und Rechtshilfe kann der Oberstaat dem Unterstaate nicht aufoktroyieren, sondern muß sie mit ihm im Wege des Vertrages vereinbaren. So wurden z. B. in dem Protektoratsvertrage zwischen Italien und San Marino vom 22. März 1862[18]) gleichzeitig über Rechtshilfe, Handels- und Zollangelegenheiten Bestimmungen getroffen und einige Jahre später eine Postkonvention abgeschlossen[19]).

Wie schon hervorgehoben wurde, kann der Oberstaat bei den mit ihm selbst abzuschließenden Verträgen den Unterstaat nicht vertreten. Folglich kann auch sein Generalresident nicht mit ihm namens des Unterstaates kontrahieren, selbst wenn er diesen, wie der französische Generalresident in Tunis den Bey, dritten Mächten gegenüber vertritt. Das Oberhaupt des Unterstaates muß vielmehr, falls ihm das aktive Gesandtschaftsrecht nicht zusteht, er auch keinen Minister für die auswärtigen Angelegenheiten hat, entweder persönlich den Vertrag abschließen oder ad hoc einen Bevollmächtigten be-

---

[18]) Raccolta dei trattati e delle convenzioni fra il regno d'Italia ed i governi esteri. Bd. I S. 79.

[19]) Postkonvention vom 7. Februar 1865, ibidem Bd. II S. 19 ff.

stellen. Frankreich hat die Konvention von Marsa mit dem Bey in Person abgeschlossen. San Marino dagegen hat zum Abschluß der erwähnten Postkonvention einen besonderen Bevollmächtigten ernannt.

Daß die mit dem Oberstaate geschlossenen Verträge immer vom Unterstaate selbst, welches auch sonst seine Handlungsfähigkeit sei, ratifiziert werden müssen, bedarf nicht der Ausführung.

## 3. Einwirkung des Protektorates auf die innere Autonomie des Unterstaates.

Eine vollständige Aufzählung aller der nur durch Vertrag zwischen Ober- und Unterstaat zu regelnden Gegenstände konnte im Vorstehenden nicht gegeben werden. Eine schematische Abgrenzung der Rechtssphäre eines jeden wäre überhaupt verfehlt, weil bei der engen Verbindung beider Staaten und der Ungleichheit ihres Machtverhältnisses die Politik des Oberstaates von ganz besonderer Bedeutung ist. Der politische Einfluß desselben entspricht aber nur dem Wesen des Protektorats. Zwar erscheinen viele seiner Maßnahmen auf den ersten Anblick hin lediglich als Ausflüsse einer rücksichtslosen, egoistischen Politik, bei näherer Betrachtung jedoch kann man sich der Erkenntnis ihrer Notwendigkeit und Zweckmäßigkeit oft nicht verschließen.

An der Spitze eines jeden Protektoratsvertrages steht die Anerkennung der inneren Selbständigkeit und Unabhängigkeit des Unterstaates durch den Oberstaat. Daß dieselbe unerläßlich sei, daß ohne sie von einem Unterstaate überhaupt nicht mehr die Rede sein könne, wurde oben nachgewiesen. Die innere Autonomie ist das letzte, was einem schwachen Staat gelassen wird. Aber auch in sie erlauben sich die Oberstaaten täglich Eingriffe, obwohl sie dieselbe vertragsmäßig gewährleistet haben. Die Verurteilung einer solchen Handlungsweise ist leicht zu rechtfertigen, indem man sich auf den Wortlaut der Verträge stützt. Namentlich hat die französische Protektoratspolitik mannigfache Anfechtung erfahren[20]). Es muß aber trotzdem die Frage auf-

[20]) Vgl. besonders Geffcken, Völkerrechtliche Fragen in dem französisch-chinesischen Streite, im Archiv für öffentliches Recht Bd. I (1886) S. 148/49.

geworfen werden, ob höhere Interessen ein solches Vorgehen der Oberstaaten nicht zu rechtfertigen vermögen.

Wie der Vormund nicht nur für das Vermögen, sondern vor allen Dingen für die Person seines Mündels, für dessen Erziehung zu sorgen hat, so ist der Oberstaat nicht nur für die äußere Sicherheit des Unterstaates, sondern auch für dessen inneres Gedeihen bis zu einem gewissen Grade verantwortlich. Man halte dem nicht den Satz von der inneren Autonomie des Unterstaates entgegen! Wohl soll der Oberstaat sich in die inneren Angelegenheiten des Unterstaates nicht einmischen, aber er kann und darf auch nicht dulden, daß dieser in Lethargie versinke. Annam z. B. war trotz seines wohl entwickelten Verwaltungsapparates in hohem Grade dieser Gefahr ausgesetzt. Wenn der Unterstaat in seiner geistigen wie materiellen Entwicklung stehen bleibt oder zurückschreitet, so geht er dem völligen Untergange entgegen, und seine Einverleibung in den Oberstaat wird sich viel schneller als eine unabweisliche Notwendigkeit herausstellen, als wenn dieser durch thatkräftiges Eingreifen ihn wieder auf die Bahn des Fortschritts zwingt. Und wie altersschwache Staaten unterstützt, so müssen jugendliche Staaten erzogen werden. Was ist die sog. Kulturmission der europäischen Staaten den unzivilisierten und halbzivilisierten Völkern gegenüber anders als Pflicht der Erziehung? Dem Oberstaate liegt dieselbe dem Unterstaate gegenüber ganz besonders ob. Die Schwierigkeit besteht nur darin, die Erziehung nicht in Unterdrückung ausarten zu lassen, die lebensfähigen Keime zu pflegen, nicht zu ersticken.

Wohin käme man, wenn der Oberstaat nur die auswärtigen Angelegenheiten des Unterstaates leitete und ihn gegen Angriffe verteidigte, sich aber um seine inneren Verhältnisse gar nicht kümmerte? Es wäre das zwar die einzig richtige Handlungsweise, wenn der Unterstaat in ruhig fortschreitender Entwicklung sich befände. In der Regel aber ist etwas in demselben faul, und wird erst dadurch das Protektoratsverhältnis herbeigeführt. Daß der Oberstaat anarchische Zustände in dem Unterstaate nicht dulden kann, wird jedermann einsehen. Zudem verpflichtet ersterer sich meistenteils ausdrücklich auch zur Verteidigung des letzteren gegen innere Unruhen. Aber selbst abgesehen von diesem Falle wäre gewissen Vorgängen innerhalb des Unterstaates gegenüber in passives Verhalten des Oberstaates ein

Ding der Unmöglichkeit. Wie ausgeführt wurde, ist jener nicht zu der Erwartung berechtigt, daß dieser allein ihn verteidige, sondern er muß persönlich alle seine Kräfte zur Selbsterhaltung anspannen. Wollte er dieselben nutzlos vergeuden, so würde er sich selbst schwächen, die Schutzpflicht des Oberstaates aber in ungerechtfertigter Weise erschweren. Das darf dieser nicht gestatten. Er muß, wenn der Unterstaat es nicht selbst thut, dafür Sorge tragen, daß dieser in verteidigungsfähigem Zustande sich befinde. Außerdem aber läßt zwischen der lediglich nach innen und der lediglich nach außen gerichteten Thätigkeit des Staats eine scharfe Trennungslinie sich nicht ziehen. Beide berühren einander in vielen Punkten. So manche in das Gebiet der inneren Verwaltung gehörenden Gegenstände haben eine internationale Seite, so daß die Kontrolle des Oberstaates auch auf sie sich erstrecken muß; denn er kann es nicht geschehen lassen, daß der Unterstaat durch eigenmächtiges Vorgehen in der angedeuteten Richtung Ansprüche dritter Staaten ins Leben rufe, welchen er — der Protektor — hernach entgegentreten oder deren Befriedigung er wider sein und seines Schützlings Interesse dulden müßte. Aus diesem Gesichtspunkte rechtfertigt sich eine gewisse Einwirkung des Oberstaates auf die inneren Angelegenheiten des Unterstaates; in ihnen ist aber auch eine Schranke für dieselbe gegeben.

Im Gegensatz zu den vielfach angefochtenen Protektoraten der neueren Zeit, besonders zu denen Frankreichs, stellt man heutzutage dasjenige Englands über die ionischen Inseln mit Vorliebe als ein Musterprotektorat hin[21]). Der freiwillige Verzicht Englands hat dasselbe mit einem Glorienschein umgeben, den es in Wahrheit nicht verdient. Abgesehen von dem der drei Ostmächte über Krakau hat vielleicht kein Protektorat bestanden, bei welchem die fortwährende Einmischung des Oberstaates in die innere Verwaltung des Unterstaates so systematisch stattfand. Selten war ersterer den Angehörigen des letzteren so verhaßt, wie England den Joniern. Zur Veranschaulichung des Gesagten seien hier in Kürze zunächst die Absichten des Londoner Kabinetts bei Übernahme des Protektorates und dann das letztere selbst skizziert. Die Ideen seiner Regierung legte der englische Lord Oberkommissar in Korfu am 3. Februar 1817 bei

---

[21]) Geffcken zu Heffter § 22 A. 6 S. 56.

Eröffnung einer Notablenversammlung zur Beratung über eine Verfassung für die ionischen Inseln in einer höchst charakteristischen Rede dar, welche hier ihres Umfanges wegen leider nicht vollständig wiedergegeben werden kann[22]); derselbe sagte darin unter anderem folgendes:

„Unzweifelhaft wurde in Art. 1 des Pariser Vertrages (vom 5. November 1815) vereinbart, daß diese Inseln als Vereinigte Staaten der Jonischen Inseln einen einheitlichen, freien und unabhängigen Staat bilden sollen. Wäre dies die einzige Bestimmung des Vertrages, so könnte kein Zweifel daran bestehen, daß ich hier gänzlich überflüssig wäre, daß die ionischen Inseln befugt wären, die ihnen zu ihrer Verteidigung am dienlichsten scheinende und ihren Wünschen am meisten entsprechende Regierungsform sich selbst zu wählen, sowie alle diejenigen Eigenschaften der Souveränität für sich zu beanspruchen, welche das Wesen gänzlich freier und unabhängiger Regierungen bilden."

„Wer aber seine Aufmerksamkeit den folgenden Artikeln des Vertrages zuwendet, muß unzweifelhaft zu der Schlußfolgerung gelangen, daß unter den damals obwaltenden Umständen die Absicht der hohen vertragschließenden Teile nicht so beschaffen sein konnte: jeder nachfolgende Artikel enthält unzweifelhafte Vorbehalte und materielle Einschränkungen; einige vernichten sogar die souveräne Gewalt in wesentlichen Punkten."

„Gestatten Sie mir, für einen Augenblick nur den 2., 3. und 4. Artikel des Vertrages ins Auge zu fassen und dabei an Sie die Frage zu richten, ob die Freiheit und Unabhängigkeit eines unter die ausschließliche Protektion eines anderen gestellten Staates nicht von sehr problematischer Natur sein muß?"

„Aber wenn wir ferner sehen, daß diese Staaten ihre innere Organisation nicht ohne Zustimmung des Protektors regeln können, daß Se. Majestät der König von Großbritannien und Irland die Verpflichtung übernommen hat, allem, was die Gesetzgebung und allgemeine Verwaltung dieser Inseln anlangt, seine besondere Auf-

[22]) Die Rede ist abgedruckt in den British and Foreign State Papers. Bd. IV (1816/17) S. 626/638. Die hier zitierten Stellen befinden sich auf S. 627/629. Vgl. noch besonders S. 630.

merksamkeit zu widmen, und daß er infolgedessen seinen Lord Oberkommissar hierher gesendet und mit den zu diesem Zwecke erforderlichen Vollmachten ausgestattet hat: und wenn wir ferner erwägen, daß diesem Lord Oberkommissar die Berufung der gesetzgebenden Versammlung und die Leitung ihrer Verhandlungen zusteht, daß das Resultat ihrer Beratungen aber der Ratifikation des Königs von England unterliegt, so darf ich wohl die Behauptung wagen, daß kein mit gewöhnlichem Verstande begabter Mann sich der Einsicht verschließen kann, daß die in Art. 1 des Vertrages ausgesprochene Freiheit und Unabhängigkeit nach den in den folgenden Artikeln enthaltenen Erläuterungen nur eine beschränkte Freiheit und Unabhängigkeit ist, bei deren Begründung die schützende Macht in hohem Maße interessiert ist, bei deren Fixierung sie das Recht vollster Intervention hat."

Im weiteren Verlaufe seiner Rede sagte dann der Lord Oberkommissar:

„In Gemäßheit des Pariser Vertrages sollen wir diesem Lande eine auf die bestehenden Einrichtungen gegründete Verfassung geben. Bisher aber und zwar besonders in der stolzesten Periode der ionischen Geschichte war die eigentliche Grundlage der Organisation das Recht des bevollmächtigten Ministers der schützenden Macht zu direkter und unbeschränkter Intervention."

„Wenn also eine so absolute Intervention für unumgänglich notwendig erachtet wurde zu einer Zeit, als die souveräne Macht der Regierung dieser Staaten voll zustand, als dieselbe das unzweifelhafte Recht besaß, für die Verteidigung des Landes zu sorgen und die Beziehungen zu fremden Mächten ausschließlich nach ihrem Willen zu regeln, wenn, sage ich, damals für die schützende Macht die Intervention in die inneren Angelegenheiten des Staates unumgänglich notwendig war, so kann man ihr die Befugnis zu derselben jetzt auch nicht absprechen, wo die Staaten der höchsten militärischen Gewalt und des Rechts beraubt sind, ihre Beziehungen mit fremden Mächten selbst zu regeln."

„Es ist im Gegenteil offenbar, daß in demselben Maße, in welchem die Schwäche des beschützten Staates zunimmt, auch die väterliche Pflege und Sorgfalt des schützenden Staates notwendiger wird. Der größte mit dieser Art von Protektion verbundene Vorteil ist vielleicht der einer heilsamen Intervention. Zweck derselben müßte die Abschaffung der Fehler des früheren Verwaltungssystems und die Einführung kräftiger und fester, aber doch gleichzeitig maßvoller und billiger Reformen sein, infolge deren die einzuführende innere Organisation sich selbst in regelmäßiger Funktion aufrecht zu erhalten und dadurch den durch die natürliche Beschaffenheit des Landes hervorgerufenen Übelständen zu steuern vermag."

Das Recht Englands zur Einmischung in die inneren Angelegenheiten der ionischen Inseln war in deren Verfassung in umständlicher Weise zum Ausdruck gebracht. Schon nach dem Pariser Vertrage bedurfte diese Verfassung der Bestätigung des Königs von England. Letzterer, der „sovrano protettore“, mußte auch alle späteren Abänderungen der Verfassung genehmigen[23]). Er hatte ferner das Recht, das Parlament in dringenden Fällen aufzulösen[24]), den ersten Präsidenten des Senats zu ernennen[25]). Er durfte die bereits vom Lord Oberkommissar genehmigten Gesetze binnen Jahresfrist durch einen order in council annullieren[26]); er hatte die vom höchsten Gerichtshofe ausgesprochene Verurteilung des Senatspräsidenten zu bestätigen[27]), die Beamten ihres Amtes zu entsetzen mit Ausnahme der Mitglieder des Parlaments und des Senats, sowie der Präsidenten dieser Körperschaften[28]). Ihm stand das Recht der Begnadigung bei Staatsverbrechen zu[29]) und er durfte durch den Lord Oberkommissar zwei Mitglieder des höchsten Gerichtshofes ernennen[30]).

Der Lord Oberkommissar war befugt, in dringenden Fällen das Parlament selbständig zu berufen oder es zu vertagen[31]). Er durfte den vom sovrano protettore ernannten Präsidenten des Se-

---

[23]) Verfassung der ionischen Inseln Kap. VII Sektion 7 Art. 1.
[24]) ibidem Kap. I Art. 20.
[25]) Kap. II Sektion 2 Art. 1.
[26]) Kap. III Sektion 3 Art. 24.
[27]) Kap. VII Sekt. 1 Art. 15.
[28]) Kap. VII Sekt. 1 Art. 18.
[29]) Kap. VII Sekt. 1 Art. 19.
[30]) Kap. VI Sekt. 2 Art. 4.
[31]) Kap. I Art. 19.

nats nach zwei und ein halbjähriger Amtszeit für einen gleichen Zeitraum wieder ernennen oder an seiner Stelle einen anderen bestimmen[32]). Er hatte ferner zu ernennen: den Sekretär des Generaldepartements und des Consiglio primario[33]), fünf Mitglieder des Consiglio primario aus der Zahl der Parlamentsmitglieder im Falle einer Vakanz oder einer Parlamentsauflösung[34]) und einen Residenten für jede Insel zu seiner Stellvertretung[35]). Ihm stand die sog. hohe Polizei einschließlich der Kontrolle über die Presse zu[36]). Er konnte durch den Senat dem Parlament Gesetzentwürfe vorlegen, Abänderungen von Gesetzen und Gesetzentwürfen, insbesondere auch Abänderungen der Verfassung in Vorschlag bringen[37]). Er durfte bei Staatsverbrechen Strafaufschub gewähren[38]) und hatte in Gemeinschaft mit dem Präsidenten des Senats diejenigen Rechtssachen zu entscheiden, hinsichtlich deren im obersten Gerichtshofe Stimmengleichheit sich ergeben hatte; konnte der Präsident des Senates hierbei mit dem Lord Oberkommissar zu einer Einigung nicht gelangen, so entschied der letztere allein[39]). Derselbe durfte auch jederzeit den Sitzungen des Senats und des Parlaments beiwohnen und war allein zur Entlassung und Suspendierung der im ionischen Staate angestellten englischen Beamten befugt[40]).

Die ionische Regierung bedurfte ferner der Zustimmung des englischen Lord Oberkommissars zum Erlaß aller Gesetze, insbesondere auch zum Erlaß von Notstandsgesetzen[41]), zur Wahl eines jeden Senators und stellvertretenden Senators[42]), zur Wahl des Präsidenten des Parlaments[43]), zur Wahl des Regenten, des avvocato fiscale, des tesoriere locale und des corpo municipale einer jeden Insel[44]),

[32]) Kap. II Sekt. 2 Art. 8.
[33]) Kap. II Sekt. 3 Art. 9; Kap. III Sekt. 3 Art. 10.
[34]) Kap. III Sekt. 2 Art. 5 u. 14.
[35]) Kap. IV Sekt. 1 Art. 4.
[36]) Kap. VII Sekt. 2 Art. 4, Sekt. 7 Art. 4.
[37]) Kap. III Sekt. 3 Art. 14 u. 30; Kap. 7 Sekt. 7 Art. 1.
[38]) Kap. VII Sekt. 1 Art. 19.
[39]) Kap. VI Sekt. 3 Art. 4 u. 5.
[40]) Kap. VII Sekt. 7 Art. 7.
[41]) Kap. II Sekt. 3 Art. 14 u. 16; Kap. III Sekt. 3 Art. 22.
[42]) Kap. II Sekt. 2 Art. 5. Vgl. Art. 7. Sekt. 3 Art. 5.
[43]) Kap. III Sekt. 2 Art. 2.
[44]) Kap. IV Sekt. 2 Art. 1, 3, 5, 9, 10.

zur Wahl der Richter an den drei Tribunalen und der beiden ionischen Mitglieder des obersten Gerichtshofes (zwei Richterstellen an letzterem wurden mit Engländern besetzt)[45]), zur Entsendung einer Kommission des obersten Gerichtshofes auf eine der Inseln[46]), zur Verfolgung und Bestrafung eines Richters wegen eines Amtsvergehens[47]), sowie zu den Abänderungen der Bestimmungen über die kirchlichen Wahlen oder der übrigen kirchlichen Einrichtungen[48]). Selbst die Geschäftsordnungen für die Verhandlungen des Senats und des Parlaments mußten dem Lord Oberkommissar zur Bestätigung vorgelegt werden[49]). Seine Genehmigung war einzuholen, wenn zwei Mitglieder des Senats einen von dem Präsidenten desselben nicht zugelassenen Antrag einbringen wollten[50]). Alle Verhandlungen und Beschlüsse des Senats, alle Parlamentsprotokolle waren ihm zur Kenntnisnahme zu unterbreiten[51]), desgleichen alle von Parlamentsmitgliedern zu stellenden Anträge zwei Tage vor der Einbringung[52]).

Diese Reihe der England gewährten Rechte zur Einmischung in die inneren Angelegenheiten der ionischen Inseln ließe sich leicht aus der Verfassungsurkunde verlängern. Selbständig war die Regierung des Siebeninselstaates eigentlich in keiner Beziehung. Weiter greift Frankreich in die Autonomie keines der seinem Protektorate unterworfenen Länder ein, in der Regel sogar viel weniger. Es ist deshalb nicht zu billigen, wenn seinen überseeischen Protektoraten der Rechtscharakter abgesprochen wird, wenn man sie lediglich in das Gebiet der Kolonialpolitik verweist und nur den Protektoraten über Krakau und die ionischen Inseln einen völkerrechtlichen Charakter zuerkennt[53]). Daß auch Krakau keiner größeren inneren Selbständigkeit sich erfreute, als heute z. B. Madagaskar, das lehrt ein flüchtiger Einblick in seine Verfassung.

---

[45]) Kap. VI Sekt. 2 Art. 1 u. 4.

[46]) Kap. VI Sekt. 3 Art. 7 § 4.

[47]) ibidem § 15.

[48]) Kap. V Sekt. 2 Art. 4.

[49]) Kap. II Sekt. 3 Art. 17; Kap. III Sekt. 3 Art. 35.

[50]) Kap. II Sekt. 3 Art. 3.

[51]) Kap. II Sekt. 3 Art. 11; Kap. III Sekt. 3 Art. 11.

[52]) Kap. III Sekt. 3 Art. 15.

[53]) So Bulmerincq, Völkerrecht § 17 Anm. S. 199.

Man sieht naturgemäß die Einmischung des Oberstaates in die inneren Angelegenheiten des Unterstaates mit mißgünstigem Auge an. England ging hierbei in seinen Beziehungen zum ionischen Sieben-inselstaat über das Maß des schlechthin Notwendigen entschieden hinaus. Welche Einschränkungen die innere Selbständigkeit und Unabhängigkeit des Unterstaates notwendig erleiden muß, welche sie erleiden kann, das sei im folgenden dargestellt.

a) Die gesetzgebende Gewalt des Unterstaates.

Die wichtigste Funktion der gesetzgebenden Gewalt ist das Recht des Staates, sich selbst eine Verfassung zu geben, bezw. die bestehende Verfassung abzuändern. Steht dem Unterstaate dasselbe zu, ohne daß der Oberstaat befugt wäre, Einspruch zu erheben gegen die Einführung ihm mißliebiger oder gegen die Aufhebung ihm wertvoller Bestimmungen? Die Beantwortung dieser Frage muß verschieden ausfallen, je nachdem der das Protektorat begründende Vertrag Bestimmungen hierüber enthält oder nicht.

Die Republik Krakau wurde mit einer bestimmten, von den schützenden Mächten entworfenen und unterzeichneten Verfassung ins Leben gerufen. Sie war beschränkt rechtsfähig und konnte die ihr aufoktroyierte Verfassung nicht abändern; sie hatte keine konstituierende Gewalt. Die Abänderungen der Verfassung wurden von den drei Großmächten beschlossen. Die Stellung Krakaus war aber infolge der beschränkten Rechtsfähigkeit eine exzeptionelle. Anders verhält es sich, wenn der Unterstaat selbst in dem Protektoratsvertrage einzelnen Einschränkungen seiner konstituierenden Gewalt sich unterwirft. Alsdann steht ihm dieselbe zu, nur kann er sie nicht in einer dem Vertrage zuwiderlaufenden Weise ausüben, ohne sich der Vertragsverletzung schuldig zu machen. Die konstituierende Gewalt des Königreichs der Gesellschaftsinseln war deshalb sehr eingeschränkt, denn die Protektoratsverträge vom 9. September 1842 und vom 5. August 1847 enthielten eine ziemlich vollständige Verfassung. Wenn in denselben auch von einer Abänderung der letzteren keine Rede war, so ergab sich doch die Unzulässigkeit einer solchen ohne Genehmigung des Protektors aus der vertragsmäßigen Vereinbarung der wichtigsten Verfassungsbestimmungen. Nur insoweit, als die Verträge nichts enthielten, konnten also neue Verfassungsgesetze erlassen werden. Die gesetzgebende Gewalt der Gesellschaftsinseln war aber überhaupt sehr eingeschränkt, denn ohne Genehmigung des französischen Kommissars konnte ein Gesetz nur dann zu stande kommen, wenn der Entwurf von der gesetzgebenden Versammlung in drei aufeinander folgenden Sessionen angenommen war und in jeder derselben die Sanktion der Königin erhalten hatte[54]). Umgekehrt konnte auch der französische Kommissar einem von der Königin gemißbilligten Entwurfe in entsprechender Weise Gesetzeskraft verschaffen.

Enthält dagegen der Protektoratsvertrag keine Bestimmungen über die konstituierende Gewalt, so steht diese dem Unterstaate nach allgemeinen Grundsätzen unumschränkt zu; wie jeder Staat ist auch er berechtigt, selbst die Formen zu bestimmen, in welchen er seine Thätigkeit ausüben will. England hat der Boerenrepublik diese Befugnis bereits in Art. 4 des Vertrages vom 3. August 1881 ausdrücklich eingeräumt. Auch die konstituierende Gewalt des Samoastaates ist von den Oberstaaten anerkannt, obwohl dieselben für einen speziellen Fall das Recht zur Einsetzung eines Herrschers sich genommen haben[55]). Die früher unabhängig gewesenen Staaten besitzen diese Gewalt selbstverständlich, falls sie ihr nicht entsagt haben. Dieselben dürfen also die bestehende Regierungsform nach eigenem Gutdünken umändern, die monarchische durch eine republikanische ersetzen u. dgl. m. Solange das Protektoratsverhältnis nicht angetastet wird, hat der Oberstaat sich nicht einzumischen. Selbst wenn er z. B. die Thronfolgeordnung garantiert hätte, dürfte er doch einer auf gesetzmäßigem Wege erfolgenden Abänderung derselben keinen Widerspruch entgegensetzen; allerdings würde das für eine bestimmte Thronfolgeordnung geleistete Garantieversprechen mit deren Aufhebung hinfällig. Frankreich hat sich zum Schutze des Bey von Tunis und seiner Dynastie gegen alle Gefahren verpflichtet[56]), damit aber kein Einmischungsrecht in die tunesischen Verfassungsangelegenheiten erhalten. In Annam hat es das Recht, die neuen Herrscher zu bestätigen, in Anspruch genommen und mit Hilfe eines Ultimatums durchzusetzen gewußt[57]); zu billigen ist es aber nicht, wenn

---

54) Vertrag vom 5. August 1847 Art. 26.

55) Generalakte der Samoakonferenz Art. 1. Vgl. jedoch Art. 3 Abschn. 6.

56) Vertrag von Kasr Said Art. 3.

57) L' affaire du Tonkin S. 231/32.

man diese Gewaltmaßregel als einen Ausfluß der dem Oberstaate eingeräumten Befugnisse darstellt.

Wenn so vom Rechtsstandpunkte aus die verfassunggebende Gewalt des Unterstaates nicht angezweifelt werden kann, so ist doch nicht zu leugnen, daß gerade auf diesem Gebiete praktisch die größten Schwierigkeiten entstehen, sobald es sich um wirklich bedeutsame Verfassungsänderungen handelt. In halbzivilisierten Staaten gehen diese selten auf gesetzmäßigem Wege vor sich; in der Regel erfolgen sie durch Staatsumwälzungen; hierher gehören auch die in solchen Ländern so häufigen Thronstreitigkeiten, denn es ist eine Verfassungsänderung, wenn die gesetzmäßige Thronfolge umgestoßen wird.

Die Oberstaaten verpflichten sich meistenteils dazu, die bestehende Regierungsform des Unterstaates und die zur Herrschaft desselben berufenen Personen gegen rebellische Unterthanen zu schützen. Aber selbst wenn diese Verbindlichkeit nicht ausdrücklich übernommen ist, kann ihr Bestehen doch nicht bezweifelt werden. Denn eine Revolution ist ebensowohl ein Angriff auf die Integrität des Staates wie ein Einfall von außen her; sie kann zu einer Zerreißung desselben wie zu einer Änderung der Verfassung führen. Und wenn der Oberstaat auch die letztere geschehen lassen müßte, so dürfte er doch die erstere nicht dulden. Gegen Versuche einer gewaltsamen Staatsumwälzung muß er demnach einschreiten. Ist er aber deshalb ein für alle Mal zum Schutze der Legitimität verpflichtet? muß er selbst gegen vollzogene Umwälzungen unter allen Umständen einschreiten?

Wenn letztere glatt und rasch verlaufen sind, ehe der Oberstaat überhaupt dazwischentreten konnte, so wird derselbe vielleicht die vollzogene Thatsache als solche anerkennen, obwohl er an sich die verjagte Dynastie zu schützen hätte. Denn sein Interventionsrecht vernichtet das Selbstbestimmungsrecht des beschützten Volkes nicht schlechthin. Man kann ihm nicht zumuten, die verlorene Sache eines vertriebenen Monarchen durchweg zur eigenen zu machen. Er würde dadurch den Unterstaat selbst nur schwächen. Seine Schutzpflicht erstreckt sich in erster Linie immer auf diesen und nur mittelbar auf dessen Oberhaupt. Dennoch ist nicht zu bezweifeln, daß der Oberstaat von Rechts wegen auch zum Schutze der legitimen Staatsgewalt verpflichtet ist. Er hat den Monarchen des Unterstaates gegen Rebellionen zu verteidigen, und zwar nicht nur den einmal im Besitze der Herrschaft befindlichen oder befindlich gewesenen König, sondern auch dessen Nachfolger, selbst wenn dieser die Zügel der Regierung noch nicht ergriffen haben sollte. Seine Unterstützung muß aber dem rechtmäßig zum Throne Berufenen zukommen, gleichviel, ob er ihm — dem Oberstaate — genehm ist oder nicht. Das Anrecht desselben auf die Herrschaft ist von seiner Bestätigung nicht abhängig. Wenn aber bei wirklicher Ungewißheit über das Recht zur Thronfolge Streitigkeiten über dieselbe entstehen sollten, so ist der Oberstaat nicht etwa zur Entscheidung berufen, es sei ihm denn eine solche ausdrücklich übertragen, wie der britischen Regierung von den Herrschern Serawaks und Bruneis[58]). Thatsächlich wird der Oberstaat allerdings immer die Entscheidung herbeiführen, indem er dem von ihm unterstützten Bewerber zum Siege verhilft. Überhaupt darf man sich keiner Täuschung darüber hingeben, daß jeder Oberstaat die ihm durch innere Unruhen im Unterstaate dargebotene Gelegenheit zur Vermehrung seines eigenen Einflusses auf denselben mit Freuden ergreifen und sich zum Richter über die streitenden Parteien aufwerfen wird. Seine vormundschaftliche Stellung ist mit der Duldung anarchischer Zustände auch unverträglich. Leider ist aber die Befürchtung nur zu begründet, daß der Oberstaat mehr aus egoistischen Motiven als im wahren Interesse des unmündigen Unterstaates handle.

Wie die konstituierende Gewalt, so steht dem Unterstaate die gesetzgebende Gewalt überhaupt zu. Der Oberstaat ist nicht zu einer Einmischung befugt, wenn ihm eine solche nicht zugestanden wurde. Inwiefern dies hinsichtlich der ionischen und der Gesellschaftsinseln stattfand, wurde bereits erwähnt. Der Oberrichter in Samoa ist befugt, der Regierung den Erlaß von Gesetzen vorzuschlagen, welche er für die Verhinderung und Bestrafung von Verbrechen und für die Förderung der guten Ordnung auf Samoa außerhalb des Munizipaldistrikts und für die Erhebung der Steuern daselbst für gerecht und zweckmäßig erachtet[59]). Daß die Regierung

---

[58]) Vertrag vom $\frac{\text{14. Juni}}{\text{5. September}}$ Art. 2 und vom 17. September 1888 Art. 2. In Samoa entscheidet in solchem Falle der von den drei Oberstaaten ev. vom König von Schweden zu ernennende Oberrichter (Generalakte Art. 3 Abschn. 6).

[59]) Generalakte der Samoakonferenz Art. 3 Abschn. 8.

von Samoa zur Befolgung solcher Vorschläge verpflichtet sei, ist aber nicht vereinbart worden. Neuerdings hat Frankreich sich einen maßgebenden Einfluß nicht nur auf die Gesetzgebung, sondern auf die gesamte Regierung der Regentschaft Tunis und des Königreichs Kambodscha zu verschaffen gewußt. Um der französischen Republik die Durchführung ihres Protektorats zu erleichtern, haben Mohammed Sadog Bey und König Norodom I. sich zur Ausführung aller administrativen, gerichtlichen, finanziellen und kommerziellen Reformen verpflichtet, welche die französische Regierung für erforderlich erachten sollte[60]). Hierdurch ist der letzteren gewissermaßen die gesamte Regierung der beiden Länder nicht gerade übertragen, aber doch unterstellt, und beeinflußt sie sowohl die gesetzgebende, wie auch die richtende und die vollziehende Gewalt der Unterstaaten. Ein direktes Veto gegen die Maßnahmen dieser hat sie zwar nicht erlangt, wohl aber das Recht zur Forderung, daß ihren Vorschlägen entsprechende Gesetze und Verordnungen erlassen werden. Die Auffassung der französischen Regierung scheint allerdings eine andere zu sein. In einem Dekret vom 10. November 1884 hat der Präsident der Republik dem französischen Generalresidenten in Tunis die Genehmigung zur Verkündigung und Ausführung aller von Seiner Hoheit dem Bey erlassenen Dekrete im Namen der französischen Regierung übertragen.

Die Einmischung des Oberstaates in die Autonomie Kambodschas und Tunis' kann als normal nicht bezeichnet werden. In einer Hinsicht aber unterliegt die gesetzgebende Gewalt der Unterstaaten stets der Kontrolle des Oberstaates: soweit dieselbe auf Ausländer sich erstreckt. Nicht nur im Interesse seiner eigenen Unterthanen[61]), sondern auch in dem der Angehörigen dritter Staaten ist der Oberstaat hier befugt, Unbilligkeiten und Härten entgegenzutreten. Daß er seiner eigenen Unterthanen sich annehmen darf, liegt auf der Hand; aber auch Reklamationen fremder Mächte hat er vorzubeugen und deshalb braucht er eine völkerrechtswidrige Behandlung der Ausländer überhaupt nicht zu dulden. Die am 3. August 1881 und am 27. Februar 1884 zwischen Großbritannien und der Boerenrepublik abgeschlossenen Verträge tasten zwar die innere Autonomie

[60]) Konvention von Marsa vom 8. Juni 1883 Art. 1; Konvention von Pnom-Penh vom 17. Juni 1884 Art. 1.

[61]) So. v. Holtzendorff II § 25 S. 103/4.

des Unterstaates im allgemeinen nicht an[62]), hinsichtlich der Fremdengesetzgebung aber schränken sie dieselbe doch erheblich ein. Allerdings beansprucht England kein direktes Mitwirkungs- oder Bestätigungsrecht, wohl aber hat es die südafrikanische Republik vertragsmäßig dazu verpflichtet, den auf ihrem Gebiete weilenden Fremden volle Freiheit der Person, des Aufenthalts, Eigentums und Handels, sowie — unter bestimmten Voraussetzungen — die Befreiung vom Militärdienste zuzugestehen[63]). Des ferneren hat es namentlich darauf Bedacht genommen, die afrikanischen Eingeborenen vor der Sklaverei sicher zu stellen[64]) und ihnen auch sonst ein menschenwürdiges Dasein zu verschaffen. Ursprünglich war eine gemischte Kommission zur Bearbeitung der die Eingeborenen betreffenden Angelegenheiten gebildet worden[65]); später begnügte sich der Oberstaat mit der vertragsmäßigen Zusicherung, daß die südafrikanische Republik die übernommenen Verpflichtungen erfüllen wolle[66]). Würde sie denselben trotzdem zuwider handeln, so wäre England zum Einschreiten befugt.

b) Die richtende Gewalt des Unterstaates.

Der Grund, welcher für eine Beaufsichtigung der Gesetzgebung des Unterstaates über die auf seinem Gebiete weilenden Ausländer spricht, kommt auch in Betracht für die Einschränkung seiner vollziehenden und richtenden Gewalt über Ausländer. Die richtende Gewalt über seine eigenen Unterthanen gebührt ihm voll und ganz. Der Oberstaat hat hier am wenigsten Interesse zur Einmischung. Eine Ausnahme besteht, wie erwähnt, nur in Tunis und Kambodscha. Wohl aber kontrollieren die Oberstaaten die Ausübung der richtenden Gewalt des Unterstaates, soweit Ausländer von derselben betroffen werden. Die Rechte des Oberstaates sind in dieser Beziehung vielfach in einem Grade erweitert worden, welcher durch die Natur

---

62) Freilich mußte Transvaal die Freiheit des religiösen Bekenntnisses gewährleisten und jedermann Rechtsschutz gewähren (Vertrag vom 3. August 1881 Art. 16 u. 27; Vertrag vom 27. Februar 1884 Art. 9).

63) Vertrag vom 3. August 1881 Art. 26 u. 28; Vertrag vom 27. Februar 1884 Art. 14, 15.

64) Vertrag vom 3. August 1881 Art. 15; Vertrag vom 27. Februar 1884 Art. 8.

65) Vertrag vom 3. August 1881 Art. 13, 14, Art. 18[2]); Art. 21/24.

66) Vertrag vom 27. Februar 1884 Art. 19.

des Protektorats nicht bedingt ist. Es sind andere Umstände, welche dies bewirkt haben.

Die europäischen Mächte waren nämlich von jeher bestrebt, ihre in nicht christlichen Ländern weilenden Unterthanen der Gerichtsbarkeit der Staatsgewalt daselbst zu entziehen. Demzufolge stehen die Europäer in der Türkei, in China, Japan u. s. w. unter der Jurisdiktion ihrer Konsuln, auch werden sie nach ihrem einheimischen Rechte beurteilt. Vor der Unterwerfung der Howas unter das französische Protektorat bestanden auf Madagaskar großbritannische, französische und nordamerikanische Konsulargerichte[67]) für die Zivil- und Strafjurisdiktion über die betreffenden Staatsangehörigen, sodaß nur für Streitigkeiten zwischen Ausländern und Madagassen gemischte Gerichtshöfe gebildet wurden. In Tunis[68]) übten die Konsuln der meisten europäischen Mächte die Gerichtsbarkeit aus über die Angehörigen und Schutzbefohlenen ihres Heimatstaates.

Auf Grund dieser Einrichtungen hat Frankreich im Einverständnis mit den Unterstaaten in Tunis, Madagaskar und Annam eigene Gerichtshöfe organisiert, welche alle Streitigkeiten zwischen Franzosen und die gegen Franzosen und französische Schutzbefohlene angestellten Klagen entscheiden, sowie in Strafsachen über Franzosen und französische Schutzbefohlene Recht sprechen[69]). Nur für Strei-

---

[67]) Verträge Madagaskars a) mit Frankreich vom 12. September 1862 bei De Clercq Bd. 8 S. 509/513 u. vom 8. August 1868 bei Geffcken, Recueil manuel et pratique Bd. 1 S. 512 ff., b) mit den verein. Staaten von Nordamerika vom 13. Mai 1881 im Staatsarchiv Bd. 43 (1885) Nr. 8208; c) mit Großbritannien vom 27. Juni 1865 bei Geffcken a. a. O. S. 331 ff. — Vgl. Bulmerincq in v. Holtzendorffs Handbuch Bd. III § 220 S. 789 ff.

[68]) Vgl. Bulmerincq a. a. O. § 211 u. 212 S. 761/765.

[69]) Für Tunis kommt in Betracht: Das französische Gesetz vom 27. März 1883 im Staatsarchiv Bd. 43 (1885) Nr. 8176, promulgiert in Tunis durch Dekret des Bey vom 10. Djoumadi-el-Tani 1300. Dazu das Dekret des Präsidenten der französischen Republik vom 14. April 1883 ibidem Nr. 8177, u. vom 22. November 1884 bei De Clercq Bd. 14 S. 428. — Für Annam: früher der Vertrag vom 15. März 1874 Art. 16 u. 18 u. das Dekret des Präsidenten der französischen Republik vom 17. August 1881 im Staatsarchiv Bd. 42 (1884) Nr. 8108, jetzt Art. 10 des Vertrages vom 6. Juni 1884. — Für Madagaskar: Art. 4 u. 5 des Vertrages vom 17. Dezember 1885 u. das Dekret des Präsidenten der französischen Republik vom 8. März 1886 im Staatsarchiv Bd. 46 (1886) Nr. 8847 II.

tigkeiten zwischen Franzosen und Einheimischen sind in Madagaskar und Tunis die gemischten Gerichtshöfe beibehalten[70]). Ebenso ist das Verhältnis in Kambodscha geordnet[71]).

In Annam und Tunis ist Frankreich aber noch weiter vorgegangen: es hat seinen Gerichten in diesen Ländern auch die Jurisdiktion über die Angehörigen anderer Staaten übertragen. Der zwischen Frankreich und Annam am 15. März 1874 abgeschlossene Vertrag hatte zwar nur bestimmt (Art. 16), daß die Streitigkeiten zwischen Franzosen und Fremden von dem französischen Residenten zu entscheiden seien, von ihm in Gemeinschaft mit einem annamitischen Richter aber die Streitigkeiten zwischen Franzosen oder Fremden und Annamiten. Nach Art. 17 wurden die von Franzosen oder Fremden auf annamitischem Gebiete begangenen Verbrechen und Vergehen in Saigon von den kompetenten Gerichtshöfen untersucht und abgeurteilt. Das auf Grund dieser Vereinbarungen vom Präsidenten der französischen Republik zur Organisation der französischen Gerichtsbarkeit im Königreich Annam am 17. August 1881 erlassene Dekret[72]) verordnete jedoch in Art. 1 ganz allgemein: in dem den Europäern erschlossenen Gebietsteile des Königreichs Annam üben die am Sitze der französischen Residenten eingesetzten französischen Gerichte die Gerichtsbarkeit aus über alle französischen Unterthanen und Schutzbefohlenen und über alle Unterthanen und Schutzbefohlenen einer fremden Macht, sowie überhaupt in allen Fällen, in denen annamitische Unterthanen nicht beteiligt sind. Bei der Entscheidung der Zivil-, Handels- und Strafsachen, soweit sie die in Art. 1 bezeichneten Personen betrafen, hatten jene Gerichte gemäß Art. 2 der Verordnung das in Cochinchina geltende, d. h. das französische Recht anzuwenden. Nur für Prozesse, in denen Unterthanen einer fremden Macht Beklagte wären, wurden Sondergerichte zugelassen, falls eine entsprechende Vereinbarung zwischen der betreffenden Macht und der französischen Regierung getroffen werden sollte (Art. 5). Dieses Dekret änderte aber nichts an den Vertragsbestimmungen über die Entscheidung von Streitigkeiten, bei welchen annamitische Unterthanen

---

[70]) Bulmerincq a. a. O. u. § 220 S. 789 ff.

[71]) Art. 7 des Vertrages zwischen Frankreich und Kambodscha vom 11. August 1863 (De Clercq Bd. 8 S. 608/612).

[72]) Staatsarchiv Bd. 42 (1884) Nr. 8108.

beteiligt wären (Art. 4). Nach Art. 10 des am 6. Juni 1884 zwischen Frankreich und Annam abgeschlossenen neuen Vertrages unterstehen jetzt alle Fremden, welcher Nationalität sie auch seien, in Annam und Tonkin der französischen Gerichtsbarkeit, und entscheiden die Behörden des Oberstaates nunmehr nicht nur alle Streitigkeiten zwischen Fremden, sondern auch diejenigen zwischen Fremden und Annamiten.

In Tunis wurde, wie bereits erwähnt, durch Gesetz vom 27. März 1883 und die Dekrete vom 14. April 1883 und vom 22. November 1884 die französische Gerichtsbarkeit organisiert. Nach Art. 2 jenes Gesetzes kann im Einverständnis mit dem Oberstaat die Kompetenz der französischen Gerichte von dem Bey auch auf andere Personen als die Unterthanen und Schutzbefohlenen der Republik ausgedehnt werden. Im Anschluß hieran verordnete der Bey am 5. Mai 1883[73]) mit Zustimmung des Pariser Kabinetts, daß unter den nämlichen Bedingungen, wie die Franzosen selbst, vor den französischen Gerichten die Angehörigen aller derjenigen befreundeten Mächte Recht zu nehmen hätten, deren Konsulargerichte aufgehoben werden sollten. Nunmehr hoben Großbritannien (am 31. Dezember 1883), Deutschland (am 21. Januar 1884), Österreich-Ungarn (am 30. Mai 1884) und Italien (am 21. Juli 1884) ihre Konsulargerichte auf, und sind ihre Unterthanen infolgedessen in Tunis der französischen Gerichtsbarkeit unterworfen[74]).

In beiden Ländern, in Annam sowohl wie auch im wesentlichen in Tunis, hat demnach der Oberstaat die Gerichtsgewalt über die Ausländer in seine Hand genommen. Während Frankreich aber in Tunis nur im Einverständnis mit den interessierten europäischen Mächten handelte, hat es dieselben hinsichtlich Annams nicht befragt. Nur die Zustimmung Chinas zu den von Frankreich getroffenen Maßnahmen ist in dem Friedensvertrage vom 9. Juni 1885 (Art 2)[75]) und in dem Handelsvertrage vom 24. April 1886

---

[73]) Staatsarchiv Bd. 43 (1885) Nr. 8178.

[74]) Schriftenwechsel und Verordnungen im Staatsarchiv Bd. 43 (1885) Nr. 8179/8187. Bulmerincq a. a. O. § 212 S. 764/5. — Pradier-Fodéré Bd. 4 § 2137 S. 793/797. — Vgl. das französisch-italienische Protokoll vom 25. Januar 1884 bei Pasquale Fiore Bd. 1 S. 548/50.

[75]) Staatsarchiv Bd. 46 (1886) Nr. 8843.

(Art. 16)[76]) ausgesprochen. Offenbar kann Frankreich durch einen Vertrag mit Annam die richtende Gewalt über die auf dem Gebiete des letzteren verweilenden Angehörigen fremder Staaten nicht erwerben. Wohl vermag ein Staat auf dieselbe zu verzichten, zur Übertragung an einen anderen Staat ist er aber nicht im stande. Es wäre auch nicht zu erweisen, daß aus der Natur des Protektorates dem Oberstaate eine solche Gewalt über die im Unterstaate sich aufhaltenden Unterthanen anderer Mächte erwüchse. Deshalb brauchten die europäischen Staaten die Unterstellung ihrer Angehörigen in Annam unter die französische Gerichtsbarkeit nicht zu dulden. Es scheinen aber keine Proteste gegen den Art. 10 des Vertrages vom 6. Juni 1884 erhoben zu sein. Aus der stillschweigenden Anerkennung dieses Vertrages läßt sich nun auch die Einwilligung in jene Ausdehnung der französischen Gerichtsbarkeit entnehmen. Die europäischen Mächte werden umsomehr mit derselben einverstanden gewesen sein, als ihren Konsuln daselbst bisher wohl keine Jurisdiktionsbefugnisse eingeräumt waren, im Interesse ihrer Unterthanen aber die französische Gerichtsbarkeit bei weitem annehmbarer als die annamitische erscheinen mußte. Das von Frankreich in Annam und Tunis eingeführte System hat zweifellos viel zur Ausbreitung seines Einflusses in diesen Ländern beigetragen. Es ist aber nicht zu leugnen, daß dasselbe, namentlich für dritte Staaten, auch viele Vorteile mit sich bringt. An die Stelle der verschiedenen, nebeneinander bestehenden Konsulargerichte sind einheitlich verwaltete, wohl geordnete Gerichte getreten, welche den Rechtsschutz der Ausländer in genügender Weise sichern. Für die Sicherheit ihrer Unterthanen ist den fremden Mächten nicht mehr die tunesische und annamitische, sondern die französische Regierung verantwortlich und sie kann diese Verantwortung auch auf sich nehmen, weil sie durch ihre geordnete Verwaltung besser im stande ist, für die Ausländer Sorge zu tragen, als der König von Annam oder der Bey von Tunis es vermögen.

Von wie weitgehender Bedeutung die Organisation der französischen Gerichtsbarkeit in Annam und Tunis nun auch ist, so darf doch nicht übersehen werden, daß sie mit dem Protektoratsverhältnis an sich nicht im Zusammenhang steht, sondern nur den Charakter

76) ibidem Nr. 8845.

einer Neugestaltung der von Alters her in nicht christlichen Staaten bestehenden Konsulargerichte trägt. Recht bezeichnend hierfür ist das Verhältnis Englands zu den drei Borneostaaten. In Nordborneo und Serawak übt ersteres keinerlei Jurisdiktionsbefugnisse aus, weil diese Staaten trotz ihrer vorwiegend nicht europäischen und nicht christlichen Bevölkerung doch ausschließlich von Europäern und nach europäischen Grundsätzen regiert werden, das Leben, die Freiheit und die Vermögensrechte britischer Unterthanen in ihnen mithin ebenso beschützt werden, wie in europäischen Staaten. Brunei dagegen wird nicht von Europäern, sondern von einem eingeborenen Sultan regiert. Deshalb hat Großbritannien die Zivil- und Strafgerichtsbarkeit über seine Unterthanen und Schutzbefohlenen in diesem Staate sich ausbedungen und seinen Konsuln übertragen. In Zivilsachen zwischen britischen Unterthanen oder Schutzbefohlenen und den Unterthanen des Sultans entscheidet dasjenige Gericht, welchem der Beklagte seiner Nationalität nach untersteht; ein von der Regierung des Klägers abgeordneter Beamter soll jedoch der Verhandlung beizuwohnen und bei der Entscheidung mitzuwirken befugt sein. Außerdem ist Großbritannien auch berechtigt, die Entscheidung der zwischen seinen Unterthanen oder Schutzbefohlenen und den Angehörigen dritter Staaten schwebenden Streitigkeiten mit Einwilligung der betreffenden Regierungen seinen Konsulargerichten zu übertragen[77]). Ist England auch nicht so radikal vorgegangen, wie Frankreich, so zeigt doch die von ihm zwischen Brunei einer-, Nordborneo und Serawak andererseits gemachte Unterscheidung deutlich, daß seiner Ansicht nach dem Oberstaate als solchem keinerlei Jurisdiktionsbefugnisse im Unterstaate zustehen.

Nach der Generalakte der Samoakonferenz (Art. 3) soll auf Samoa demnächst ein oberster Gerichtshof gebildet und ihm übertragen werden: 1. alle Zivilprozesse betr. Grundeigentum in Samoa und alle darauf bezüglichen Rechte, 2. alle Zivilprozesse jedweder Art zwischen Eingeborenen und Fremden oder zwischen Fremden verschiedener Nationalität, 3. alle Verbrechen und Vergehen von Eingeborenen gegen Fremde oder von solchen Fremden, welche nicht einer Konsulargerichtsbarkeit unterworfen sind[78]).

[77]) Vertrag vom 17. September 1888 Art. 6.

[78]) Art. 3 Abschn. 9. Vgl. Abschn. 10 u. 11.

c) Die vollziehende Gewalt des Unterstaates.

Die vollziehende Gewalt muß dem Unterstaate grundsätzlich in allen inneren Angelegenheiten zustehen, da eine Autonomie sonst undenkbar wäre. Durch sie setzt der Staat seinen Willen erst in die That um, sie ist die „am meisten obrigkeitliche, die vorzugsweise herrschende unter allen staatlichen Teilgewalten“ [79]). Dennoch wird selbst hier eine Einmischung des Oberstaates zu Zeiten unvermeidlich, namentlich was die Polizei- und Justizhoheit über Fremde anbelangt. Hinsichtlich der Befugnis zu selbständiger Ausübung der Finanzhoheit und Militärhoheit können Zweifel bestehen. Beide haben zwar keinen internationalen Charakter, — Militärhoheit und völkerrechtliche Kriegsherrlichkeit sind verschiedene Dinge, — ein schlagfertiges Heer und eine geordnete Finanzlage bilden aber die wesentlichsten Vorbedingungen für die gesicherte Existenz eines Staates. Wenn der Unterstaat diese für sein Dasein hochwichtigen Faktoren im Vertrauen auf die Schutzpflicht des Oberstaates vernachlässigte, so würde er letztere bedeutend erschweren. Die Nachteile einer solchen Versäumnis können bei überseeischen Protektoraten besonders groß werden, da hier der Oberstaat den Angriffen der Nachbarn des Unterstaates nicht immer sofort mit ebenbürtigen Kräften entgegenzutreten vermag. Man darf daher wohl die Frage aufwerfen, ob der Oberstaat nicht berechtigt sei, auf diesen Gebieten sich einzumischen?

Solange die Bewahrung der inneren Selbständigkeit für den Unterstaat ein wesentliches Prinzip des Protektorats bildet, solange darf der Oberstaat die an sich vielleicht schädlichen Regierungsmaßregeln jenes nicht ohne weiteres inhibieren. Ratschläge darf er erteilen, doch ist deren Befolgung nicht Pflicht des Unterstaates. In der Regel scheint übrigens die Schwäche und Hilflosigkeit des letzteren dem Oberstaate durchaus nicht unerwünscht zu sein, da mit der Zunahme jener auch sein eigener Einfluß wächst. Wenn aber ein Oberstaat wirklich einmal bestrebt sein sollte, im Interesse des Unterstaates für dessen Wehrfähigkeit zu sorgen, die Regierung des letzteren jedoch nicht den Willen oder die Kraft zur Durchführung seiner Vorschläge hat, soll dann der Oberstaat unthätig zusehen müssen? Der Unterstaat muß

[79]) Bluntschli, Allgemeine Staatslehre Buch 7, Kap. 7 S. 594 (5. Aufl.).

seine gesamten Kräfte zur eigenen Verteidigung gebrauchen. Thut er das nicht oder versetzt er sich selbst durch Mißwirtschaft in die Unmöglichkeit es zu thun, so verletzt er damit gleichzeitig seine Vertragspflicht, und der Oberstaat wäre, ihn zu deren Erfüllung anzuhalten oder aber selbst vom Vertrage zurückzutreten befugt.

Das letztere dürfte wohl nicht erfolgen, wohl aber das erstere, und damit wäre indirekt ein Einmischungsrecht des Oberstaates zugelassen. Es wurde bereits ausgeführt, daß das Prinzip der Nichtintervention seine Grenzen hat. Der Oberstaat soll und darf aber deshalb noch keine dauernde Kontrolle über die innere Verwaltung des Unterstaates beanspruchen. Nur in wirklich dringenden Fällen, wenn in der That von einer Nichterfüllung der Pflicht die Rede sein kann, darf er zu jenem äußersten Mittel greifen. Die Beurteilung der Notwendigkeit steht dabei allerdings nur ihm zu und somit ist sein diskretionäres Ermessen entscheidend. Mag man über solche Konsequenz urteilen, wie man will, so darf man doch nicht vergessen, daß schließlich bei allen durch das Protektorat hervorgerufenen Beziehungen eine gedeihliche Entwickelung nur bei einer gesunden Politik möglich ist.

Mit Rücksicht darauf, daß die Einmischung des Oberstaates in die Ausübung der vollziehenden Gewalt des Unterstaates erforderlich werden kann, erscheint ihre Fixierung im Wege des Vertrages zweckmäßig. In dieser Weise kann ersterer sich eine Kontrolle der gesamten Verwaltung sichern; das wichtigste aber bleibt für ihn stets die Militär- und Finanzverwaltung.

Die Republik Krakau besaß eigentlich gar keine Militärhoheit. Sie durfte nur eine Stadtmiliz und Landgendarmen zur Aufrechterhaltung der Ruhe und Sicherheit im Innern unterhalten[80]). Durch ihre geographische Lage inmitten der drei zu ihrem Schutze verpflichteten Mächte war ja auch theoretisch ein Angriff auf Krakau solange undenkbar, als das Protektorat bestand. Der ionische Siebeninselstaat und das Königreich der Gesellschaftsinseln waren gleichfalls in ihrer Militärhoheit sehr beschränkt. Die Oberstaaten hatten das Recht zur Unterhaltung von Truppen auf den Inseln und zur Besetzung der festen Plätze[81]). Außerdem bildeten die Unterstaaten eigene

---

80) Verfassung vom 3. Mai 1815 Art. 22.

81) Pariser Vertrag vom 5. November 1815 Art. 5. Verfassung der

Miliztruppen, doch standen dieselben unter dem Kommando des Oberstaates.

In Annam hatte Frankreich sich schon durch den Handelsvertrag vom 31. August 1874[82]) einen Einfluß auf die Zollangelegenheiten gesichert. Derselbe ist nunmehr durch den Vertrag vom 6. Juni 1884 fester geregelt. Letzterer entzieht den annamitischen Behörden und überträgt den französischen Beamten die gesamte Verwaltung der Zölle und öffentlichen Arbeiten, sowie alle diejenigen Dienstzweige, welche eine einheitliche Leitung oder die Verwendung europäischer Ingenieure oder Beamten erfordern (Art. 3). Fortan sollen Zollämter nur noch an den Landesgrenzen und in den Hafenorten bestehen und die in Cochinchina geltenden Gesetze und Verordnungen über die indirekten Steuern, die Zollverwaltung, den Zolltarif und die Hygiene zur Anwendung kommen (Art. 12). Noch durchgreifender wurde die Einmischung Frankreichs in die innere Verwaltung Annams nach Erlaß eines Dekretes des Präsidenten der französischen Republik vom 17. Oktober 1887[83]).

Während die Intervention Frankreichs in Annam nur auf einzelne Zweige der Verwaltung sich erstreckt, findet sie in Tonkin, Kambodscha und Tunis allgemein statt.

Tonkin ist zwar nur eine Provinz oder ein Teil des annamitischen Königreiches. Doch wurden im Vertrage vom 6. Juni 1884 neben den auf das ganze Reich sich erstreckenden Bestimmungen hinsichtlich seiner speziell noch die folgenden getroffen:

Die französische Regierung kann Residenten oder Vizeresidenten für alle diejenigen größeren Orte Tonkins bestellen, an welchen ihr deren Anwesenheit nützlich erscheint. Dieselben unterstehen dem Generalresidenten in Huë. Sie wohnen in der Zitadelle oder doch zum mindesten innerhalb des für die Mandarinen reservierten Stadtviertels, nötigenfalls ist ihnen eine französische oder einheimische Eskorte beizugeben (Art. 6). Die Residenten sollen sich mit den Einzelheiten der Provinzialverwaltung nicht befassen; die eingeborenen

---

ionischen Inseln Kap. VII Sekt. 2. Konvention von Papeete vom 5. August 1847 Art. 2, 31/33.

[82]) Art. 6 u. 7 bei Geffcken, Recueil manuel et pratique. Bd. II S. 396 ff.

[83]) Journal officiel de la République française vom 18. Oktober 1887. — de Lanessan a. a. O. S. 747 ff.

Beamten jeden Ranges führen vielmehr die Regierungs- und Verwaltungsgeschäfte unter ihrer Kontrolle weiter, doch sind sie auf Verlangen der französischen Behörden abzusetzen (Art. 7). Im eigentlichen Annam erheben die Quan-Bo nach wie vor die alten Abgaben für Rechnung des Hueschen Hofes, ohne einer Kontrolle von Seiten der französischen Beamten zu unterliegen (Art. 11 Abs. 1). In Tonkin dagegen haben die Residenten unter Beihilfe der Quan-Bo die Verwaltung jener Abgaben zu zentralisieren, sowie ihre Einziehung und Verwendung zu überwachen. Eine aus französischen und annamitischen Kommissaren zusammengesetzte Kommission bestimmt die für die verschiedenen Zweige der Verwaltung und die öffentlichen Anstalten zu verwendenden Summen. Der Überrest wird in die Kassen des Hofes von Huë abgeführt (Art. 11 Abs. 2). Noch dürfte hinzuzufügen sein, daß in Annam die einheimische Regierung über die Zulassung von Fremden in andere als die vertragsmäßig geöffneten Gebietsteile zu entscheiden hat, daß dieselbe dagegen den französischen Unterthanen und Schutzbefohlenen in ganz Tonkin weder den Aufenthalt, noch den Handelsbetrieb und Vermögens-, insbesondere Grunderwerb versagen darf (Art. 13/14).

Daß die Regierungen von Tunis und Kambodscha sich zur Einführung der von Frankreich für zweckmäßig erachteten administrativen, finanziellen, gerichtlichen und kommerziellen Reformen verpflichtet haben, wurde bereits erwähnt. Der Bey von Tunis und König Norodom verzichteten aber ferner auf das Recht, ohne Genehmigung der französischen Regierung Anleihen aufzunehmen[84]), während der König von Annam solche nur im Auslande nicht selbständig aufnehmen darf[85]). Selbstverständlich beziehen sich diese Beschränkungen allein auf Anleihen für Rechnung des Staates, wie in der Konvention von Marsa auch ausdrücklich hervorgehoben wurde, nicht aber auf Privatdarlehen, welche die Herrscher jener Unterstaaten als Privatpersonen etwa aufnehmen wollten.

Auf Grund der getroffenen Vereinbarungen übt Frankreich nicht nur eine fortdauernde Kontrolle, sondern einen maßgebenden Einfluß auf die gesamte Staatsverwaltung in Tunis und Kambodscha aus. Der

---

[84]) Konvention von Marsa Art. 2. Konvention von Pnom-Penh Art. 7.
[85]) Vertrag von Huë Art. 17.

Präsident der französischen Republik hat deshalb für die Regentschaft Tunis eine Reihe von Kontrolleuren bestellt[86]), mit deren Hilfe selbst die Lokalverwaltung genau beaufsichtigt und geleitet wird. Direktor des tunesischen Finanzdepartements ist ein französischer Beamter[87]). Von den Staatseinkünften wird zunächst die für die Verzinsung und Amortisierung der von Frankreich garantierten Anleihe erforderliche Summe, sodann die Zivilliste des Bey in Höhe von zwei Millionen Piaster abgezogen; der Rest dient zur Bestreitung der Ausgaben der Regentschaft und der durch das Protektorat verursachten Kosten[88]), d. h. zur Besoldung der französischen Beamten.

Ähnlich ist die Verwaltung Kambodschas geordnet. In den Hauptstädten der Provinzen und wo sonst es erforderlich schien, befinden sich französische Residenten oder Vizeresidenten. Dieselben haben die obere Aufsicht über die kambodschaischen Beamten und wachen über die Aufrechterhaltung der Ordnung. Den einheimischen Behörden sind gänzlich entzogen die Auferlegung und Beitreibung von direkten Steuern, die Verwaltung der indirekten Steuern und Zölle, die öffentlichen Arbeiten und überhaupt alle Dienstzweige, welche eine einheitliche Leitung oder die Verwendung europäischer Ingenieure oder Beamten erfordern[89]). Die Zivilliste des Königs ist vorläufig auf drei Millionen, die Dotation der Prinzen auf 25 000 Piaster festgesetzt; über die Verteilung der letzteren beschließen der König und der Generalgouverneur von Cochinchina gemeinsam[90]). Die Aufteilung des Grund und Bodens an Privatpersonen erfolgt durch die französischen und kambodschaischen Behörden[91]). Zur Verwaltung der Stadt Pnom-Penh selbst ist eine Kommission gebildet, deren Vorsitz der Generalresident oder sein Stellvertreter führt. Die übrigen Mitglieder sind sechs vom Generalgouverneur von Cochinchina ernannte französische Beamte oder Kaufleute, drei Kambodschaner, ein Annamit, zwei Chinesen, ein Indier und ein Malaie. Sie werden vom König von Kambodscha aus einer vom General-

---

[86]) Dekret vom 4. Oktober 1884 bei De Clercq Bd. 14 S. 422.

[87]) Leroy-Beaulieu a. a. O. S. 397.

[88]) Konvention von Marsa Art. 3.

[89]) Konvention von Pnom-Penh Art. 3 u. 4.

[90]) ibidem Art. 7.

[91]) ibidem Art. 9.

gouverneur von Cochinchina präsentierten Liste ausgewählt und ernannt[92]).

Es ist unleugbar, daß die Intervention Frankreichs in die inneren Angelegenheiten Kambodschas sehr weit geht. Nach der Ansicht Pradier-Fodérés ist Kambodscha bereits von Frankreich annektiert und der Kolonie Cochinchina einverleibt[93]). Aus welchen Gründen ein Unterschied in der Stellung Kambodschas und Tunis' bestehen soll, ist aber nicht ersichtlich. Die Befugnisse der beiden Unterstaaten sind ungefähr gleich gering: dem Bey von Tunis ist in keinem wesentlichen Punkte die Selbständigkeit belassen, in welchem sie dem König Norodom entzogen wurde. Einer formellen Einverleibung Kambodschas steht übrigens die von Frankreich dem Könige von Siam gegenüber eingegangene Verpflichtung entgegen[94]).

Wenn es noch einen Unterstaat gab, welchem nicht mehr Selbstständigkeitsrechte von Frankreich belassen wurden als Kambodscha, so war dies das Königreich der Gesellschaftsinseln. Die Beschränkung der gesetzgebenden Gewalt und der Mangel jeglicher Militärhoheit wurde schon hervorgehoben. Aus der am 5. August 1847 zu Papeete zwischen Ober- und Unterstaat abgeschlossenen Konvention verdienen aber noch folgende Punkte besondere Würdigung: Nach Art. 3 wird die innere Organisation der Gesellschaftsinseln mit Zustimmung der schützenden Macht geregelt. Mitglied der Regierung ist der französische Kommissar (Art. 4). Zwar übt die Königin die vollziehende Gewalt aus (Art. 5). In allen Fällen aber, für welche die Konvention Bestimmungen erläßt, ist vorgesehen, daß die Königin nur in Gemeinschaft mit dem französischen Kommissar handeln dürfe, z. B. bei Berufung und Eröffnung der gesetzgebenden Versammlung (Art. 7 u. 9); bei Ernennung der Häuptlinge (Art. 10) und der Richter (Art. 15). Selbst einfache, nur die Eingeborenen betreffende Polizeidekrete der Königin bedürfen der Zustimmung des französischen Kommissars (Art. 27). Dagegen ist diesem allein die höhere Polizei anvertraut (Art. 34). Ohne seine Erlaubnis darf kein Fremder mit der Königin in Berührung treten (Art. 36). Alle Beziehungen mit dem Auslande sind dem Oberstaate überlassen (Art. 35).

92) ibidem Art. 10.

93) Pradier-Fodéré I § 107 S. 193.

94) Vertrag vom 15. Juli 1867 Art. 3 bei De Clercq Bd. 9 S. 734/6.

So tief die Eingriffe der Oberstaaten in die innere Selbständigkeit und Unabhängigkeit der Unterstaaten in den geschilderten Fällen nun auch sein mögen, so kann man doch nicht von einer Herrschaft der ersteren über die letzteren sprechen. Ganz abgesehen davon, daß der Einfluß jener nicht im eigenen Interesse, sondern nur in dem dieser ausgeübt werden sollte, so ist doch das Vorgehen des Oberstaates, sofern es überhaupt in den Schranken des Rechtes sich hält, lediglich als Durchführung des Protektoratsvertrages zu erachten. Der Oberstaat vermag aber in keinem Falle den Unterthanen jenes bindende Vorschriften zu erteilen[95]). Seine Verordnungen haben im Unterstaate nur dann Geltung, wenn dieser sie acceptierte und publizierte. Mag dabei auch ein Zwang auf denselben ausgeübt werden, so ist doch immer nur der Wille des Unterstaates rechtserzeugend.

## 4. Beilegung von Zwistigkeiten zwischen Ober- und Unterstaat.

Wenn der Unterstaat dem Oberstaate gegenüber handlungsfähig ist, so muß er konsequenterweise seine Rechte gegen ihn ebenso verteidigen können wie ein unabhängiger Staat. Er muß also vor allen Dingen im stande sein, mit dem Oberstaate Krieg zu führen. Den Gedanken an die Möglichkeit eines solchen darf man nicht einfach in das Reich der Utopien verweisen. Es ist durchaus nicht undenkbar, daß z. B. die Howas einen Krieg Frankreichs in Europa mit Freuden als Gelegenheit zur Abschüttelung des verhaßten Joches benutzen und so einen Krieg mit dem Oberstaate heraufbeschwören werden. Ist ein solcher Kampf aber wirklich als ein Krieg im völkerrechtlichen Sinne zu betrachten?

Daß dem Unterstaate dritten Staaten gegenüber ein selbständiges Kriegsführungsrecht nicht zukomme, wurde bereits dargethan. Dieser Umstand möchte leicht zu der Ansicht führen, daß derselbe auch mit dem Oberstaate einen Krieg nicht führen könne, denn ein partielles Kriegsführungsrecht wäre doch höchst seltsam. Nun beruht aber die Eigentümlichkeit der Stellung des Unterstaates gerade in dieser teil-

95) Vgl. Brie, Theorie der Staatenverbindungen. Stuttgart 1886 S. 29 u. 31.

weisen Handlungsfähigkeit und dieser teilweisen Handlungsunfähigkeit.

Ober- und Unterstaat sind und bleiben zwei völlig getrennte Staatswesen; es wäre falsch, sie auch nur als zusammengesetzte Staaten zu betrachten. Deshalb sind die zwischen ihnen geführten Kriege als völkerrechtliche Kriege selbständiger Staaten und nicht etwa als Bürgerkriege oder als Kriege zwischen den Gliedern eines zusammengesetzten Staats zu bezeichnen. Wohl lassen die Kämpfe zwischen der ottomanischen Pforte und ihren Vasallenstaaten als Kriege der letztgedachten Art sich auffassen[96]), denn Bulgarien und Ägypten bilden in gewissen Beziehungen noch immer einen Teil des türkischen Reiches. Es wäre jedoch unstatthaft, hieraus einen Schluß auf das Verhältnis zwischen Ober- und Unterstaat zu ziehen.

Ein Krieg dieses gegen jenen kann nur zum Zwecke der Lösung des Protektorates stattfinden, denn mit dem gewollten Fortbestande dieses Verhältnisses ist er unvereinbar. Wohl denkbar ist dagegen ein Krieg des Oberstaates gegen den Unterstaat, um diesen zur Anerkennung des Protektorates zu zwingen. Im Verlaufe der Untersuchung ist mehrfach von der Befugnis des Oberstaates zum gewaltsamen Einschreiten gegen den widerspenstigen Unterstaat die Rede gewesen. Es wurde z. B. hervorgehoben, daß jener berechtigt sei, ungerechtfertigte Maßnahmen dieses gegen dritte Staaten mit Gewalt zu verhindern. In solchen Fällen liegt selbst auf Seiten des Unterstaates die Absicht zum Bruch des Protektoratsverhältnisses nicht vor. Wie ist nun ein gewaltsames Vorgehen des Oberstaates gegen den Unterstaat zu charakterisieren?

Erfüllt ein unabhängiger Staat die vertragsmäßig übernommenen Pflichten nicht, so darf der Geschädigte ihn hierzu durch Repressalien anhalten und ihn ev. durch den Krieg zwingen. Zweifellos stehen auch dem Oberstaate dem Unterstaate gegenüber diese Befugnisse zu. Mit ihrer Anwendung ist ihm aber nicht immer gedient, zudem versagen sie dann, wenn derselbe den vom Unterstaate gegen dritte Staaten begangenen Rechtswidrigkeiten entgegenzutreten hat; eine Repressalie des Oberstaats wenigstens wäre alsdann undenkbar, ein Krieg aber schösse für gewöhnlich über das Ziel hinaus. Es wäre

[96]) Vgl. Lüder in v. Holtzendorffs Handbuch IV § 62 S. 244 über Kämpfe zwischen Suzerän und Vasall.

für den Oberstaat höchst lästig, wenn er Unbotmäßigkeiten des Unterstaates nur mittelst eines Krieges entgegentreten könnte. Es liegt nahe, ihm ein Exekutionsrecht zuzuschreiben.

Eine derartige Befugnis hat immer nur derjenige, welcher einem anderen übergeordnet ist. Deshalb entbehren sie die unabhängigen Staaten in ihrem Verkehre zu einander, wohl aber hat sie in zusammengesetzten Staaten die Zentralgewalt über die einzelnen Bundesglieder[97]). Wer Gehorsam fordern kann, muß auch die Mittel zu dessen Erzwingung besitzen. Der Krieg ist ein solches Mittel nicht, denn er beruht auf dem Gedanken der Gleichberechtigung beider Parteien. Ist die eine aber der anderen untergeordnet, so darf sie auch zu dem schuldigen Gehorsam gezwungen werden, ohne daß sie, wie eine Kriegspartei, zum Widerstande berechtigt wäre. Der Unterstaat ist in allen von dem Protektoratsverhältnisse beherrschten Beziehungen dem Oberstaate untergeordnet, er hat den Weisungen desselben Folge zu leisten; deshalb muß der Oberstaat ihn im Widersetzungsfalle im Wege der Exekution dazu anhalten können[98]). Die Exekutionsbefugnis reicht aber nicht weiter als das Recht des Oberstaates, dem Unterstaate Vorschriften zu erteilen, also nicht weiter als das Protektorat selbst. Sie findet nur insoweit statt, als die Handlungsfähigkeit des Unterstaates beschränkt oder aufgehoben ist. Ein eigenmächtiges Vorgehen des letzteren gegen dritte Staaten kann deshalb der Oberstaat gewaltsam verhindern, ohne zum Kriege zu schreiten. Er zwingt jenen in diesem Falle zur Befolgung des Protektoratsvertrages. In gleicher Weise kann er die ihm vertragsmäßig zugestandene Einmischung in die innere Autonomie des Unterstaates praktisch durchführen. Nie aber kann er im Wege der Exekution den Unterstaat zu Leistungen anhalten, welche mit dem Protektoratsverhältnisse nicht zusammenhängen. In solchem Falle steht ihm der Unterstaat unabhängig gegenüber, und kann er Rechtswidrigkeiten desselben nur mit Repressalien oder mit dem Kriege begegnen.

So lange der Oberstaat nur eine Exekution vollstreckt, befindet er sich dem Unterstaate gegenüber nicht im Kriegszustande; folglich kann auch von einer Neutralität dritter Staaten nicht die Rede sein.

---

[97]) Vgl. Deutsche Reichsverfassung Art. 19, Art. 31 ff. Vgl. auch Laband § 11 S. 105/6. Lüder a. a. O.

[98]) Vgl. v. Holtzendorff II § 25 S. 106.

Andererseits steht aber diesen auch kein Interventionsrecht zu. Durch Unterstützung des Unterstaates würden sie dem Oberstaate einen gerechten Kriegsgrund geben. Exekutionsmittel sind die auch im Kriege zulässigen Gewaltmittel. Zur leichteren Durchführung dient das fast von allen Oberstaaten ausbedungene Besatzungsrecht. Da die Exekution kein Krieg ist, so darf sie auch nicht weiter geführt werden, als ihr Zweck es erfordert: sie endigt, wenn die sie veranlassende Rechtswidrigkeit gehoben ist. Der Oberstaat darf sie also zu Gebietserwerbungen oder zur Verschaffung anderer Vorteile von Rechts wegen nicht benutzen. Wohl aber ist der Unterstaat zur Erstattung der Kosten verbunden, welche er durch sein rechtswidriges Verhalten dem Oberstaate verursacht hat.

So einfach das Exekutionsrecht theoretisch betrachtet erscheint, so schwierig gestaltet sich doch seine Anwendung in der Praxis. Befindet sich der Unterstaat nicht im Zustande vollständiger Ohnmacht, so wird er der Zwangsgewalt des Oberstaates mit allen Kräften entgegentreten. Beide Teile werden sich bald faktisch im Kriegszustande befinden. Ist es alsdann noch gestattet, dieses thatsächliche Verhältnis zu ignorieren und lediglich von einer Exekution zu sprechen? Diese Frage ist gewiß zu verneinen.

Dem Unterstaate muß die selbständige Entscheidung darüber unbenommen bleiben, ob die vom Oberstaate gestellten Forderungen berechtigt sind oder nicht. Eine ungerechtfertigte Exekution über sich ergehen zu lassen, ist er nicht verpflichtet. Ob dieselbe aber gerechtfertigt sei oder nicht, das kann nur er, — und auch der Oberstaat für sein Teil, — entscheiden. Eine nach seinem Ermessen unberechtigte Exekution vermag der Unterstaat nur als einen kriegerischen Angriff zu betrachten; er muß sich deshalb zur Wehr setzen. Besteht so auf beiden Seiten eine verschiedene Auffassung der Sachlage, — und das wird regelmäßig der Fall sein, — so können dritte Staaten eine Entscheidung sich nicht anmaßen. Ihnen bleibt nur ein unparteiliches, neutrales Verhalten übrig. Wollten sie einem Teile beistehen, so würden sie von dem anderen mit Recht als Kriegspartei angesehen und behandelt werden. Dadurch, daß sie dem Unterstaate die Rechte einer kriegführenden Partei nicht zuerkennen, die Neutralitätspflichten mithin nicht beobachten, stellen sie sich bereits auf die Seite des Oberstaates. Der Unterstaat hat aber jedenfalls Anspruch darauf, als kriegführende Partei behandelt zu werden[99]), denn er ist und bleibt ein Staat. Ob er sich mit Recht gegen den Oberstaat verteidigt oder mit Unrecht gegen ihn sich auflehnt, das geht die unbeteiligten Mächte nichts an. Für sie besteht nur die Thatsache des Kampfes zweier Staaten miteinander, und deshalb müssen sie die Neutralitätspflichten beobachten, falls sie unbeteiligt bleiben wollen. Aber auch der Oberstaat ist nicht befugt, den Unterstaat wie eine rebellische Provinz, seine Armee wie eine Bande von Aufrührern zu betrachten. Ihm gegenüber bleibt der Unterstaat gleichfalls stets ein Staat und muß deshalb die Rechte einer kriegführenden Macht genießen, wenn thatsächlich ein Kriegszustand besteht.

Nicht anders gestaltet sich die Sachlage, wenn der Unterstaat ein an sich berechtigtes, gewaltsames Vorgehen des Oberstaates zur Abschüttelung des Protektorates benutzt. Mißlingt ihm dieser Versuch, so wird dessen Folge eine noch größere Abhängigkeit sein. Bis eine Entscheidung hierüber aber herbeigeführt ist, solange muß der einmal faktisch bestehende Krieg als solcher auch anerkannt werden.

Um den Bezug von Proviant und Kohlen in den Häfen dritter Staaten sich zu sichern, vermeidet der Oberstaat vielleicht gern die Erklärung des Krieges und behauptet, nur von seiner Exekutionsbefugnis Gebrauch zu machen. Und es mag allerdings Momente geben, in welchen es zweifelhaft ist, ob der Kriegszustand bestehe oder nicht; sobald derselbe aber klar erkennbar geworden ist, kann die einseitige Anschauungsweise des Oberstaates nicht mehr maßgebend sein, sondern nur die Realität der Thatsachen in Betracht kommen.

Zwischen Frankreich und der Königin der Howas entstanden bald nach der Begründung des Protektorates Verwickelungen, welche anscheinend auf unblutige Weise beigelegt wurden. Ende September 1886 suchte die madagassische Regierung in England eine Anleihe aufzunehmen, und gleichzeitig sollte eine englische Bank in Madagaskar gegründet werden. Frankreich erhob jedoch Einspruch hiergegen und setzte es im Dezember 1886 durch, daß die Regierung der Howas die englische Anleihe rückgängig machte und eine solche mit Pariser Kapitalisten abschloß. Denselben wurden für ein Dar-

---

99) v. Holtzendorff a. a. O. S. 105.

lehen von 15 Millionen Francs die Zolleinnahmen von fünf Häfen verpfändet. Man kann nicht umhin, diese Einmischung Frankreichs unberechtigt zu nennen. Die Aufnahme einer Anleihe ist ein Privatgeschäft; die Vertretungsbefugnis der französischen Regierung erstreckt sich mithin auf dasselbe nicht, da der Vertrag vom 17. Dezember 1885 keine Beschränkung der madagassischen Regierung in dieser Hinsicht enthält. Und ebenso ist die Gründung einer Bank eine durchaus interne Angelegenheit, welcher der Oberstaat kein Veto entgegensetzen darf. Mit vollem Recht bestand Frankreich dagegen auf der Überlassung des Hafens von Diego-Suarez, denn diese war ihm vertragsmäßig zugesichert; die Verweigerung derselben von Seiten der madagassischen Regierung war unberechtigt; Frankreich durfte deshalb die Ausführung des Protektoratsvertrages erzwingen[100]).

Eine fernere Verwickelung führte die madagassische Regierung dadurch herbei, daß sie dem neu ernannten Konsul der Vereinigten Staaten von Nordamerika das Exequatur erteilte, ohne die Zustimmung des französischen Generalresidenten einzuholen. Dieser brach alsbald die diplomatischen Beziehungen ab und nahm dieselben erst wieder auf, nachdem die Regierung der Howas auf die Erteilung des Exequaturs für die Zukunft verzichtet hatte[101]). Daß diese Forderung Frankreichs unbegründet war, wurde bereits an geeigneter Stelle nachgewiesen.

Höchst eigentümlich gestalteten sich die Beziehungen Frankreichs zu Annam nach Abschluß des ersten Protektoratsvertrages vom 15. März 1874. Derselbe mißfiel beiden Teilen gleichmäßig. Die annamitische Regierung wünschte nichts sehnlicher als die Abschüttelung der ihr aufgezwungenen Schutzherrschaft, das Pariser Kabinett aber erachtete die ihm eingeräumten Rechte für durchaus ungenügend und trachtete nach deren Erweiterung. Unter diesen Umständen konnte es an Stoff zu gegenseitigen Reibereien nicht fehlen. Dieselben begannen denn auch alsbald nach Unterzeichnung des Vertrages. Es ist hier nicht der Ort zu einer ausführlichen Darstellung der Ereignisse in Annam während des Dezenniums nach Abschluß

---

[100]) Vgl. den Europäischen Geschichtskalender 1886 unter Frankreich (Ende September und Dezember).

[101]) Europäischer Geschichtskalender 1887 unter Frankreich (6. Oktober). — Vgl. oben S. 96/97.

des Vertrages vom Jahre 1874. Die seit langer Zeit latente Krisis wurde akut infolge eines am Roten Flusse von den irregulären „schwarzen Flaggen" auf zwei französische Reisende, Courtin und Villeroi, im Jahre 1881 unternommenen Angriffs[102]). Der Hof von Huë erklärte auf die deswegen von französischer Seite gemachten Vorstellungen, er könne gegen jene schwarzen Flaggen nichts unternehmen, weil dieselben ihm große Dienste bei der Unterdrückung eines Aufstandes in Tonkin geleistet hätten. Alsbald wurde der Kommandant Rivière mit Truppen nach Hanoi zur Verstärkung der dortigen Garnison entsendet. Formell sollte dieser nur die französischen Interessen gegen die „Piraten" schützen; man sah aber voraus, daß die Expedition weitere „Vorfälle" zur Folge haben würde[103]). Und dieselben blieben denn auch nicht aus. Tonkin befand sich im Zustande der Anarchie: an der Grenze standen die regulären chinesischen Truppen, zum Teil waren sie auch im Lande selbst; dieses wurde von schwarzen und gelben Flaggen verwüstet und war außerdem von regulären annamitischen und von französischen Truppen besetzt. Am liebsten hätten die Franzosen es gesehen, wenn das Kabinett von Huë sie um Wiederherstellung der Ruhe in Tonkin ersucht hätte. Dann hätten sie die erwünschte Gelegenheit zur Ausbreitung ihres Einflusses gehabt. Die annamitische Regierung hütete sich aber wohl davor, jenes Begehren zu stellen. Und ohne Aufforderung konnte Frankreich nach dem Wortlaut des Vertrages vom 15. März 1874 (Art. 2) zunächst nicht gut intervenieren. Indessen begann in Tonkin eine Reihe kriegerischer Ereignisse: bald wurden die Franzosen von den Irregulären angegriffen, bald erwiderten sie deren Herausforderungen, und stets machte die französische Regierung den Hof von Huë für das vergossene Blut verantwortlich, ohne direkt Maßregeln gegen ihn zu ergreifen. Als aber der Kommandant Rivière unweit Hanoi am 19. Mai 1883 getötet und seine Truppen von den schwarzen Flaggen in die Flucht geschlagen waren[104]), erachtete sie

[102]) Schreiben des Gouverneurs von Cochinchina vom 10. November 1881 im Gelbbuch, Affaires du Tonkin I (1874/82) Paris 1883 Nr. 96 Anhang S. 194.

[103]) Vgl. die Instruktion des Gouverneurs von Cochinchina an Rivière vom 17. Januar 1882 ibidem Nr. 102 Anhang 2 S. 202/204.

[104]) Depesche des Generalgouverneurs von Cochinchina vom 26. Mai 1883 ibidem Bd. II (1882/83) Nr. 199 S. 117.

die Zeit gekommen, um eine vollständige Genugthuung zu fordern und eine Abänderung des Protektoratsvertrages herbeizuführen. Auch glaubte sie sich nunmehr selbständig zur Herstellung der Ruhe und Ordnung befugt[105]). Am 9. August 1883 wurde die Blockade über sämtliche Häfen von Tonkin und Annam verhängt und den Seemächten angezeigt[106]). Am 18. August erschien eine französische Flotte im Flusse Huë, welche das die Stadt Huë beschützende Fort Tuan-an bombardierte. Nach kurzer Gegenwehr mußte die annamitische Regierung die von Frankreich gestellten Bedingungen acceptieren. Am 25. August 1883 war ein neuer Protektoratsvertrag unterzeichnet[107]).

Frankreich hatte Annam den Krieg nicht erklärt, ein Friedensvertrag ist auch nicht geschlossen worden. Dennoch befanden sich beide Teile thatsächlich im Kriegszustande. Der französische Ministerpräsident Ferry hat dies selbst in der Deputiertenkammer ausgesprochen; trotzdem wollte er nichts davon wissen, daß ein Krieg geführt werde. Frankreich zog es vor, Annam gegenüber dieselbe Rolle zu spielen, welche es ein Jahr später, freilich mit weniger Glück, gegen die chinesische Regierung durchzuführen versuchte. Man blockierte Häfen, beschoß Städte, nannte dies aber nur einen état de représailles und behauptete die Aufrechterhaltung des Friedens[108]).

Man kann zugeben: die annamitische Regierung war nicht im stande, die Ordnung in Tonkin wiederherzustellen und hätte Frankreich darum ersuchen müssen. Da sie dies unterließ, war letzteres wohl berechtigt, selbständig die erforderlichen Maßnahmen zu ergreifen, ohne daß deshalb ein Krieg mit Annam die unabweisliche Folge gewesen wäre. Thatsächlich ist derselbe aber eingetreten und zwar wurde er von Frankreich selbst herbeigeführt. Die von ihm verhängte Blockade, über welche es sich sehr ausweichend äußerte[109]), war jedenfalls keine Friedensblockade; denn während einer solchen

---

105) ibidem Nr. 200 u. Nr. 206, 208.

106) ibidem Nr. 238 u. 240.

107) Abgedruckt in L'affaire du Tonkin S. 411/415. Dieser Vertrag wurde nicht ratifiziert, sondern durch den Vertrag vom 6. Juni 1884 ersetzt.

108) Vgl. Geffcken, Völkerrechtliche Fragen in dem französisch-chinesischen Streite, im Archiv für öffentliches Recht Bd. I (1886) S. 149 u. 155.

109) Gelbbuch, Affaires du Tonkin, ibidem Bd. II Nr. 242 u. 244.

bombardiert man keine Plätze. Hätte die französische Regierung nur auf die Unterdrückung der Unruhen in Tonkin sich beschränkt, so hätte sie mit Fug und Recht behaupten können, sie erfülle nur ihre Pflicht als Oberstaat. Dadurch, daß sie die Operationen gegen das eigentliche Annam richtete, in welchem Ruhe herrschte, überzog sie dieses mit Krieg. Wenn die europäischen Mächte es unterlassen haben, den korrekten Standpunkt der Neutralität einzunehmen, wie später während des französisch-chinesischen Konfliktes, so geschah es wohl nur aus Mangel an Interesse. Übrigens waren die Feindseligkeiten gegen das eigentliche Annam von so kurzer Dauer, daß zu praktischer Bethätigung der Neutralitätspflichten keine Gelegenheit geboten wurde.

Im Juli 1885 machte die annamitische Regierung noch einen Versuch zur Abschüttelung des Protektorates. Derselbe wurde jedoch im Keime erstickt, sodaß er zu rechtlichen Erörterungen keinen Anlaß bieten kann[110]).

Eine eigentümliche, aber sehr freudig zu begrüßende Art der Beilegung von Zwistigkeiten zwischen Ober- und Unterstaat ist durch die Generalakte der Samoakonferenz angeordnet. Art. 3 Abschn. 7 derselben bestimmt nämlich: „Im Falle, daß zwischen einer der Vertragsmächte und Samoa eine Meinungsverschiedenheit sich ergeben sollte, welche sich nicht durch gegenseitiges Übereinkommen erledigen läßt, so soll eine solche Meinungsverschiedenheit nicht als Anlaß zum Kriege gelten, sondern soll dem Oberrichter von Samoa zur Erledigung nach den Grundsätzen der Gerechtigkeit und Billigkeit unterbreitet werden. Derselbe soll seine Entscheidung darüber schriftlich abgeben.“ Eine solche Befugnis konnte dem Oberrichter jedoch nur mit Rücksicht auf seine ganz außerordentliche Stellung und Art der Ernennung übertragen werden.

---

[110]) Vgl. den Europäischen Geschichtskalender für 1885 unter Frankreich (2., 15. Juli, 17. September).

# V. Beendigung des Protektorates.

Im ersten Abschnitt dieser Untersuchung wurde dargelegt, daß das Protektorat seiner Natur nach von längerer Dauer sein müsse. Besteht seine ethische Berechtigung in dem Schwächezustande, in der Unmündigkeit des protegierten Staates, so kann man ihm dieselbe vor der Hebung der letzteren nicht absprechen. Das Leben der Staaten ist nun zwar ein Abbild des Lebens der Menschen, aber in bedeutend vergrößertem Maßstabe. Die Phasen seiner Entwicklung sind von ungleich längerer Dauer als die der Menschen. Und während bei letzteren eine annähernd genaue Bestimmung des Lebens selbst in seiner längsten Dauer und auch der einzelnen Perioden desselben möglich ist, entzieht sich das Leben der Staaten einer derartigen Berechnung gänzlich. Sowohl dieses, wie auch seine einzelnen Abschnitte erscheinen von unabsehbarer Dauer. Infolgedessen werden die für einen unbestimmten Zeitraum geschlossenen Staatsverträge als auf Ewigkeit geschlossen bezeichnet, weil sie solange in Geltung bleiben sollen, als die Zustände andauern, durch welche sie ins Leben gerufen wurden. Verträge dagegen, welche für bestimmte Jahre, und sei die Zahl derselben noch so hoch, vereinbart wurden, tragen nur einen vorübergehenden Charakter. Die Unmündigkeit eines Staates ist zwar an sich nicht von ewiger Dauer, für die menschliche Einsicht aber von unabsehbarer Länge. Vielleicht währt sie nur kurze Zeit hindurch, möglicherweise aber auch Jahrhunderte lang, wie das Beispiel Andorras und San Marinos beweist. Deshalb sind die Protektoratsverträge im allgemeinen nicht vorübergehender, sondern „ewiger“ Dauer. Ein vorübergehendes Schutzbedürfnis ruft Bündnisse gewöhnlicher Art, aber keine Schutzherrschaft ins Leben[1]).

[1]) Dies verkennt Ferguson I § 24 S. 85/86.

Es ist zwar nicht ausgeschlossen, daß auch Protektoratsverträge auf bestimmte Zeit abgeschlossen werden, doch wird das nur ausnahmsweise geschehen. Alsdann nimmt das Verhältnis selbstverständlich mit Ablauf der vereinbarten Zeit sein Ende. Der Protektoratsvertrag zwischen Italien und Äthiopien ist nicht auf bestimmte, sondern auf unbestimmte Zeit geschlossen. Zwar besagt Art. 16: „Wenn nach Ablauf von fünf Jahren vom Tage der Unterzeichnung an gerechnet einer der beiden hohen vertragschließenden Teile eine Änderung an diesem Vertrage vornehmen will, so kann er das thun, doch muß er den anderen Teil ein Jahr zuvor davon in Kenntnis setzen. Alle die Gebietsverhältnisse betreffenden Bestimmungen sind jedoch von einer Abänderung ausgeschlossen." Hierin ist aber keine Beschränkung des Protektorates auf den Zeitraum von fünf Jahren zu erblicken[2]). Im allgemeinen ist also anzunehmen, daß die Protektoratsverträge auf unbestimmte Zeit abgeschlossen sind. Sie endigen demnach, wie alle derartigen Verträge, in der Regel durch Vereinbarung oder Aufkündigung bezw. einseitigen Rücktritt.

1. Daß Oberstaat und Unterstaat befugt sind, den von ihnen geschlossenen Protektoratsvertrag im beiderseitigen Einvernehmen jederzeit wiederum aufzuheben, ist selbstverständlich, da ja der Unterstaat dem Oberstaate gegenüber stets handlungsfähig bleibt. Bei dem Kollektivprotektorat ist eine Vereinbarung der sämtlichen Oberstaaten mit dem Unterstaate erforderlich. Fraglich kann es nur erscheinen, ob ein durch Beschluß mehrerer Großmächte begründetes, einer einzelnen von ihnen übertragenes Protektorat von dieser letzteren allein oder nur im Einvernehmen mit den anderen, bei der Gründung beteiligten Staaten aufgelöst werden darf. Sieht man von dem später zu erörternden Rücktrittsrecht des Oberstaates ab, so muß man wohl anerkennen, daß eine regelrechte Aufhebung nur durch Vertrag mit den Gründern zu stande kommen kann. So hat England es hinsichtlich der ionischen Inseln gehalten: es verzichtete auf das ihm übertragene Protektorat, und die übrigen Großmächte nahmen diesen Verzicht an[3]). Augenscheinlich war dieses Vorgehen das einzig richtige. Im Jahre 1815

---

[2]) Vgl. die Generalakte der Samoakonferenz Art. 8 Abschn. 1.

[3]) Vertrag der Großmächte vom 14. November 1863 bei Geffcken, Recueil manuel et pratique I S. 278 ff.

hatten die Großmächte im allgemeinen Interesse England mit dem Protektorat über die ionischen Inseln beauftragt und damit bei dem Staatsgründungsakte sich ein Mitbestimmungsrecht hinsichtlich des künftigen Schicksals der Inseln gewahrt, falls England eine Fortführung des Protektorates nicht mehr für erforderlich erachten sollte.

Bei der Aufhebung des Protektorates der Ostmächte über Krakau wurden die Westmächte dagegen nicht zugezogen, weil sie an seiner Begründung nicht teilgenommen, sondern nur die Unabhängigkeit und Neutralität der Republik garantiert hatten. Der Protest Englands und Frankreichs richtete sich deshalb auch nur mit Recht gegen die Einverleibung Krakaus in die österreichische Monarchie und nicht gegen das Erlöschen des Protektorates[4]).

Die Vereinbarung über die Beendigung des Protektoratsverhältnisses braucht nicht ausdrücklich getroffen zu werden. Dasselbe kann auch stillschweigend erlöschen, indem der Unterstaat sich allmählich vom Einflusse des Oberstaates emanzipiert, letzterer aber dies geschehen läßt und dadurch die Souveränität des Unterstaates anerkennt.

2. Die Befugnis zur einseitigen Kündigung des Protektorates haben unzweifelhaft die Oberstaaten und diejenigen Unterstaaten, welche selbst den Vertrag geschlossen haben. Allerdings steht das Recht der letzteren meistenteils auf dem Papier; die Oberstaaten werden es nicht anerkennen und sie zur Unterwerfung zwingen. Kommt eine gleiche Befugnis auch denjenigen Unterstaaten zu, welche von den Großmächten einem Protektorate unterstellt wurden? Nach der Gründung des Königreichs Griechenland forderten die ionischen Inseln wiederholt die Einverleibung in dasselbe, England aber versagte sie ihnen stets, und zwar mit Fug und Recht. Ein von den Großmächten gegründeter und unter Protektorat gestellter Staat ist nicht nur beschränkt handlungsfähig, sondern auch beschränkt rechtsfähig. Er ist unter gewissen Bedingungen ins Leben getreten und muß dieselben als zu Recht bestehend anerkennen, so lange er nicht so stark ist, daß er selbst seinen Willen in die That umzusetzen ver-

---

[4]) Vgl. die Instruktion des Lord Palmerston vom 23. November 1846 und die Note Guizots vom 4. Dezember 1846 bei Martens-Murhard, Nouveau recueil général Bd. 10 S., 107 ff. S. 116 ff.

mag. Sollte dies einmal sich ereignen, so hätte das Protektorat allerdings keine Berechtigung mehr und würde mit Notwendigkeit erlöschen. So lange es aber nicht der Fall ist, so lange ein solcher Unterstaat nicht selbst seine Existenzbedingungen abzuändern vermag, so lange steht ihm auch theoretisch das Recht dazu nicht zu. Er muß dasselbe erst erwerben, um es gebrauchen zu können.

Eine weitere Frage ist nun aber die, wann Ober- und Unterstaat zur Aufkündigung, bezw. zum einseitigen Rücktritt vom Protektoratsvertrage berechtigt sind. Wenn dieser selbst Bestimmungen darüber enthält, so sind zunächst diese dafür maßgebend. Des ferneren steht aber einem jedem Teile der einseitige Rücktritt nach allgemeinen Grundsätzen frei bei veränderten Umständen sowie bei Vertragsverletzung durch den anderen Teil. Es wurde schon bemerkt, daß der Oberstaat den Unterstaat zur Erfüllung seiner Pflichten zwingen darf. Es ist aber nicht zu bezweifeln, daß er statt dessen auch vom Vertrage zurücktreten kann, ebenso wie dem Unterstaate theoretisch das letztere Recht in gleichem Umfange vindiziert werden muß. Dem Oberstaate ist offenbar die Verteidigung des Unterstaates nicht zuzumuten, wenn dieser auf eigene Hand seiner Politik entgegenarbeitet. Andererseits braucht auch der Unterstaat dem Oberstaate sich nicht unterzuordnen, wenn letzterer ihn gegen Angriffe nicht in Schutz nimmt. Und hierbei kommt es nicht darauf an, ob der Oberstaat schuldhafter- oder schuldloserweise seine Schutzpflicht nicht erfüllt. Zwar gilt auch für ihn das ultra posse nemo obligatur. Wenn er aber seinerseits zu leisten nicht im stande ist, so kann er auch vom Unterstaate die Gegenleistung, d. h. die politische Unterordnung, nicht fordern. In diesem Falle wird das Rücktrittsrecht des Unterstaates allerdings nicht durch eine Pflichtverletzung des Oberstaates begründet; denn eine solche liegt nicht vor, wohl aber durch die veränderten Umstände, durch die eingetretene Unfähigkeit des Oberstaates zu seiner Beschützung.

Neben diesem Rücktrittsrecht aus den vom Recht speziell anerkannten Gründen wollen einige Schriftsteller bei dem Protektorate noch ganz allgemein und unbedingt ein Rücktrittsrecht zulassen, weil ihrer Meinung nach ein freiwillig übertragener oder übernommener Schutz an sich zu jeder Zeit widerruflich sei[5]). Auch die Vertreter

[5]) Heffter-Geffcken § 22 S. 55 u. f.

dieser Ansicht schreiben jedoch den Staaten, denen das Protektorat auferlegt wurde, eine gleiche Befugnis nicht zu. Freiwillig übertragen ist der Schutz aber, wie ausgeführt wurde, selbst dann, wenn der Unterstaat nach einem unglücklichen Kriege sich zur Unterstellung unter das Protektorat versteht. Der Unterstaat wird allerdings den Oberstaat zur Leistung der Schutzpflicht wohl nie zwingen können; dann müßte er schon mächtiger sein als dieser, und in solchem Falle würde er das Protektorat ganz abschütteln. Wenn man aber dem Oberstaate das Recht einräumt, zu jeder Zeit zurückzutreten, so wäre er seiner Schutzpflicht überhoben. Es würde gegen Treue und Glauben verstoßen, wenn er Jahre lang die Politik des Unterstaates nach seinem Gutdünken leiten, denselben dadurch in Kriege verwickeln und ihn dann im Stiche lassen dürfte. Eine solche Befugnis hat er offenbar nicht, wenn die Erfüllung seiner Pflicht vom Unterstaate auch nicht erzwungen werden kann. Ebenso wenig ist es aber zu billigen, wenn man dem letzteren gestattet, den Einfluß des Oberstaates abzuwehren, nachdem er dessen Schutz in Anspruch genommen. Das Recht, jederzeit und ohne Veranlassung von Verträgen zurückzutreten, widerspricht den allgemeinen Rechtsgrundsätzen; es müßte deshalb im Wesen des Protektorates begründet sein, und das ist nicht zuzugeben.

Das Protektorat kann schließlich durch Untergang des Ober- oder Unterstaates endigen und von letzterem eigenmächtig abgeschüttelt werden. Am häufigsten wird der Fall der Einverleibung des Unterstaates in den Oberstaat sein. In regelrechter Form vollzog Frankreich die Erwerbung der Gesellschaftsinseln. Am 29. Juni 1880 trat König Pomare V. seine Staaten der französischen Republik ab. Namens dieser nahm ihr Kommissar die Cession an, und demnächst wurden durch Gesetz der französischen Republik vom 30. Dezember 1880 die Deklarationen vom 29. Juni 1880 ratifiziert und die Gesellschaftsinseln zur französischen Kolonie erklärt[6]). Rechtswidrig war dagegen die Einverleibung Krakaus in die österreichische Monarchie, denn sie erfolgte ohne die Einwilligung der Republik. War dieselbe auch nur beschränkt rechtsfähig, so durften ihr doch die

[6]) Vgl. die Aktenstücke in den British and Foreign State Papers. Bd. 71 S. 217/220.

ihr einmal eingeräumten Rechte ohne ihre Zustimmung nicht genommen werden. England verzichtete auf sein Protektorat und gestattete die Einverleibung der ionischen Inseln in das Königreich Griechenland, erst nachdem die gesetzgebende Körperschaft des Siebeninselstaates sich in formeller Weise für jene Einverleibung ausgesprochen hatte.

Die Übertragung der Rechte des Oberstaates an einen anderen Staat ohne Zustimmung des Unterstaates ist mit dem Charakter des Protektorates unvereinbar. Dasselbe ist seiner Natur nach ein Vertrauensverhältnis. Deshalb sind die aus ihm entspringenden Rechte höchst persönlich. Leistung und Gegenleistung gewinnen ihren Wert erst durch die Persönlichkeit der betreffenden Staaten. Es ist für den Unterstaat durchaus nicht gleichgiltig, von welchem anderen Staate er beschützt wird. Von höchstem Interesse aber ist für ihn die Pflicht politischer Unterordnung unter den Oberstaat. Dieselbe kann ein anderer Staat auf Grund einer Cession der Rechte des Oberstaates nie beanspruchen. In dem vor kurzem veröffentlichten vorläufigen Abkommen[7]) zwischen dem deutschen Reiche und Großbritannien über die Abgrenzung der beiderseitigen Interessensphären in Ostafrika hat erstere Macht der letzteren ihre Schutzherrschaft über Witu und das Somaliland übertragen. Handelte es sich hier um ein wirkliches Protektorat, so wäre die Übertragung ohne Zustimmung des Unterstaates ungiltig. Nach dem im ersten Abschnitte dieser Untersuchung Gesagten liegen aber nur Scheinprotektorate vor. In Wirklichkeit hat Deutschland nur sein Vorrecht zur Okkupation des Witu- und Somalilandes übertragen. Und dazu war es wohl befugt. Die ihm über das Sultanat Witu und die Somalistämme zustehenden persönlichen Schutzrechte konnte es dagegen an Großbritannien nicht cedieren. Letzteres muß dieselben von den eingeborenen Stämmen selbst erwerben[8]). Noch eine andere Auffassung dieses Abkommens ist aber möglich, wenn man nämlich annehmen will, Deutschland habe das Witu- und Somaliland bereits okkupiert. Dann läge eine gewöhnliche Cession eines ihm gehörenden Gebietes vor, und erwürbe England die Gebietshoheit über dasselbe in derivativer Weise. In

[7]) Deutscher Reichsanzeiger „Dienstag, den 17. Juni 1890, nachts".

[8]) Dies sieht auch das definitive Abkommen vor. Vgl. die folgende Anmerkung.

diesem Falle wäre eine Zustimmung der Eingeborenen zur britischen Schutzherrschaft nicht vonnöten, denn die Schutzherrschaft wäre nur nominell, in Wahrheit bestände eine regelrechte staatliche Herrschaft[9]).

Die Beendigung des Protektoratsverhältnisses kann zur Folge haben, daß der Unterstaat als souveräner Staat vollberechtigt in die Gesellschaft der übrigen souveränen Staaten eintritt oder daß er dem Oberstaate oder einem dritten Staate einverleibt wird. In allen Fällen erlöschen notwendigerweise die durch das Protektorat selbst bedingten Rechte und Pflichten; im übrigen erfahren aber die bestehenden Rechtsverhältnisse eine Änderung nur insoweit, als dieselbe durch den neu gestalteten Zustand bedingt wird.

Erlangt der Unterstaat die Souveränität, so fallen alle Beschränkungen seiner Handlungsfähigkeit fort; er kann nunmehr selbständig Rechte erwerben und Pflichten übernehmen, insbesondere auch direkten Verkehr mit anderen Mächten pflegen, Krieg führen und Frieden schließen. Die während der Dauer des Protektorates den Oberstaaten und anderen Staaten gegenüber begründeten, mit dem Protektorate nicht zusammenhängenden Rechte und Pflichten aber bleiben unverändert, so namentlich auch alle dem Oberstaate eingeräumten Handelsvorteile.

Wird der Unterstaat dem Oberstaate oder einem anderen Staate einverleibt, so sind die bestehenden Rechtsverhältnisse nach den Grundsätzen über die Rechtsnachfolge der Staaten zu beurteilen[10]). Vom Unterstaate geschlossene Verträge rein politischen Inhalts werden

---

[9]) Nach dem definitiven, am 1. Juli 1890 unterzeichneten Abkommen [Weißbuch Nr. 166, Drucksachen des Reichstages, 8. Legislaturperiode, 1. Session 1890 Nr. 1 S. 1 ff.] zieht Deutschland seine Schutzherrschaft über Witu zu Gunsten von Großbritannien zurück. Großbritannien verpflichtet sich, die Souveränität des Sultans von Witu über das Gebiet anzuerkennen, welches sich von Kipini bis zu dem im Jahre 1887 als Grenze festgesetzten Punkte gegenüber der Insel von Kweihu erstreckt (Art. 2). Nach Art. 11 verpflichtet sich Deutschland ferner, ein Protektorat Großbritanniens über die Besitzungen des Sultans von Witu anzuerkennen. Nach dem oben Gesagten bedarf es keiner weiteren Ausführung darüber, daß ein derartiger einseitiger, unmotivierter Rücktritt vom Protektorate ebenso unzulässig sein würde wie eine Cession der Rechte, wenn ein völkerrechtliches Protektorat vorläge. Aus dem definitiven Abkommen geht übrigens hervor, daß eine Okkupation des Witulandes von deutscher Seite nicht stattgefunden hat.

[10]) Vgl. hierüber v. Holtzendorff II §§ 10/12.

demnach in der Regel ihre Giltigkeit verlieren[11]), dagegen werden Verträge sozialer oder ökonomischer Natur häufig fortbestehen können. Die Schulden des Unterstaates gehen selbstverständlich auf den einverleibenden Staat über[12]). Auch aus diesem Grunde scheint Frankreich seinen Unterstaaten die Verpflichtung aufzuerlegen, ohne seine Genehmigung keine Anleihen aufzunehmen; denn es ist nicht zu bezweifeln, daß in Frankreich die Tendenz herrscht, die Unterstaaten allmählich in Kolonieen umzuwandeln.

Als die ionischen Inseln aus dem englischen Protektorate entlassen und in das Königreich Griechenland einverleibt werden sollten, trafen die Großmächte folgende Bestimmungen über die Fortdauer der alten Rechtsverhältnisse: „Die Vereinigung der ionischen Inseln mit dem hellenischen Königreiche bewirkt keine Veränderung in den Vorteilen, welche fremde Mächte für ihren Handel und ihre Schiffahrt durch die mit Großbritannien als Protektor der ionischen Inseln geschlossenen Verträge und Konventionen erworben haben. Alle aus diesen Vereinbarungen, sowie aus den gegenwärtig in Kraft befindlichen Verordnungen hervorgehenden Verbindlichkeiten bleiben aufrecht erhalten und sind nach wie vor zu erfüllen. Infolgedessen wird noch ausdrücklich betont, daß die ausländischen Schiffe und der ausländische Handelsverkehr in den ionischen Häfen und umgekehrt die ionischen Schiffe und der ionische Handelsverkehr in fremden Häfen, sowie auch die Schiffahrt zwischen den ionischen und griechischen Häfen derselben Behandlung und den nämlichen Bedingungen unterliegen wie vor der Vereinigung der ionischen Inseln mit Griechenland[13])." Außer diesen Bestimmungen über die Aufrechterhaltung der internationalen Verträge wurde auch die Fortdauer der durch die ionische Verfassung den fremden Religionsgemeinschaften gewährten Rechte, sowie Unabhängigkeit des Genusses der bürgerlichen und politischen Rechte vom religiösen Bekenntnisse gewährleistet und die Neutralisierung der ionischen Inseln ausgesprochen[14]). Griechenland hat in

---

[11]) ibidem § 12 S. 41.

[12]) ibidem § 11 S. 38/39.

[13]) Londoner Vertrag vom 14. November 1863 Art. 4 bei Geffcken, Recueil manuel et pratique I S. 278 ff.

[14]) ibidem Art. 2, 3 u. 5.

einem besonderen, mit England, Frankreich und Rußland am 29. März 1864[15]) abgeschlossenen Vertrage alle von den Großmächten an die Einverleibung der ionischen Inseln geknüpften Bedingungen angenommen und namentlich das Fortbestehen der internationalen Verpflichtungen anerkannt. Auch in vermögensrechtlicher Hinsicht ist es an die Stelle des Sieheninselstaates getreten[16]).

[15]) Abgedruckt bei Geffcken a. a. O. S. 296 ff.

[16]) Konvention zwischen Griechenland und England vom 29. März 1864 bei Hertslet Bd. 12 S. 520/5.

# Schlußbetrachtung.

Unter allen in der voraufgegangenen Untersuchung besprochenen Unterstaaten nehmen zwei eine besondere Stelle ein: die ionischen Inseln und die südafrikanische Republik. Es sind, bezw. waren junge, aufstrebende, fortschreitende Gemeinwesen, welche ein bestimmtes Ziel trotz der Übermacht des Oberstaates erreicht haben oder noch erreichen werden. Sie bilden aber Ausnahmen. Die übrigen Unterstaaten befinden sich sämtlich auf dem entgegengesetzten Wege; sie werden schließlich vollständig unter die Herrschaft der Oberstaaten geraten; darüber kann kein Zweifel bestehen. Selbst den beiden jungen Borneostaaten, Nordborneo und Serawak, steht dieses Schicksal bevor. Sie werden zwar in sachgemäßer Weise regiert und besitzen vielleicht die Kräfte zu selbständiger Entwicklung. Dennoch werden sie eine solche schwerlich erreichen, weil die von Engländern geleitete Verwaltung sie in eine immer engere, schier unauflösliche Verbindung mit dem britischen Reiche führt. Vom historischen Standpunkte aus betrachtet ist das Protektorat im allgemeinen ein Mittel zur allmählichen Überleitung unabhängiger Staaten in den Provinzial- oder Kolonialverband mächtigerer Reiche. Die Unterstaaten spielen deshalb meistenteils die entgegengesetzte Rolle wie die aus einem größeren Staatswesen sich loslösenden kleineren Teile. Letztere gelangen von der internationalen Rechtlosigkeit zu beschränkter Rechtsfähigkeit und erweitern dieselbe nach und nach zu voller Souveränität. Erstere dagegen verzichten zunächst auf ihre Handlungsfähigkeit und verlieren dann im Laufe der Zeit auch die Rechtsfähigkeit.

Verfolgen nun auch sämtliche Oberstaaten ein und dasselbe Ziel: die vollständige Beherrschung der Unterstaaten, so suchen sie dasselbe doch nicht alle auf die nämliche Weise zu erreichen. Frankreich erstrebt nicht nur die Macht, sondern auch die äußere Form derselben; es wandelt auf denselben Wegen wie Rußland: eine schematisch gleichmäßige Regierung aller seinem Einflusse unterstehenden Länder ist sein Ziel. Dem Bey von Tunis, den Königen von Annam und Madagaskar steht dasselbe Schicksal bevor wie dem Khan von Chiwa und dem Emir von Buchara. Alle sind sie schon zu Schattenkönigen herabgesunken; was sie einst sein werden, wenn nicht unvorhergesehene Zwischenfälle eintreten, das sind schon jetzt die Fürsten von Grusien und Mingrelien, sowie der König Pomare: die ersten Edelleute einer Provinz[1]). Schon jetzt gilt der Code Napoléon in der Kolonie Cochinchina; seine Einführung in Annam, Madagaskar und Tunis scheint ein sehnlicher Wunsch der französischen Kolonialpolitiker zu sein.

Neuerdings hat ein bekannter französischer Abgeordneter nach sorgfältigem Studium der französischen Kolonieen und Protektoratsländer einen energischen Mahnruf gegen diese nivellierende Politik erlassen[2]); er zeigt seinen Landsleuten an dem Beispiele Englands, wie die reale Macht leichter und sicherer zu gewinnen sei, wenn man auf ihren äußeren Anschein verzichte. Gerade auf letzteren legen Asiaten und Afrikaner soviel Gewicht, daß sie um seiner Erhaltung willen lieber dem wesentlichen Inhalt der Macht entsagen. Dies System indirekter Herrschaft[3]) hat England, wie in der Einleitung angedeutet wurde, in seinem indischen Reiche in großartigem Maßstabe entwickelt: die Bevölkerung des größten Teiles von Vorderindien wird in althergebrachter Weise von den einheimischen Fürsten nach den Landesgebräuchen regiert. Die Fürsten selbst aber sind die gehorsamen Diener des englischen Vizekönigs und seiner Residenten; sie stehen ad nutum principis. So groß die Übermacht des Oberstaates einerseits auch ist, so wenig tritt sie doch äußerlich hervor und so wenig drückt und befremdet sie verhältnismäßig die Indier.

[1]) Vgl. de Lanessan, L'expansion coloniale de la France, Paris 1886 S. 86: Le temps n'est sans doute pas éloigné où le Bey ne sera que le premier de nos sujets tunisiens.

[2]) de Lanessan, L'Indo-Chine française. Paris 1889. Kap. 9, besonders S. 679 ff., S. 745 ff.

[3]) So Valbert in der Revue des deux mondes Bd. 78 a. a. O. S. 199.

Daß dieses System, daß namentlich die Institution des ständigen Residenten am Hofe der Herrscher der Unterstaaten vorbildlich für das moderne Protektoratssystem geworden ist, wurde bereits mehrfach erwähnt. Dennoch konnte, wie gleichfalls betont wurde, auf das Verhältnis Englands zu den indischen Fürsten hier kein Bezug genommen werden, weil letztere nicht nur unter britischer Schutzherrschaft stehen, sondern auch vasallitische Pflichten ausüben, insbesondere Heeresfolge leisten müssen[4]) in allen Kriegen des britisch-indischen Reiches.

Die indischen Fürsten sind ferner auch ein Vorbild der Unbedeutendheit, zu welcher die Herrscher der der Einverleibung nicht verfallenden protegierten Staaten herabsinken. v. Holtzendorff spricht ihnen sogar nur eine fiktive Halbsouveränität zu, weil sie von jeglichem Verkehre mit anderen Staaten völlig abgeschnitten seien; sie sollen eine quasi internationale Stellung einnehmen[5]). Die Isolierung der indischen Staaten ist jedoch nur eine Folge ihrer geographischen Lage: sie sind auf allen Seiten vom britischen Gebiete umschlossen und deshalb nur mit England im Verkehr. Daß ihre völkerrechtliche Stellung nur eine Fiktion wäre, läßt sich aber darum doch wohl nicht behaupten. Es ist wahr, sie können über Nacht weggefegt werden. So lange sie aber auf ihrem Posten stehen bleiben, kommen ihnen auch die Rechte halbsouveräner Staaten zu. Wo läge die Grenze zwischen effektiver und fiktiver Halbsouveränität? Wann wird die ohnmächtige Regentschaft Tunis zu letzterer herabgesunken sein? oder ist sie es bereits? Alle Merkmale der Halbsouveränität sind den indischen Staaten eigen. Dem britisch-indischen Reiche sind sie nicht einverleibt; ihre Angehörigen sind nicht englische Unterthanen. Da es nichtsouveräne Staaten nicht giebt, die den indischen Fürsten unterworfenen Länder aber keine Provinzen des indischen Kaiserreichs sind, muß man ihnen die Halbsouveränität zuerkennen.

Das Protektorat vernichtet also nicht blos die Selbständigkeit der schwächeren Staaten, sondern beraubt sie auch häufig im Laufe der Zeit ihrer Sonderexistenz oder drückt sie doch zur völligen Unbedeutend-

---

[4]) Ähnliche Pflichten liegen auch dem Khan von Khelat ob. Vgl. die Verträge vom 14. Mai 1854 und vom 8. Dezember 1876 in den British and Foreign State Papers. Bd. 65 (1873/4) S. 533/4 u. Bd. 67 (1875/6) S. 583/5.

[5]) v. Holtzendorff Bd. II § 24 S. 104.

heit herab. Dennoch ist seine ethische Berechtigung und deshalb auch seine Zweckmäßigkeit unbestreitbar. Namentlich in kolonialpolitischer Hinsicht ist dies der Fall. Es ist eine allgemein bekannte Erfahrung, daß die Herrschaft der zivilisierten Nationen über halb- oder unzivilisierte Völker leicht zum Untergange der letzteren führt. Mit dem System der indirekten Herrschaft scheinen diese traurigen Folgen nicht so leicht verknüpft zu sein. Bei direkter Herrschaft pfropfen die gesitteten Nationen ihre Kultur auf die Unkultur der unter ihnen stehenden Völkerschaften, und daran gehen diese zu Grunde. Bei dem Protektorate dagegen müssen erstere die Gebräuche und Sitten der letzteren bestehen lassen und können sie nur allmählich mit der Zivilisation bekannt machen. Es wird so eine langsame, aber zuträgliche Hebung der Gesittung herbeigeführt und das Interesse der Zivilisation mehr gefördert, als durch ihre unvermittelte, gewaltsame Ausbreitung.